普通高等教育规划教材

Jiaotong Yuce yu Pinggu
交通预测与评估

王花兰　编著

人民交通出版社股份有限公司
China Communications Press Co.,Ltd.

内 容 提 要

本书为普通高等教育规划教材。本书全面系统地归纳总结了长期交通需求预测、交通系统状态预测（短时交通预测）的常用方法和模型，并对主要模型的精度进行了评价，深入细致地分析了交通发展与区域经济、土地利用以及与环境间的关系，介绍了交通发展对区域经济、土地利用以及环境影响的评估方法。

本书适合作为高等院校交通运输与规划专业本科生、研究生教材及参考书，也适于交通规划、管理及相关部门从业人员学习参考之用。

* 本书配有教学课件，读者可于人民交通出版社股份有限公司网站免费下载。

图书在版编目（CIP）数据

交通预测与评估 / 王花兰编著. —北京：人民交通出版社股份有限公司，2016.5
普通高等教育规划教材
ISBN 978-7-114-12901-8

Ⅰ.①交… Ⅱ.①王… Ⅲ.①交通工程－高等学校－教材 Ⅳ.①U491

中国版本图书馆 CIP 数据核字（2016）第 061540 号

普通高等教育规划教材
| 书　　名：交通预测与评估
| 著 作 者：王花兰
| 责任编辑：袁　方
| 出版发行：人民交通出版社股份有限公司
| 地　　址：(100011)北京市朝阳区安定门外外馆斜街 3 号
| 网　　址：http://www.ccpress.com.cn
| 销售电话：(010)59757973
| 总 经 销：人民交通出版社股份有限公司发行部
| 经　　销：各地新华书店
| 印　　刷：北京盈盛恒通印刷有限公司
| 开　　本：787×1092　1/16
| 印　　张：14.75
| 字　　数：358 千
| 版　　次：2016 年 5 月　第 1 版
| 印　　次：2016 年 5 月　第 1 次印刷
| 书　　号：ISBN 978-7-114-12901-8
| 定　　价：45.00 元

(有印刷、装订质量问题的图书由本公司负责调换)

前　言

交通预测是交通规划的前提和依据,是交通建设项目可行性评价的重要内容,也是交通管理和控制的基础。交通预测的合理性与可靠性直接影响着交通规划、建设和管理方案的科学性和合理性。同时,由于社会经济活动、土地利用和人们出行行为心理的复杂性,决定了交通预测理论研究的复杂性。因此,交通预测理论研究一直是交通运输规划与管理研究领域中的热点和难点问题。

交通预测理论与方法自20世纪30年代诞生以来,历经80余年的不断研究和实践,取得了大量的成果。但是,到目前为止,尚未有系统的交通预测论著。有关交通预测的理论仅作为交通规划、管理、控制类论著的部分内容出现,比如长期交通预测的四阶段法见于交通规划论著中,短时交通预测一般出现于交通控制论著中。大量新的交通预测方法,则作为创新研究成果以论文形式发表。而且随着人类活动系统和交通间关系的日益紧密,交通发展对经济发展、环境及土地利用影响的估计和推测显然也应纳入交通预测范畴。基于此,作者结合多年的教学心得和研究成果,在参考相关论著的基础上,编著此书,以期为读者提供关于交通预测的全面系统的学习和参考工具。在本书中,作者首次把交通发展对经济发展、土地利用及环境影响预测引入到交通预测中。把交通预测定义扩展为:利用历史和现在的交通以及与交通相关的资料,采用一定的方法和手段,对未来交通需求、交通状况及对人类活动系统影响进行估计和推测。把交通预测分为:交通需求预测,交通系统行为预测——包括表征系统行为的速度、密度、流量、延误等参数的预测及事故预测,交通对人类活动系统影响预测三大类。

但是,传统的预测方法在完成交通对经济发展、土地利用及环境等人类活动系统影响推测和估计方面显得单薄和局促,故引入"评估"一词与"预测"并列,表示多层次、多角度综合评价和推测交通发展对人类活动系统的影响。除此之外,本书中的"评估"还包含了交通预测精度和可靠性的评估,该层面的内容贯穿于对各种预测模型和方法的特征分析、实例验证及可靠性评价模型中。

本书编著过程中参考和引用了相关论著和研究成果,在参考文献中作了注明,在此对文献的作者表示衷心的感谢！另外,兰州交通大学运输学院研究生张世站、柳影、李曼、蒋振荣在资料收集、格式排版和文稿校对等方面付出了辛勤的工作,在此表示感谢！本书的出版得到国家自然科学基金(项目编号:51468035)资助。

本书虽认真编撰,几经修正,但鉴于交通预测理论与方法仍处在不断更新与发展之中,同时由于作者水平有限,书中难免存在疏漏和不足之处,敬请读者批评指正。

作　者
2016年1月

目 录

绪论 ··· 1
　0.1　预测 ··· 1
　0.2　应用领域及常用预测方法 ·· 2
　0.3　交通预测 ·· 3
　0.4　交通预测方法演进 ·· 6
　0.5　交通发展影响预测与评价 ·· 8

第1篇　交通需求预测

1　OD 交通调查 ·· 10
　1.1　概述 ·· 10
　1.2　OD 调查类别与方法 ··· 13
　1.3　OD 调查实施步骤 ·· 15
　1.4　出行 OD 调查 ··· 18
　1.5　OD 调查资料整理与分析 ·· 23
2　交通的发生与吸引 ·· 30
　2.1　概述 ·· 30
　2.2　发生与吸引交通量的影响因素 ·· 30
　2.3　生成交通量的预测 ·· 33
　2.4　发生与吸引的交通量预测 ·· 37
3　交通分布 ··· 44
　3.1　概述 ·· 44
　3.2　增长率法 ··· 45
　3.3　重力模型法 ·· 48
　3.4　机会模型法 ·· 51
　3.5　各种方法的特性比较 ··· 53
4　交通方式划分 ··· 55
　4.1　概述 ·· 55
　4.2　交通方式选择的影响因素 ·· 55
　4.3　交通方式选择预测 ·· 58
　4.4　分担率预测方法 ··· 60
5　交通分配 ··· 62
　5.1　概述 ·· 62
　5.2　交通流分配中的基本概念 ·· 63

    5.3 非平衡分配方法 ·· 68
    5.4 平衡分配方法 ··· 71
    5.5 随机用户平衡分配及动态分配 ·· 74
    5.6 交通分配模型中存在的问题 ·· 79
6 交通需求预测的其他方法 ··· 81
    6.1 概述 ·· 81
    6.2 由路段交通量推算 OD 交通量方法 ······································ 81
    6.3 应用重力模型的 OD 交通量推算方法 ··································· 83
    6.4 有现状 OD 调查的 OD 交通量推算方法 ······························· 90
    6.5 总量控制法 ·· 94

第2篇 交通流短时预测

7 交通流短时预测基础 ··· 97
    7.1 交通流特性 ·· 97
    7.2 交通流调查 ·· 108
    7.3 交通流数据预处理 ·· 122
    7.4 预测基本流程、特点及要求 ··· 128
8 交通流短时预测的基本方法 ·· 129
    8.1 交通流短时预测原理 ·· 129
    8.2 回归分析预测方法 ·· 129
    8.3 确定型时间序列预测模型 ·· 135
    8.4 随机性时间序列预测方法 ·· 143
9 交通流短时预测其他方法 ··· 150
    9.1 卡尔曼滤波模型(Kalman Filtering Model) ······················ 150
    9.2 支持向量机回归预测模型 ·· 154
    9.3 基于神经网络的路网短时交通流预测 ································ 157
10 短时交通流预测方法综合评价 ·· 165
    10.1 交通流短时预测方法定性评价 ·· 165
    10.2 二级模糊综合评判法原理 ·· 167
    10.3 预测方法或模型的评价 ··· 171

第3篇 交通影响预测与评价

11 交通发展土地利用影响预测与评估 ·· 172
    11.1 土地利用相关概念 ··· 172
    11.2 城市轨道交通沿线土地利用结构影响预测 ························ 173
    11.3 交通对土地价格影响预测 ·· 179
    11.4 交通对土地利用模式影响 ·· 183
    11.5 交通对土地利用强度影响 ·· 185
12 交通发展经济影响预测与评价 ·· 190
    12.1 交通与经济发展关系的定性分析 ····································· 190

  12.2 交通发展与经济定量研究理论 ………………………………………… 192
13 交通发展环境影响预测与评估 ……………………………………………… 205
  13.1 交通噪声预测模型与评价 ……………………………………………… 205
  13.2 城市交通对环境振动影响预测与评价 ………………………………… 209
  13.3 城市交通空气污染预测 ………………………………………………… 213
  13.4 交通对城市环境影响综合评价 ………………………………………… 217

参考文献 ……………………………………………………………………………… 225

绪　　论

0.1　预测

0.1.1　预测及预测学

预测的定义有广义与狭义之分。广义的预测,其含义不仅包括对研究对象未发生的未来状态进行预计和推测,而且还包括对已发生或存在事物的未知状态进行估计或推断。因此,广义的预测定义可表述为:预测是对尚未发生或目前还不明确的事物进行预先估计、推测的活动过程。狭义的定义可表述为:预测是指预测者根据有关的历史资料和现状信息,运用适当的方法和技巧,对研究对象的未来状态进行科学的分析、估算和推断,并对预测结果进行验证评价和应用的活动过程。

正确的预测是进行科学决策的依据。预测阶段对近期影响、中期变化和远景轮廓的描述为人们进行近期、中期、远期、长期决策提供依据。政府或企业制定发展战略、编制计划以及日常管理,都需要以预测工作为基础。

然而,预测并非一定都是正确的。正确的预测必须建立在对客观事物的过去和现状进行研究和科学分析的基础上。事物的过去、现在和未来通常是有规律可循的,预测者既要立足于过去和现在,同时又要使用逻辑结构把过去、现在与未来联系起来,以达到对未来进行预测的目的。预测学就是研究如何正确预测事物发展过程、变动趋势以及未来状况的一门应用科学,是综合哲学、社会学、经济学、数学以及工程技术等方法形成的一门方法论科学。它既可以用于研究自然现象,也可用于研究社会现象。预测方法在某一领域中的具体应用便形成某个领域预测学分支学科,如经济预测学、社会预测学、人口预测学、政治预测学、科技预测学、气象预测学、军事预测学、交通预测学等。

0.1.2　预测的基本原理

预测的基本任务是寻求研究对象发展变化的规律,其基本原理可归纳为以下3点。

(1)惯性原理

客观事物的发展变化过程往往表现出它的连续性,通常称这种现象为"惯性现象"。根据惯性原理,由研究对象的过去和现在的状态,向未来延续,从而预测其未来状态。惯性原理是趋势外推法的理论依据。

(2)类推原理

许多特性相近的客观事物,它们的变化有相似之处,通过分析类似事物相互联系的规律,根据已知事物的变化特征,推断具有近似特征的预测对象的未来状态。类推可以分为定性和定量类推。

(3)相关原理

任何事物的发展、变化都不是孤立的,而是在其他事物的影响下发展的。事物之间的相互影响常常表现为因果关系。相关原理是回归预测的理论依据。

掌握预测的基本原理,可以建立正确的思维程序。对于预测人员开拓思路、增强预测意识、合理选择和灵活运用预测方法,都十分必要。然而,世界上没有一成不变的事物。预测对象的发展不可能是过去状态的简单延续,预测事件也不会是已知类似事件的机械再现。相似不等于相同。因此,在预测过程中,还应对客观情况进行具体细致的分析,以求提高预测结果的准确程度。

0.1.3 预测的基本结构

预测过程一般从调查研究开始,通过调研获得情况、数据、经验等信息,经过分析判断,按一定的理论方法,建立和运用模型,推证预测对象的发展规律,预测未来状况。图0.1.1为预测活动的基本结构。

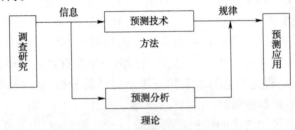

图0.1.1 预测活动的基本结构

调查研究是预测的重要基础工作,其任务是通过适当的调查方式和方法,搜集研究对象及环境条件、有关因素的信息。所谓信息,是客观事物特性和变化的表征与反映,信息存在于各种信息载体(文字、数据、语言、图表、符号、指令等)之中。对调查所获取的信息载体进行处理和分析,就能得到预测所需信息。预测技术就是预测的方法和手段,预测分析则是根据有关理论所进行的思维研究活动,它贯穿于预测活动的整个过程。预测的关键是寻找和把握研究对象的特性和发展变化规律。

预测活动的基本结构表明,预测不是盲目猜测,也不是主观臆想,而是有依据、有理论指导,采用适当的方法,借助于预测者的分析判断能力的探索性研究活动。

0.2 应用领域及常用预测方法

0.2.1 应用领域

随着科学技术的发展、认识手段的不断丰富,人们越来越重视把现代知识以及先进的认知手段与预测过程结合,预测逐渐在经济、社会、科学、技术、军事和交通等各个领域得到广泛的应用。

经济预测是综合哲学、社会学、经济学、统计学、数学以及工程技术等方面的方法,对经济发展过程及其各要素的变动趋势作出客观描述。经济预测的目的在于为企业制定战略发展目标提供依据,避免战略目标的片面性和局限性;为企业日常经营管理提供决策依据,减少原材料的组织、产品的生产、加工和销售等各个环节的盲目性。可以说经营的关键在于决策,决策的关键在于预测。

社会预测是对有关社会发展问题的预测,如对社会制度、社会发展模式、社会人口构成、社会生活方式、教育及文化生活等进行的预测。

科学预测是对有关科学发展趋势与影响的预测,如对科学体制与结构的变化、科学知识发展的趋势、科学研究的动向、科技进步对经济、社会的影响等进行的预测。

技术预测是对有关技术发展趋势、技术发明、应用成果及经济前景、社会影响等方面的预测。技术预测还可以根据技术发展阶段分为基础研究预测、应用研究预测、开发研究预测和生产需求预测等。

军事预测是以国防和战争方面的课题为研究对象的预测。

交通预测是以交通系统为研究对象,利用历史和现在的交通以及与交通相关的资料,对未来交通需求及交通系统状态进行预测,为交通发展规划和交通管理提供科学依据。

0.2.2 常用预测方法

预测方法按预测的属性可分为定性预测与定量预测。定性预测是利用已有的主观认知经验和逻辑判断与推理方法,对事物未来发展状况与趋势进行的推测和判断。定性预测一般用于历史统计资料缺乏或者不全的事件预测,此种情况更多地需要借助专家经验进行预测。常用定性预测方法有德菲尔法(Delphi)、市场调查法、主观概率法以及类推法等。

定量预测方法是利用预测对象历史和现状的数据,按变量之间的函数关系建立数学模型,进而推算预测对象的预测值。定量预测方法适用于历史统计资料较为丰富的情况。常用的定量预测方法包括移动平均法、指数平滑法、线性回归法、非线性回归法、马尔可夫预测法、投入产出预测法、灰色预测法、Box – Jenkins 模型法、经济计量模型法、干预分析模型法等。定量预测方法的特点可归纳如下:

(1)强调对事物发展的数量方面进行较为精确的预测。这主要通过历史统计数据建立相应的数学模型,对事物发展作出数量上的预测。

(2)强调对事物发展的历史统计资料利用的重要性。目前,国民经济核算体系及其他统计数据为定量预测方法提供了重要的信息来源。

(3)强调建立数学模型的重要性以及利用电子计算机解决复杂的数学模型的参数计算问题。电子计算机的迅速发展和普及,为定量预测法提供了良好的技术条件。

随着科学技术的发展,新的预测方法不断出现,如组合预测法、智能预测方法等。每种预测方法有各自的特性、优缺点及适用条件,在实际预测中应根据预测目的、数据资料情况、预测精度要求等,科学地选择预测方法。

0.3 交通预测

0.3.1 交通预测的定义

交通预测是利用历史和现在的交通以及与交通相关的资料,采用一定的方法和手段,对未来交通需求、交通状况及对人类活动系统影响进行估计和推测。交通预测的目的是为交通规划、交通系统建设、交通政策制定及交通管理和控制提供依据。交通预测根据预测的内容可分为:交通需求预测、交通系统行为预测(包括表征系统行为的速度、密度、流量、延误等参数的预测及事故预测)、交通对人类活动系统影响预测。根据预测期限的长短可分为长期交通预测和短时交通预测。

0.3.2 交通预测的原则

由于交通系统本身十分复杂,不仅受到社会各种活动以及各种错综复杂关系的影响,而且还受到自然界许多偶然因素的影响,这使得交通预测似乎无规律可循。然而事实表明,虽然偶然因素对交通预测对象的发展起着一定的作用,但这些偶然性始终受着内部规律的支配。因此,在进行交通预测时通过观察、分析,发现和掌握交通系统的发展规律,是进行科学交通预测应遵循的基本原则。

0.3.2.1 连续性原则

连续性原则指事物的发展是其过去的延续,而未来是现在的延续。交通系统中普遍存在着连续性。机动车保有量、路网密度、自行车拥有量以及交通量等交通因素都具有一定的连续性。这些因素今天的状况是昨天状况的延续。同样,今天现状的继续就是所要预测的未来。因而连续性的存在为交通预测提供了一定的理论依据。现有的预测方法很多是运用了连续性原则。例如,应用广泛的回归分析方法和趋势预测方法,都以连续性原则作为依据。

在交通预测中,利用连续性原则是有条件的。一般应以交通系统的稳定性作为前提。只有在系统稳定时,各交通因素之间的内在联系及基本特征才有可能延续下去。然而,由于社会发展环境的多变性,交通问题的发生和发展会受到各种偶然因素的影响,绝对稳定的交通系统是不存在的,在这种情况下,要求预测人员进行预测时一方面要把握住交通因素发展的主要环节,同时又要研究可能出现的偏离现象及偏离程度,并对预测结果作出修正,这样才能使预测工作较客观地反映实际的发展。

0.3.2.2 相关性原则

任何交通因素的发展变化都与其他一个或多个交通因素的发展变化相互联系、相互影响,这种发展变化过程中的相互联系就是相关性。例如,机动车保有量是某一地区交通需求的产物,是国民经济、劳动分布、交通政策、人口因素的综合反映,它们相互影响、相互作用。相关性有多种表现形式,其中最主要的、应用最广泛的是因果关系。因果关系是交通因素中普遍联系和相互作用的形式之一。因而,利用交通发展过程中的相关性进行预测时,如果能找到一个或几个与预测对象密切相关并且可以控制或可预见其发展变化的因素,利用调查数据(历史数据)建立起它们与预测对象之间的数学模型,则会得到较好的预测结果。

0.3.2.3 类推性原则

许多事物在发展变化上常有类似之处,可根据某一事物发展变化体现出的规律来预测类似事物的变化发展,把先发展事物的表现过程类推到后发展事物上去,并对后发展事物的前景作出预测,这就是类推原则在预测中的应用。类推原则在缺乏研究对象的历史数据时较常采用。此外,通过抽样调查研究某些局部或小范围的经济、交通发展情况,预测或了解整体和大范围的交通、经济发展情况,也可以应用类推原则。交通预测模型可移植性研究就是该原则在具体应用中的一个体现。

0.3.2.4 概率性原则

由于预测受到其他各种随机因素的干扰,使得预测结果具有一定的不确定性。在这种情况下,为便于决策者更好地作出决策,应该对这种不确定性有更好的表达和体现。为了说明预测结果的不确定性,在给出预测值的同时,给出预测区间与预测对象发生在该区间的置信度(概率)。这就是预测中的概率性原则。

0.3.2.5 系统性原则

交通系统作为社会的一个子系统,其发展变化必然受到整个社会系统的影响。政治、经济、文化等的发展变化会引起交通系统发展变化。因此,交通预测不仅要考虑到其自身发展变化,还要考虑到社会其他子系统的发展变化。这就是系统性原则。

系统性原则要求预测者要系统地考虑其他系统的发展变化对交通系统的影响,并多角度预测交通问题;系统性原则要求预测者具有发展的思想,充分考虑未来交通或其影响因素可能出现的新变化,并根据实际情况的变化及时对预测结果进行修正。

0.3.3 交通预测的分类

交通预测可根据不同的标准进行分类。如根据预测的内容可分为交通需求预测、交通系统行为预测,包括表征系统行为的速度、密度、流量、延误等参数的预测及事故预测、交通对人类活动系统影响预测。根据预测期限的长短可分为长期交通预测和短时交通预测。按照待研究的道路来分,有专门针对某条路段交通状态的预测,也有对整体路网交通的预测;有针对高速公路的预测,也对城市主干道的预测。按照交通数据的类型来分,分别有对交通流量、速度、行程时间等交通状态参数的预测,也有综合多个交通参数给出的预测。按照所使用的交通状态参数的维度来分,有单变量预测和多变量预测。按照所用模型的性质来分,有依赖于数学方法的预测,还有依赖于物理模型的预测。按照所用模型的类型来分,有基本预测模型,还有组合预测模型。

长期交通预测也称交通需求预测,适用于预测未来年由于土地利用、人口和工作岗位、机动车保有量以及政策等因素的改变所引起的交通需求变化。实时交通流预测,也称短时交通状态预测,它是实时交通管理和控制的基础和前提。

0.3.3.1 交通需求预测

交通需求预测是根据历史的、现状的、未来的经济发展水平和交通状况与特征,预测未来的交通流量。交通需求预测作为制定规划方案和制定管理措施的核心,已成为前期交通规划工作的一个重要步骤。

交通需求预测可以应用于城市交通规划的不同阶段,一般分为3个层面,不同层面的规划对需求预测有不同的要求。

(1)宏观层面

预测工作主要为城市总体规划、城市交通发展政策、城市交通专业规划等宏观层面的规划服务。目前,我国主要大中型城市的城市总体规划的编制、城市轨道网络的规划、城市交通综合治理规划等都应用了预测分析的成果。在这些宏观性、综合性的规划领域中,定量化、模型化交通需求预测技术得到了充分的应用。

(2)中观层面

交通需求预测也为城市的重大市政工程前期规划研究服务。目前,在我国大型城市,如北京、上海、广州市的轨道交通、城市高架道路、越江工程等重大工程项目建设的前期研究中,都开展了大规模的机动车及居民出行交通调查,运用国内外目前广泛使用的"四阶段法"交通需求预测分析技术,为项目的科学决策奠定了一定的基础。虽然与实际效果还存在着一定的差距,但通过在这些工程研究中的应用,促进了预测技术的自身发展和改进。

(3)微观层面

在交通项目的局部建设中,如交通组织方案设计、管理措施、城市道路车道规模确定、土地开发利用对交通的影响分析等方面,交通需求预测也发挥了一定的作用,支持了一些细节工程的设计,对交通设施的适应性情况起到了科学分析的基础作用。

0.3.3.2 短时交通状态预测

短时交通状态预测即交通流预测,是指基于动态获取的若干道路交通流状态数据的时间序列推测未来时段的交通流状态数据。它基于先进的交通状态检测手段,融合多元的交通信息,捕捉道路交通系统的状态特征,推演道路交通状态的运行规律,实现城市道路交通状态预报和预警,为交通管理和出行信息服务提供关键技术支撑。通常以交通量、速度和占有率等作为反映交通流状态的参数,定义为交通流基本参数。交通流预测实质上是对这些交通流基本参数的预测,有时时间序列数据的间隔和预测期均较长,例如30min、1h、1d 甚至更长;有时时间序列数据的间隔和预测期均较短,例如5min,一般在15min 以内。

短时交通流状态预测(Short—Term Traffic State Forecasting)的结果可以直接应用到先进的交通信息系统(Advanced Traffic Information Systems,ATIS)和先进的交通管理系统(Advanced Traffic Management Systems,ATMS)中,给出行者提供实时有效的信息,帮助他们更好地进行路径选择,实现路径诱导,达到节约出行时间、缓解道路拥堵、减少污染、节省能源等目的。图0.3.1 为短时交通流状态预测的概念图。

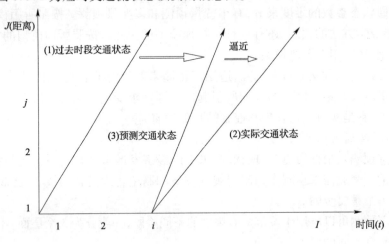

图 0.3.1　短时交通流状态预测的概念图

0.4　交通预测方法演进

0.4.1　长期交通预测方法的发展

长期交通量预测即交通需求预测,是交通规划的核心内容之一。交通需求预测模型经历了三个发展阶段,下文对各阶段内容做概括性介绍。

0.4.1.1　四阶段(four-step)模型

早在20世纪50年代,欧美一些发达工业国家为了满足大规模城市道路交通规划及其建设的需要,就已经开始研究城市交通需求预测技术。至20世纪70年代,已经形成了具有代表性的"四阶段"城市交通需求预测技术。所谓"四阶段"预测,实质上是将城市交通规划中需要完成的交通需求预测任务划分为四个子任务来依次完成,即交通产生量预测、OD 分布预测、交通方式分担预测和交通量分配预测。

"四阶段"方法研究区域或群体的集合出行,它是将交通分析区(traffic analysis zone)作为交通预测过程的基本单位,采用交通分析区总体的土地利用、人口、就业岗位以及其他社会经济特征数据,以群体的出行为特征进行交通需求预测。经典的四阶段模型的优点可以用时间来证明,从模型提出至今,虽然四阶段模型框架中具体模型形式发生了很大的变化,但其框架本身几乎没有变动,比较适用于交通发生量的宏观预测,方法简单易行,在欧美城市交通规划中起到了极其重要的作用。但四阶段法以大规模的居民出行调查为基础,而居民出行调查需要大量的人力、物力和时间,而且由于调查时小区的划分与道路网的表示水平不一定协调,导致交通流分配预测的路网交通量与实际交通量间存在较大的误差。同时,预测模型很难反映交通管理政策的变化、环境和财政等问题的影响,也没有考虑小区交通通达程度对出行量产生的影响以及周边小区的社会经济发达程度对其交通出行产生的诱发作用。

0.4.1.2 非集聚(disaggregate)模型

四阶段模型是通过对交通整体特征分析研究交通网络可能出现的状态,因此被称为集聚(aggregate model)模型。在网络交通状态分析模型中,还有一类模型是通过对交通对象个体特征的分析,而后再加以集聚确定网络交通状态,称之为非集聚模型(disaggregate model),也称"个人行为特性模型"。出行者在选择路径时不仅考虑最短路径,也受其爱好、习惯或不能预测的随机因素的影响,非集聚模型利用概率论来处理这些不确定因素。非集聚模型选择的对象不是连续变量,而是在多种出行方式之间进行选择(例如多方式竞争曲线下)的行为,故称之为离散选择模型(Discrete Choice Model)。

与集聚模型相比,非集聚模型的优势体现在以下几个方面:

出行需求预测以个体出行者为基本单位,建立在明确的人类行为原则基础上(即效用最大化原则),而不仅仅依靠集计统计分析得出相关规律性。

具有增加政策敏感性的潜力,可以预测交通管理措施对出行行为的影响,从而为交通管理战略和措施的选择提供有价值的依据。

具有更高的统计效率、高度的灵活性,能用于多层次的集计预测。

从非集聚模型的性质来看,它适用于短期性交通政策对交通需求影响预测。logit 模型和 probit 模型是两种主要的非集聚交通需求预测模型。

0.4.2 短时交通预测方法的发展

典型的短时交通预测以统计分析方法为基础,如历史趋势法、时间序列法等。历史趋势法在没有准确的实时交通流数据情况下或没有紧急突发事件的情况下可以取得较好的效果,其模型简单,但精度较差,无法反映交通流的时间变化特性。时间序列法能够较好地反映稳定的交通流状态,相对前者而言,计算简便,易于实时更新,便于应用。但是考虑因素较为简单,参数一般用最小二乘法或似然估计法进行在线估计。这些模型难以反映交通流的不确定性与非线性特性,抗干扰能力也差。为适应短时交通流量变化的非线性特点,对回归模型进行改进,出现了各种改进的模型,例如卡尔曼滤波模型等。

上述理论多以线性估计模型为主,随着道路交通流量变化的随机性和非线性加强,使得模型的性能变差。随后出现了以非线性系统理论为基础的非线性预测模型,发展较成熟的预测方法是小波分析、分形预测。

利用小波变换的"数学显微镜"的特点,可将非线性系统的时间序列分解为多个分量,对各信号分量分别进行预测,再合成最终的预测结果,极大地提高了预测准确度。但该方法在进行阶数和参数估计时,样本数据的数量会影响重构模型和预测精度,而且同时还需要利用其他时间序列分析方法,这本身就影响了预测精度,限制了它的应用。

由于短时交通流状态存在自相似性,使得短时交通流具有可预测性,但是只有在当前的交通流演化过程与过去出现的交通流的变化过程具有自相似性的前提下才能实现。短时交通流的变化具有统计分形的特点,也就是它们的自相似性是近似的,分形的关系是在一定的尺度范围里成立的,超出了这一无标度区,统计分形也就不存在了,且利用分形理论进行短时交通流预测的研究,在现阶段还仅仅是进行分维,若要用于预测,还需要进一步的实践论证。

近些年来,模糊推理、人工神经网络、混沌理论和元胞自动机等非线性系统理论应用于交通状态预测。模糊推理主要应用于驾驶员的跟驰和超车的微观行为判断。人工神经网络模仿大脑神经网络结构和功能,能对复杂的信息进行高速传递和处理,具有学习、记忆、处理实际数据的能力。它对环境的变化有较强的自适应学习能力,有较好的抗干扰能力,但是模型过分依赖于初始值的选取、收敛速度慢、拟合效果好,但预测效果不理想,实际应用仍需进一步研究。混沌理论和元胞自动机模型是描述道路交通流非线性动力学的新理论和方法,近年来引起了比较广泛的关注和研究。

在网络交通流状态动态预测研究方面,传统的方法是利用动态交通流分配进行实时、动态的路网流量预测。此方法理论充分,但目前的动态OD(Origin And Destination)信息的获取、算法的设计与实现以及计算精度等方面,尚难满足智能交通系统预测实时性的要求,分配结果的精确性和可靠性不是很高。利用仿真来模拟路网上的动态交通运营状态是另一种研究思路,并随着计算机技术的发展有了新的提高,而且开发出了TRANSIMS、VISSIM和PARAMICS等一系列系统软件,但这些系统基本上是离线操作,无论是实时性、精确性还是可靠性等方面,均需继续深入研究和开发。

0.5 交通发展影响预测与评价

交通预测除了交通需求和交通系统实时动态预测外,交通发展对经济发展、环境影响及土地利用的影响预测和评估,也属于交通预测的范畴,是交通预测的重要内容。

0.5.1 交通发展对土地利用影响评价

交通与土地利用相互联系,相互影响,相互促进。一方面,不同的土地利用形态决定了交通发生量、交通吸引量和交通分布形态,在一定程度上决定了交通的结构。土地利用形态不合理或者土地开发强度过高,将产生大量的交通需求,导致交通系统能力无法满足交通需求。另一方面,交通的规划和建设对土地利用和城市发展布局有导向作用。鉴于交通与土地利用的上述关系,交通领域的专家们越来越重视在交通预测过程中交通与土地利用的相互反馈作用,注意协调交通与土地利用的相互关系,注重土地利用和交通预测的相互作用。

交通发展与土地利用研究具体地表现在交通与城市用地规模关系研究、交通模式与城市土地利用模式关系研究、交通与土地价格关系研究、交通与城市空间形态的关系研究以及交通对土地利用强度影响研究。其中,交通与土地价格关系,其实质是交通系统对商业土地价格、居住用地价格以及工业用地价格产生的影响。交通与城市空间形态的关系主要体现了城市空间、城市空间扩展、交通与城市空间扩展的关系。本书将通过定性与定量相结合,从TOD发展模式、城市建筑容积率、步行合理区、交通合理容积率以及模型等方面评价交通对土地利用强度的影响。

0.5.2　交通对区域经济发展影响预测与评估

伴随着经济社会信息化程度的提高,交通所发挥的作用越来越重要,交通与区域经济发展的关系已经引起了人们越来越多的重视。一方面,区域经济的发展会产生更多的交通需求,交通需求是经济发展的必然产物。另一方面,交通发展可以引导经济资源的合理分配,加强地区间的经济联系,促进区域经济发展。从某种意义上说,一个地区、一个国家的交通发展程度,决定了该地区、该国家的经济和社会的发展程度。对交通与经济发展关系的评价,现有研究成果主要有无对比法、国民经济净增值法、线性函数模型、计量经济学方法、投入产出法等。

本书从交通发展引导自然资源合理开发利用、优化地区产业配置以及促进区域经济协调发展等方面定性分析交通对经济发展的作用,从交通发展促进中心城市经济扩散和辐射作用及交通深化社会分工方面定量评价交通发展对区域经济发展的主动引导作用。

0.5.3　交通发展对环境影响评价

环境包括自然环境和社会环境。交通对环境的影响涉及多个方面,既包括大量的能源消耗、土地利用、水土流失、自然景观破坏和各种动植物的生态平衡被干扰,也包括交通拥堵、环境污染等。在经济和社会发展中,应协调交通基础设施建设与环境资源的关系,以实现交通运输的可持续发展。

交通对环境影响评价的研究成果可以归为两类:第一类是针对单个自然环境要素,预测和评价交通系统对其影响,主要包括:运输系统的燃油消耗问题、交通系统噪声对环境的影响、城市交通对大气环境污染影响与评价。第二类是从环境的系统性和整体性出发,全面考虑城市的自然、社会环境因素,分析评价交通系统对城市综合环境影响。

第1篇　交通需求预测

> 交通需求预测即长期交通量预测,是交通预测的核心内容之一,交通规划、交通发展政策的制定、交通网络设计以及方案评价都与交通需求预测有密切的联系。
>
> 1962年,美国芝加哥市交通规划研究提出的"生成—分布—方式划分—分配"的预测方法标志着"四阶段法"交通需求预测模型的形成。
>
> 20世纪70年代以来,"四阶段法"理论体系逐渐趋于成熟。传统交通需求预测的"四阶段法"模式是指在居民出行OD调查的基础上,开展现状居民出行模拟和未来居民出行预测。其内容包括交通的发生与吸引、交通分布、交通方式划分和交通流分配。
>
> 20世纪60年代末至70年代初,新交通政策的制定和实施,促使人们更多地关注能较好解释出行者个人或家庭的交通决策行为的非集计分析模型的研究。基于活动的出行需求预测等其他预测方法也逐步成为交通领域不断研究和探索的新方向。
>
> 本篇内容主要介绍和分析四阶段法交通需求预测,另外,简要阐述总量控制法等其他预测方法。

1　OD交通调查

"四阶段法"是交通需求预测的主要方法。所谓"四阶段法"实质上是将交通需求预测任务划分为四个子任务来依次完成,即交通产生量预测、OD分布预测、交通方式分担率预测和交通量分配预测。"四阶段法"的依据是OD交通调查所得到的现状OD表。

1.1　概述

OD调查,即起讫点调查("O"来源于英文Origin,指出行的出发地点;"D"来源于英文Destination,指出行的目的地),它在交通需求预测中占有极为重要的地位。

OD调查主要包括居民出行OD调查、车辆OD调查和货流OD调查三大内容。OD调查的最大特点是将人、车、货的出行活动视作交通形成的细胞,据此研究交通的产生与分布。OD调查可以全面地再现城市交通随机易逝、变化多端的特点,能揭示出城市交通症结之所在,反映交通需求与土地利用、经济活动的规律。

1.1.1　基本定义与术语

1.1.1.1　出行

出行指人、车、货从出发点到目的地移动的全过程。出行"起点",指一次出行的出发地点;"讫点",指一次出行的目的地。

出行作为交通行业的计测单位,必须具有三个基本属性:

(1) 每次出行有起讫点。
(2) 每次出行有一定目的。
(3) 每次出行采用一种或几种交通方式。

居民出行调查对出行定义补充了另外三点:
(1) 每次出行必须利用有路名的街道或公路。
(2) 步行单程时间必须在 5min 以上,自行车单程距离在 400m 以上。
(3) 凡是以步行(或自行车)方式完成购物为目的连续出行,以其出发点为始点,最远到达地点为终点计为一次出行。

1.1.1.2 出行端点

出行起点、讫点的总称。每一次出行必须有且只有两个端点,出行端点的总数为出行次数的两倍。

1.1.1.3 境内出行

起讫点都在调查区域范围内的出行。

1.1.1.4 过境出行

起讫点都在调查区域范围外的出行。

1.1.1.5 区内出行

调查区域分成若干小区后,起讫点都在小区内的出行。

1.1.1.6 区间出行

调查区域分成若干小区后,起讫点分别位于不同小区间的出行。

1.1.1.7 小区形心

小区形心指小区内出行端点(发生或吸引)密度分布的重心位置,即小区内交通出行的中心点,不是该小区的几何面积中心。

1.1.1.8 期望线

期望线又称愿望线,为连接各小区形心间的直线,它的宽度表示区间出行的次数。因为反映人们期望的最短距离而得名,与实际出行距离无关。

1.1.1.9 主流倾向线

主流倾向线又称综合期望线,是将若干条流向相近的期望线合并汇总而成,目的是简化期望线图,突出交通的主要流向。

1.1.1.10 OD 表

OD 表即表示起讫区之间出行交换数量的表格,如表 1.1.1~表 1.1.4 所示。表中, q_{ij} 为以小区 i 为起点,小区 j 为终点的交通量; O_i 为小区 i 的发生交通量; D_j 为小区 j 的吸引交通量; T 为研究对象区域的交通总量。对此 OD 表,下述各式均成立:

$$O_i = \sum_j q_{ij}, D_j = \sum_i q_{ij}, T = \sum_i \sum_j q_{ij} = \sum_i O_i = \sum_j D_j$$

OD 表 1 表1.1.1

起点＼讫点	A	B	C	Σ
A	10	30	20	60
B	34	40	50	124
C	18	54	26	98
Σ	62	124	96	282

OD 表 2　　　　　　　　　　　　　　　　表1.1.2

O＼D	1	2	...	j	...	n	$O_i = \sum_j q_{ij}$
1	q_{11}	q_{12}	...	q_{1j}	...	q_{1n}	O_1
2	q_{21}	q_{22}	...	q_{2j}	...	q_{2n}	O_2
⋮	⋮	⋮	⋮	⋮	⋮	⋮	⋮
i	q_{i1}	q_{i2}	...	q_{ij}	...	q_{in}	O_i
...	...	...	...	...	...	...	...
n	q_{n1}	q_{n2}	...	q_{nj}	...	q_{nn}	O_n
$D_j = \sum_i q_{ij}$	D_1	D_2	...	D_j	...	D_n	$T = \sum_i \sum_j q_{ij}$

OD 表 3　　　　　　　　　　　　　　　　表1.1.3

小区号	A	B	C	Σ
A	20	64	38	122
B		80	104	184
C			52	52
Σ				358

OD 表 4　　　　　　　　　　　　　　　　表1.1.4

1	2	3	...	n	$T_i = \sum_j q_{ij}$
q_{11}	q_{12}	q_{13}	...	q_{1n}	T_1
	q_{22}	q_{23}	...	q_{2n}	T_2
		q_{33}	...	q_{3n}	T_3
...	...	...		...	
				q_{nn}	T_n
					$T = \sum T_i$

1.1.1.11　调查区域境界线

包围全部调查区域的一条假想线,有时还分设内线和外线,内线常为城市中心商业区(CBD)的包围线,如图1.1.1所示。

1.1.1.12　分隔查核线

为校核OD调查成果精度而在调查区域内按天然、人工屏障设定的调查线,可设一条或多条。它们将调查区域划成几个部分,用以实测穿越该线的各道路断面的交通量,如图1.1.1所示。

1.1.1.13　出行产生

交通小区中以家庭为出行端点产生的出行行为是出行产生。

1.1.1.14　出行吸引

交通小区中出行端点不包括家庭的出

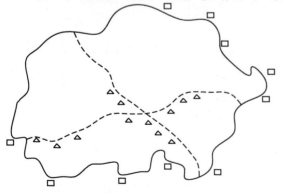

□ 境界线计量站　—— 境界线
△ 查核线计量站　--- 查核线

图1.1.1　外围境界线和分隔查核线

行行为是出行吸引。

1.1.1.15 出行分布

出行分布又称 OD 交通量。调查区域内各交通小区之间的车、人出行次数(OD 表中 q_{ij}),当限为车辆出行时,亦称交通分布。现状出行分布由 OD 调查得到。

1.1.2 OD 调查目的

OD 调查的实质是对出行(人、车、货)从技术与社会综合的角度进行研究。这种方法改变了传统的单靠断面交通量的调查与增长率估计来研究交通需求与交通运输能力的关系,是交通研究进程中的一个重大进步。

起讫点调查除了为交通需求预测提供现状 OD 调查表以外,还具有以下重要目的:

(1)通过搜集出行类别与数量资料,在计算机上模拟现状的出行,为发现主要交通症结、调整与改善道路系统功能,从系统上和政策上对近远期工程项目排序提供依据。

(2)根据 OD 调查资料、土地使用资料建立各类交通预测模型,为远期交通规划提供依据。

(3)客观地分析评价各类交通出行的特征,特别是公共交通服务水平,为提高公共交通系统运行效率,制定近期、远期交通政策提供有效信息。

1.2 OD 调查类别与方法

1.2.1 OD 调查类别

1.2.1.1 个人出行调查

个人出行调查包括城市居民和流动人口的出行调查。调查内容主要有出行目的、出行方式、出行时间、出行距离、出行起讫点以及用地设施等。个人出行调查是交通调查最主要内容之一。

1.2.1.2 机动车辆出行调查

机动车辆包括所有调查区域牌照客货车辆和调查日进入调查区域的外地客货车辆。调查内容包括车型、营业特点、载客(货)量、出行目的、出行次数、出发和到达时间、地点、经过主要江河桥梁的地方以及主要路口等。在我国大中城市,由于管理集中,一般可以做到按车辆所属类型全样调查。

1.2.1.3 货物流通调查

货物流通调查一般分两部分:一部分是货物流通集散点调查,包括运输设施能力(岸线、码头、泊位、年吞吐量以及铁路专用线、货运汽车、停车场地、仓储情况等)调查;另一部分是货物种类、运入量、运出量、运输方式等调查。

1.2.2 OD 调查方法

OD 调查方法主要有以下几种:

1.2.2.1 家访调查(个人出行)

对居住在调查区内的住户,进行抽样家访。由调查员当面了解该户中包括学龄儿童在内的全体成员一天的出行情况。

我国许多大城市居民出行调查采用家访调查。这种方法获得的调查信息比较可靠,表格回收率高。在工作中辅以大量的宣传,实行市调查办、街道居委会、调查员三级管理质量保证,可以获得事半功倍之效。

家访调查还应包括在城市活动的流动人口出行调查。

1.2.2.2 发放表格调查(车辆出行)

将调查表格发给机动车驾驶员,由车辆管理系统落实到每个人,由他们填写后回收。填写前应做好动员与解释工作。对于未出车的应注明原因,若系节假日未出车则改填次日出行情况。

1.2.2.3 路边询问调查

在主要道路或城市出入口设调查站,请驾驶员停车,询问该车的出行起讫点以及其他出行资料。对访问地点的选择,如果调查只涉及一条孤立路线,则取一个中间点位置进行驾驶员访问;如果要取得一个城市全部出行交通数据,应在该城市放射出去的所有路线上选择访问点。在调查人员有限的情况下,每天调查可限于几个站点,调查周期可以延至一周以上。路边询问要让驾驶员停车,因此,一要警察协助,二要注意问题简练、准确,不致引起对方反感,应注意交通安全,避免交通堵塞。

1.2.2.4 明信片调查

当交通繁忙不能长时间停下车来做路边询问时,就采用在访问站对驾驶员发明信片的办法,要求驾驶员填写后投递寄回。访问站尽量设在交通减速地段,如通行收费处、交通信号处或有停车标志处。明信片法的回收率一般只有25%～35%。

1.2.2.5 工作出行调查

对调查区内的职工抽样进行居住点(O点)和工作地点(D点)的调查,由于这项资料可以从工作单位的现成档案中获得,因此能大大减轻调查工作量。虽然只是工作出行,但这是城市客流的主体,因此,这种方法很适于公共交通规划的交通调查。自行车专题调查也可以采用此方法进行。

1.2.2.6 车辆牌照调查

由各调查站分时段记下通过观测点的全部车辆牌照末几位数字,然后汇总各调查站记录进行汇总校对。凡第一次记牌照的地点即为该车的起点,凡最后一次记录牌照的地点便是该车的讫点。这种方法得到的信息比较粗略,且投入的人力很大。因此,仅在研究一个枢纽地区的流量流向分布时采用。

1.2.2.7 公交站点调查

为了了解公交客流分布,派人去车上或站上对乘客进行询问调查,了解乘客起、讫点与中转情况。主要调查内容有:

(1)乘车路线,哪站下车。

(2)下车后是否换乘。

(3)终点。

这种调查抽样率高(可达20%)。

1.2.2.8 购月票填卡调查

持月票者是一些城市公交客运的基本客流。利用月票换卡和购买的时候,发调查表给购票者填写家庭地址、单位地址,通常出行时间、换乘点、上下车步行时间、候车时间、行程时间等信息。

1.2.2.9 境界线出入调查

在调查区的境界线上设调查站,对所有穿越该线的车辆做统计,在境界线交通干道出入口处询问调查,此法可作为家访调查的补充。小城市的 OD 调查通常不做家访,而直接采用本方法。

1.2.2.10 货物流通调查(货流 OD)

在货源点和吸引点调查货源种类、数量,货流流向与流量以及采用的运输工具等。

1.3 OD 调查实施步骤

对于已经确立的 OD 调查项目,应对调查的区域(范围)选择、调查小区(或站点)的布局划分、抽样大小拟定、调查表格进行周密的考虑。OD 调查实施的具体步骤如下:

1.3.1 设立调查机构

OD 调查是一项涉及面广、工作量很大的工作,需要许多单位、许多部门相互协作,共同完成,因此需要设立一个专门的机构,统一负责指挥、协调工作。

1.3.2 调查准备

客货流基本情况(如居民点的分布、土地利用现状、车站仓库、码头、停车场位置、工业组成与分类、产品产销额等)的收集。

1.3.3 设计、印刷调查表格

表格设计的原则是既要满足调查的要求,又要简明扼要,使被调查者容易填写或回答,并且结构要合理,尽量为以后的统计分析工作减少工作量。

出行调查表是调查方案设计和调查目标的真实反映。根据国内外开展家访调查的情况,一般家访表应具有三方面内容。

(1)家庭属性:人口、地址、出行人数、年龄、职业。

(2)社会经济属性:家庭人均收入、个人收入、居住条件、拥有交通工具的类型和数量。

(3)出行属性:调查日出行次数、每次出行的起讫点用地属性、出行目的、交通方式、中转、时间、路线、停车等。

需要注意以下几点。

(1)出行起讫点用地属性是城市交通生产的基本要素,每次出行的目的均与它有密切联系。

(2)由于我国城市交通结构具有自己的特点,表格设计应注意联系实际,拟定调查项目,包括自行车出行、公交换乘和个体机动车使用等情况。表格中还应包括人们针对时间、精力、费用方面选择交通方式的调查,所有设计要为以后建立模型提供研究信息,并做好储备。

(3)所有询问的问题应该概念清楚、准确,项目编码顺序也都一一对应,为数据处理的高效、准确与减少系统误差做好准备。

1.3.4 交通小区划分

对某一具体城市进行 OD 调查前,首先要确定调查区的范围或境界线。调查区域和调查区境界线的确定,主要考虑以下原则。

(1)规划区域社会经济系统规划以及经济活动地域分布情况,调查范围应足够大。
(2)调查区域的出入境交通情况,尽量配合天然地形界限,避免不规则的形状。
(3)适合路边调查站点的设立。
(4)利用现有行政区划的统计数据。
(5)调查区境界与通过该城市的道路的交叉点越少越好。

调查区域确定后,要将调查区域分为若干调查小区,这是交通研究的最小分析区。确定交通小区的目的是确定出行起讫点的空间位置,并且是分析交通特性的基础单元。交通小区的划分一般可以遵循如下原则。

(1)同质性,区内的土地利用、经济、社会等特性应尽量一致。
(2)以铁路、河流等天然屏障作为分区的界限,不但资料准确,且易于核对。
(3)尽量配合行政区的划分,以利用政府的统计资料,如人口、经济统计资料等。
(4)分区的过程中要考虑道路网的构成,区域内的重点可取为路网中的交通节点。
(5)保持分区的完整,避免同一用途的土地被分开。
(6)分区越小,计算数据越多,成果就越细,工作量也就越大;反之,工作量小,但有可能掩盖该范围内的交通特点。通常,交通量分散的郊区分区划分可以大些,而交通量集中的市区分区划分可以小一些。

交通小区的规模也可按居民在区内出行以步行为主和从边界到区内公共交通线路的步行距离不超过步行区范围(550～700m)进行划分,交通小区划分尽量与人口调查统计区的划分相符合,一般小区的出行总数不超过全区总出行数的10%～15%。

1.3.5 调查时间的确定和调查点的选择

确定OD调查时间,主要考虑两方面内容。

(1)调查日期的确定。

调查日期一般选定在周二、周三、周四,并避开节假日。同时,应提前与气象部门取得联系,以便把调查日期选定在无雨雪或大风的天气,以利调查。

(2)调查时间的确定。

调查时间的长短影响到整个调查的工作量和调查质量,一般建议调查时间应该在12h以上,如能进行24h调查效果最佳,主要根据调查精度要求、规划目的、经费情况等确定。

调查点的设置是OD调查的核心,设点太多,会使调查费用增加;设点太少,会导致调查结果失真。因此,选点工作应有熟悉当地交通情况的人员参加,以确保调查资料准确。OD调查地点的选择,通常考虑以下6点。

(1)选定的调查点应能够全面掌握调查区各个大区域及大区域与小区域间所构成的路网交通流的情况。
(2)在较大的道路分流、合流点处应设置调查点。
(3)尽量避免对市内交通产生影响,调查点应远离城镇,一般至少应离开城镇出入口5km以上。
(4)调查点应选在路基较宽、线形较直(视距250m以上)的路段上,上、下行调查处之间应留不小于150m的距离。
(5)OD调查点同时作为交通量观测点。
(6)为对调查数据进行24h扩大,应选定一些有代表性的OD调查点进行24h交通量观测。

1.3.6 OD调查的抽样率及抽样方法

如果某项OD调查的调查范围不大、对象不多,可以采用全样调查。但在多数情况下,OD调查均需按一定比例抽样,即应用数理统计的原理,在误差允许的前提下,通过抽样调查推断母体。

抽样率的大小与母体数量、调查对象的复杂程度,以及调查统计分析的目标有关,母体越大抽样率可越小,调查对象越复杂抽样率应越大,调查统计分析的目标越多抽样率应越大。抽样率大小还和抽样的方法有一定的关系。

OD调查抽样率的确定一般可采用两种方法:一是利用试调查或其他研究已经拥有的OD调查资料,考虑调查对象的母体数量、调查目标以及抽样方法,用数理统计的原理,通过分析抽样的误差确定;二是参照国内外的经验确定。目前,国内外进行OD调查时,抽样率的确定多采用第二种方法。

由数理统计的原理,可得出如下抽样率公式:

$$\gamma = \frac{\lambda^2 \sigma^2}{\Delta^2 N + \lambda^2 \sigma^2} \tag{1.3.1}$$

式中:γ——抽样率;

λ——对于标准正态分布,一定的置信度对应的双侧分位数:

当置信度为68.3%时,$\lambda = 1$;

当置信度为75%时,$\lambda = 1.15$;

当置信度为90%时,$\lambda = 1.65$;

当置信度为95%时,$\lambda = 1.96$。

σ^2——母体的方差,当样本数足够时,可用样本的方差代替;

N——母体容量;

Δ——控制误差的控制指标的容许绝对误差,其与相对误差的关系为$\Delta = E\overline{X}$。E为相对误差,$\overline{X}$为控制指标的样本均值。

方差σ^2的确定一般可根据试调查或其他研究已经拥有的OD调查资料统计确定。

OD调查的抽样方法包括简单随机抽样、分层抽样、等距抽样、整群抽样等。

1.3.6.1 简单随机抽样

此乃抽样的最基础的方法,样本的提取随机确定,其抽样方法简单,误差分析也较容易,但所需样本容量较多,适宜于各个体之间差异较小时采用。

1.3.6.2 分层抽样

分层抽样即将母体分为若干类型(层次),然后在各层次随机抽取样本。例如,以交通区的用地性质作为分层特征,将交通区分为若干层次,对用地性质相同的交通区做随机抽样。此法的优点在于通过分类,使各类的个体之间的差异缩小,有利于抽出有代表性的样本。但抽样的过程和误差分析较为复杂。此法运用于母体复杂、个体之间差异较大、数量较多的情况。

分层抽样的方差计算公式为:

$$\sigma^2 = \frac{1}{N}(\sigma_1^2 N_1 + \sigma_2^2 N_2 + \cdots + \sigma_k^2 N_k) \tag{1.3.2}$$

式中：σ_i^2——各分层的内部方差$(i=1,2,\cdots,k)$；
　　　N_i——各分层的个体总量；
　　　σ^2、N——同式（1.3.1）。

1.3.6.3 等距抽样

等距抽样即等间隔或等距离抽取样本，其优点是可提高样本的代表性，使母体各部分能均匀地包括到样本中。等距抽样的方差通常用简单随机抽样的方差计算方法近似计算。

1.3.6.4 整群抽样

从母体中成群成组地抽取样本个体。成群成组的样本可按简单随机抽样、分层抽样、等距抽样三种方法中任何一种来抽取，在群内所有个体都要调查。该法的优点是组织简单，缺点是样本代表性较差。

在进行OD抽样调查时，采用何种抽样方法应视调查的对象及调查的具体条件，结合各种方法的特点而定。

1.3.7 人员训练

调查的质量很大程度上取决于调查人员，尤其是采用面访调查方法时，调查人员的责任心将直接决定调查的成败。因此，从人员挑选开始，就应严格要求。调查人员一般应具有高度的责任感、具备一定的文化程度，且身体健康、人地熟悉。训练过程中，要反复讲明调查的目的、要求与内容，要模拟实地调查时可能出现的各种情况，要强调培养耐心、热情与韧性，必要时还应采取笔试、口试等方式最后评定调查人员的资格。

1.3.8 制订计划

调查的实施计划应从实际出发，安排既要紧凑，又要留有一定的余地。

1.3.9 典型试验

在调查工作全面开展之前，应先做小范围的典型试验，以暴露一些问题，取得经验教训，进一步完善计划和做法，确保达到预期效果。典型试验可结合培训调查人员一起进行。

1.3.10 实地调查

实地调查的过程中，调查机构必须严格把关、及时抽查，以随时发现问题，保证调查的精度。

1.4 出行OD调查

1.4.1 城市居民出行OD调查

居民出行是构成城市交通的主要部分，因此对居民出行OD状况进行全面调查在城市交通规划中占有十分重要的地位。居民出行OD调查的内容包括居民的置业、年龄、性别、收入等基本信息，以及各次出行的起点、讫点、时间、距离、出行目的、所采用的交通工具等出行情况。城市居民出行调查表，如表1.4.1所示。

城市居民出行调查表

表1.4.1

居住地址_____　居委会_____　小区编号_____

性别	男 1　女 0								
职业	小学生	中学生	大中专生	工人	服务人员	职员	个体劳动者	家务	其他
	1	2	3	4	5	6	7	8	9
年龄(岁)	6~14	15~19	20~24	25~29	30~39	40~49	50~59	60以上	
	1	2	3	4	5	6	7	8	
常用交通方式	步行	自行车	助力车	公交车	出租车	轻骑摩托	私家车	单位小车	单位大车	其他
	1	2	3	4	5	6	7	8	9	10

家庭年收入(万元)_____

居民一日出行情况

出行次序	出发时间(时/分)	出发地点	出行目的									出行方式										到达地点	到达时间(时/分)
			上班	上学	公务	购物	文娱体育	探亲访友	看病	回程	其他	步行	自行车	助力车	公交车	出租车	轻骑摩托	私家车	单位小车	单位大车	其他		
1																							
2																							
3																							
4																							
5																							
6																							
7																							
8																							

国内外在进行城市居民出行调查时,所采用的方法主要有家访调查、电话询问调查、明信片调查、工作出行调查、职工询问调查等。有些方法适宜全面调查,有些方法则是用于对居民出行OD调查某一方面的补充。如果只进行重点调查而不进行全面调查,则对重点调查的不足部分应做适当的补充调查。

1.4.2 城市流动人口出行OD调查

流动人口是城市总人口中特殊的组成部分,流动人口的出行规律,如出行次数、出行方式等,与城市居民出行规律一般有较大的差异。要详细了解流动人口的出行状况,则需要对流动人口出行OD进行调查。

流动人口的组成十分复杂,按其在城市中停留的时间可分常住、暂住、当日短时停留等,按其来城市的目的又可分为出差、旅游、探亲、看病、经商、换乘转车等。因此,流动人口出行OD调查难度较大,对不同类别的流动人口应采用相应的调查方法。常住、暂住流动人口一般可采用与居民出行OD调查类似的家访调查、电话询问等方法;对当日短时停留的流动人口则可采用在城市对外交通枢纽,如车站、码头等直接询问方法。

流动人口出行OD调查内容包括流动人口的职业、年龄、性别、来城市的目的、停留时间等基础信息,以及各次出行的起点、讫点、时间、距离、出行目的、所采用的交通工具等出行情况。城市流动人口出行OD调查表与居民出行调查表基本类似,如表1.4.2所示。

1.4.3 城市机动车出行OD调查

城市机动车OD调查包括公交出行OD调查及非公交出行OD调查两类。

城市公交出行OD调查的内容包括行车路线、行车次数、行车时间等,可直接通过公交公司的行车记录获取。

城市境内除公交车外的其他机动车辆境内出行OD调查、区域机动车出行OD调查,以及城市境界线机动车出行OD调查的内容,包括车辆的种类、起讫地点、行车时间、距离、载客载货情况等。

除城市公交车外的其他机动车出行OD调查,一般有以下几种方法:发(收)表格法、路边询问法(表1.4.3)、登记车辆牌照法、车辆拴签法。前三种方法在1.2.2中已有介绍。车辆拴签法是在停车处将标签拴在车辆的风窗玻璃两侧或门拉手上,标签上注明发标签地点和驶出时间,在其他停车处拿下标签并记下地点和时间。此法可调查出起讫点和行程时间,在交通量过大或人力有限时较为适用。可用于城市境内其他机动车辆境内出行OD的部分资料调查,对其调查资料的不足部分应做适当的补充调查。

1.4.4 货物出行OD调查

货运交通是城市交通的一大组成部分,在我国城市交通中占有较大的比重。因此,全面调查了解城市货流OD对城市交通规划有着重要的意义。城市货流有许多特点,如货种多而杂、货流点和吸引点多且分布广,有的货物由运输部门承运,有的则靠各企事业单位或个人运输等。因此,在进行城市境内货流调查时,应充分考虑其复杂性,明确调查的对象和特点。境内货流OD调查的内容包括货物所属单位的属性、经济指标、职工人数、占地面积等基础资料,以及货流的起点、讫点、时间、货物种类、吨位等出行情况。表1.4.4、表1.4.5是进行货流OD调查的典型调查表。

城市流动人口出行调查表

表 1.4.2

调查地点 _____ 性别 _____ 年龄 _____ 职业 _____

拟在本市天数		来本市目的	出差	劳务	经商	旅游	探亲访友	看病	生活购物	其他
			1	2	3	4	5	6	7	8
在本市居住天数										

流动人口一日出行情况

出行次序	出发地点详细地址	出行目的								出行方式											到达地点详细地址
		公务出差	生活购物	旅游观光	文化娱乐	看病	探亲访友	回程	其他	公交车	单位车		出租车		轻骑摩托	自行车	助力车	三轮车	步行	其他	
											大客	小客	大客	小客							
		1	2	3	4	5	6	7	8	1	2	3	4	5	6	7	8	9	10	11	
1																					
2																					
3																					
4																					
5																					
6																					
7																					
8																					
9																					
10																					

机动车出行 OD 路边询问调查表

表 1.4.3

调查点位置		地区（市）____县____乡镇____			调查点编号	
调查月、日					行车方向 1 ———— 2 ————	
					调查时间（按 24h 记）	
全部车辆(1)		小客车/摩托车/大客车(2)			货车(3)	
车型	车辆所有者	起点 省____ 地区（市）____ 县____ 乡镇____	终点 省____ 地区（市）____ 县____ 乡镇____	额定客位 （个）	实载人数 （人）	额定吨位 （t）	实载吨位 （t）	实载货类
1. 小客车（≤12座） 2. 大客车（>12座） 3. 小货车（≤2.5t） 4. 中货车（2.5~7.0t） 5. 大货车（>7.0t） 6. 摩托车 7. 拖拉机	1. 交通运输部门 2. 个体 3. 社会车辆车号							1. 煤炭 2. 石油 3. 金属矿石 4. 钢铁 5. 矿建材料 6. 水泥 7. 木材 8. 非金属矿石 9. 化肥农药 10. 盐 11. 粮食 12. 化工原料及医药 13. 轻工、医药 14. 其他
车型	车辆所有者	起点 省____ 地区（市）____ 县____ 乡镇____	终点 省____ 地区（市）____ 县____ 乡镇____	额定客位 （个）	实载人数 （人）	额定吨位 （t）	实载吨位 （t）	实载货
8. 小客车（≤12座） 9. 大客车（>12座） 10. 小货车（≤2.5t） 11. 中货车（2.5~7.0t） 12. 大货车（>7.0t） 13. 摩托车 14. 拖拉机	4. 交通运输部门 5. 个体 6. 社会车辆车号							1. 煤炭 2. 石油 3. 金属矿石 4. 钢铁 5. 矿建材料 6. 水泥 7. 木材 8. 非金属矿石 9. 化肥农药 10. 盐 11. 粮食 12. 化工原料及医药 13. 轻工、医药 14. 其他

市区货源调查表　　　　　　　　　　　　　　　　　　　　　表1.4.4

单位名称			主管部门		
单位地址			联系人		电话
占地面积(m²)		职工人数(人)		主要经济指标(万元)	
货物名称	运入量(t/年)		主要源地	运出量(t/年)	主要发送地
总运入量	(t)			总运出量	(t)

一周内城市货流调查表(运人)　　　　　　　　　　　　　　　表1.4.5

单位名称			主管部门				
单位地址			联系人		电话		天气
月 时 日	运输方式	额定吨位	货物名称	载货质量	周转量(t·km)	起讫点	
						起点	讫点
合计							

调查一般可根据组织关系对货运单位分系统进行,即由各主管机构对所属单位自上而下地进行调查,以便组织和管理。调查通常可采用发放、回收表格或由调查人员到各个单位进行直接询问的方法。

城市境内货流OD调查也可结合城市境内除公交车外的其他机动车辆境内出行OD调查进行,即通过后者载货情况的调查指标,反映一部分货流状况,不足部分再做适当的补充。

1.5 OD调查资料整理与分析

OD调查资料整理与分析的工作量巨大,许多工作需要借助计算机进行,其过程主要包括编码、输码、统计分析等。

1.5.1 OD调查资料的整理

在资料整理过程中,首先要对调查表进行检查,对有明显错误的数据要进行核对校正。其次是编码,即将调查表中的文字转变为数字,如交通区、出行起点、出行讫点等。应抽调熟悉城市地理,并对调查项目充分理解的人员进行编码;对于大城市,应分别从城市的不同片区抽调人员并集中编码。在输码之前,应首先确定采用何种计算机语言,并设计好数据结构,设计的原则是既省内存,又方便统计。在对调查结果进行统计之前,应把抽样调查的数据乘以放大系数(即除以抽样的比率)以扩大到全样。

1.5.2 OD调查资料统计分析的基本内容

OD调查资料统计分析的基本内容包括三个方面:一是出行特征统计分析;二是出行与

其相关因素之间关系的统计分析;三是其他有关指标的统计分析。具体内容如下:

1.5.2.1 出行产生分析

出行产生分析即出行总次数、出行产生率的统计分析,以及出行产生率与其相关因素之间关系的统计分析。

1.5.2.2 出行分布分析

出行分布分析即出行流量、流向统计分析,据此得出调查区域各种出行的主流方向、特征。

1.5.2.3 出行方式分析

出行方式分析即出行方式结构的统计分析,据此得出调查区域各种出行对交通工具的选择状况。出行方式统计分析也应包括对出行方式结构与其相关因素之间的关系进行研究分析。

1.5.2.4 出行时间、距离

对各种出行所耗费的时间、出行距离进行统计分析。

1.5.2.5 其他有关参数

其他有关参数包括对平均载客(货)量、平均额载、平均实载率等参数进行统计分析。

1.5.3 城市交通 OD 调查资料的统计分析

城市交通 OD 调查包括以下主要统计分析内容:

1.5.3.1 居民出行 OD 调查资料统计分析

(1)出行产生:包括统计职业、年龄、出行目的、用地性质等相关因素在不同状况下,城市居民在市内的出行产生量。根据统计结果,分析这些相关因素对居民在市内出行产生的影响等。

(2)出行分布:包括统计境界线内各交通区之间总出行及分目的、分方式的居民出行 OD 量等。

(3)出行方式:包括统计城市居民在市内出行的出行方式结构等。

(4)出行时间及出行距离:包括统计城市居民在市内总出行和分方式出行的平均出行时间以及统计居民在境界线内各交通区之间各种出行方式的平均出行时间及出行距离等。

1.5.3.2 流动人口出行 OD 调查统计分析

包括以下主要统计分析内容:

(1)出行产生:包括统计职业、年龄、性别、来城市目的等各相关因素在不同情况下,各种出行目的的城市流动人口在市内的出行产生量。根据统计结果,分析这些因素对城市流动人口在市内出行产生的影响等。

(2)出行分布:包括统计境界线内各交通区之间总的出行以及分出行目的、出行方式的流动人口出行 OD 量等。

(3)出行方式:包括统计城市流动人口市内的出行方式结构等。

(4)出行时间及出行距离:包括统计城市流动人口在市内总的出行和分出行方式的平均出行时间,以及统计流动人口在境界线内各交通区之间各种出行方式的平均出行时间及出行距离等。

1.5.3.3 境内货流 OD 调查

统计分析包括以下主要内容:

(1)货流产生:包括统计单位属性、经济指标、职工人数、占地面积等各种相关因素在不同状况下,市内各种货物的产生量。根据统计结果,分析这些因素对市内货物产生的影响等。

(2)货流分布:包括统计境界线内各交通区之间总的货流 OD 量,以及分货种的货流 OD 量等。

(3)出行时间及出行距离:包括统计城市货物运输在市内的平均出行时间,以及统计货物在境界线内各交通区之间的平均出行时间及出行距离等。

1.5.3.4 公交车出行 OD 调查资料统计分析

统计分析包括以下主要内容:

(1)出行分布:包括统计各交通区之间公交车的出行 OD 量等。

(2)平均速度:包括统计计算市内公交车的平均区间速度等。区间速度可根据出行时间和公交线路的长度计算。

1.5.3.5 其他机动车辆出行 OD 调查统计分析

统计分析包括以下主要内容:

(1)出行分布:包括统计境界线内交通区之间各种机动车的出行 OD 量等。

(2)平均速度:包括统计计算各种机动车在市内的平均区间速度等。区间速度可根据出行时间、出行距离计算。

(3)平均载客(货)量:统计计算各种机动车在市内出行的平均载客(货)量、平均额载、平均实载率等参数。

1.5.3.6 境界线机动车 OD 调查统计分析

统计分析包括以下主要内容:

(1)出行分布:包括统计机动车所载旅客、各种货物的出行起讫点,以及各种机动车的出行 OD 量等。

(2)平均载客(货)量:统计计算各种机动车的平均载客(货)量、平均额载、平均实载率等参数。

(3)出行时间与出行距离:包括统计机动车在各交通小区之间的平均出行时间及出行距离等。

1.5.3.7 交通枢纽客流 OD 调查统计分析

统计分析的主要内容包括各种运输方式、调查区对外、过境的旅客出行 OD 量,以及各种运输方式旅客出行起讫点一端或两端在调查区外的各交通区之间的平均出行时间及出行距离等。

1.5.3.8 交通枢纽货流调查统计分析

统计分析的主要内容包括各种运输方式、调查区对外或过境的各类货物的出行 OD 量,以及各种运输方式货物出行起讫点一端或两端在调查区外的各交通区之间的平均出行时间及平均距离等。

将上述统计所得的居民境界线内出行 OD 量、流动人口境界线内出行 OD 量、境界线机动车所载旅客出行 OD 量、交通枢纽调查区对外及过境的旅客出行 OD 量汇总,即可得包括城市市内对外过境的全面客流 OD 量。

将上述统计所得境界线内货流 OD 量境界线机动车所载货流 OD 量、交通枢纽调查区对外过境货流 OD 量汇总,便可得包括城市市内、城市对外及过境的全面货流 OD 量。

综合境内其他机动车辆境界线内出行OD量、境界线机动车出行OD量,即可得包括城市市内、城市对外及过境的全面机动车出行OD量。

1.5.4 区域交通OD调查资料的统计分析

1.5.4.1 机动车出行OD调查

统计分析包括以下主要内容:

(1)出行分布:包括统计各交通区之间,机动车所载旅客、货物以及各种机动车的出行OD量等。

(2)平均载客(货)量:统计计算各种机动车平均载客(货)量、平均额载、平均实载率等。

(3)出行时间与出行距离:包括统计机动车各交通区之间的平均出行时间及出行距离等。

1.5.4.2 交通枢纽客流OD调查

统计分析的主要内容包括各种运输方式旅客的出行OD量以及各种运输方式旅客在各交通区之间的平均出行时间及出行距离等。

1.5.4.3 交通枢纽货流OD调查

统计分析的主要内容包括各种运输方式各类货物的出行OD量以及各种运输方式货物出行在各交通区之间的平均时间及平均距离等。

将上述统计所得的机动车所载旅客出行OD量、交通枢纽旅客出行OD量汇总,即可得包括研究区域内、研究区域对外、过境的全面客流OD量。

汇总统计所得的机动车出行所载货物出行OD量、交通枢纽货物出行OD量,即可得包括区域内、区域对外及过境的全面货流OD量。

OD调查的统计分析既与调查的项目有关,又与调查之后的交通预测、现状交通分析评价方法等有密切的联系。因此,上述统计分析的内容应视具体情况做适当的取舍和补充。

OD调查的统计分析可借助于图表(如前述OD表、OD图)曲线等各种方式进行。

1.5.5 OD调查精度检验

常用以下方法进行OD调查精度检验。

(1)分隔查核线检验。在OD调查的同时,选择城市区域内天然屏障(如河流、铁路等),将实测跨越查核线上某些断面(桥梁、道口和交叉口)的流量与OD调查统计扩算所得的不同交通方式(自行车、客车、货车、公交车等)承担的流量进行比较核查。通过比较,一般相对误差在5%以内符合要求,在5%～15%可进行必要调整,如果误差大于15%则应返工调查。

(2)区域境界线检验。调查区域境界线检验原理同分隔查核检验。

(3)在调查区域内,拟定众所周知的交通枢纽为校核点。公共活动集散中心作为校核点,将起讫点调查获得的交通量按抽样率扩算后与该点上实际观测的交通量相比,作为控制市内OD调查精度的重要依据。

(4)把由OD调查表推算出来的各类人口、社会交通特征与现有的统计资料进行比较,检查其误差程度。

【例1.5.1】 苏州市居民出行OD调查。

为配合城市道路交通规划的进行,苏州市于某年实施了大规模城市居民出行调查。

调查范围为城市总体规划的规划用地范围,包括苏州市区(沧浪区、平江区、金阊区、郊区、新区和工业园区)以及吴中区、木渎镇、陆幕镇,调查范围内总人口130万。根据苏州市现状及规划分区情况,将规划区域划分为146个交通区。

在调查实施前,成立了由苏州市政府牵头,市规划局、交通局、公安局、各区政府以及规划设计单位等组成的综合协调机构,统一指挥、协调调查的开展。结合苏州市行政区划的具体情况,采取市政府—区政府—街道—居委会—居民的分层组织形式。

调查表格式,见表1.4.1。

参考其他城市进行居民出行调查时的抽样率和达到的调查精度,本次调查采取家庭访问调查形式,采用等距抽样,抽样率为4.5%。

正式调查开始前,选择典型区域进行试调查,以完善调查计划和方法。另外,由设计单位选派专业技术人员对调查人员进行专门的业务培训,详细介绍调查的目的、意义、调查计划、内容、要求与方法,并制定调查员守则,明确调查员的责任。

在调查实施过程中,派出专业技术人员对调查的实施过程进行抽查,发现问题及时解决,以保证调查的精度。调查表回收后经过整理、编码、输码,共获得有效数据400多万个。为了处理大批量的数据,编制了相应的计算机处理程序,获得了大量有价值的资料。

对调查数据进行统计分析后,得到了苏州市城市居民出行规律。

苏州市区出行者(有出行行为的被调查者)人均出行次数为2.59次/人·日;居民(全部被调查者)人均出行次数为2.43次/人·日。各年龄段、各职业的出行者人均出行次数,见表1.5.1、表1.5.2;不同目的的出行总量构成,见表1.5.3。

各年龄段出行者人均出行次数 表1.5.1

年龄(岁)	6~14	15~19	20~24	25~29	30~39	40~49	50~59	≥60
出行次数(次/人·日)	2.75	2.43	2.23	2.29	2.33	2.39	2.50	2.43

不同职业出行者人均出行次数 表1.5.2

职业	小学生	中学生	大中专生	工人	服务员	职员	个体劳动者	家务	其他
出行次数(次/人·日)	2.76	2.44	2.33	2.30	2.29	2.52	2.33	2.29	2.56

不同目的出行量构成 表1.5.3

出行目的	上班	上学	公务	生活购物	文娱体育	探亲访友	看病	回程	其他
比例(%)	23.46	10.03	1.73	8.15	3.45	2.00	0.78	46.44	3.96

城市居民出行方式结构,见表1.5.4。此外,调查中得到了出行者年龄和出行方式的关系以及出行者职业与出行方式的关系。

城市居民出行方式结构 表1.5.4

出行方式	步行	自行车	助力车	公交车	出租车	轻骑摩托	私家车	单位小车	单位大车	其他
比例(%)	27.72	41.78	12.55	6.44	0.67	6.60	0.81	1.37	1.62	0.44

调查中获得了各出行方式的平均出行时耗,如表1.5.5所示。不同年龄、不同职业、不同出行目的的平均出行时耗特征也通过调查获得。

各出行方式的平均出行消耗　　　　　　　　　　　　　　　　表1.5.5

出行方式	步行	自行车	助力车	公交车	出租车	轻骑摩托	私家车	单位小车	单位大车	其他
平均耗时(min)	18.9	24.0	25.6	46.6	38.4	23.0	36.9	31.0	49	35.2

调查中发现,苏州市的交通流存在明显的"向心性"和"潮汐"现象。早高峰客流主方向为外围组团涌入古城区,晚高峰客流主方向为古城区向外围组团分散,峰值十分明显。

【例1.5.2】 苏州市流动人口出行OD调查。

调查范围以及交通区划分与城市居民出行调查相同。为全面反映城市交通系统特征,流动人口出行调查与城市居民出行调查在同一天实施。

调查地点选择了市内不同区域、不同等级的宾馆、饭店,以及火车站、长途汽车站等对外交通枢纽。

采用表1.4.2作为流动人口出行调查表。

流动人口出行调查采用分层抽样方式,力求不同地域、不同特性的流动人口均有样本,调查中采用访问调查形式。

调查表回收后,经过整理、编码、输码和调查数据的统计分析后,得到了苏州市流动人口出行规律。经过数据处理得到了流动人口的职业年龄、性别、来城市的目的、停留时间等基础信息。

苏州市区流动人口平均日出行次数为3.15次/人·日,比市居民高。

在调查的过程中,发现到苏州的流动人口中,旅游观光人员最多,其次为出差人员,如表1.5.6所示。

流动人口出行目的比例　　　　　　　　　　　　　　　　表1.5.6

出行目的	出差	生活购物	旅游观光	文娱	看病	探亲访友	回程	其他
比例(%)	9.99	8.52	35.89	2.14	1.09	2.61	30.96	8.80

流动人口出行方式与居民有很大不同,如表1.5.7所示。

流动人口出行方式比例　　　　　　　　　　　　　　　　表1.5.7

出行方式	公交车	单位大车	单位小车	出租小车	出租大车	轻骑摩托	自行车	助力车	三轮车	步行	其他区
比例(%)	26.0	5.0	15.8	5.9	28.2	0.8	2.2	0.3	2.0	12.7	1.1

【例1.5.3】 苏州市公路机动车出行OD调查。

公路机动车OD调查交通分区划分基于行政区划,直接影响区包括苏州境内各县级市以及江苏省内其他地级市,间接影响区为邻省及中国其他地区。

调查点布设在苏州市境内有代表性的公路,行政等级覆盖了国道省道和县乡道,技术等级覆盖了超二级、二级和三级公路。具体布置调查点时注意远离城镇,选择路基较宽、线形较直的路段,减小对正常公路交通的影响。

调查实施前,成立了由苏州市政府牵头,市交通局、公安局、各县级市政府、各县级市交通局、公安局以及规划设计单位等单位组成的综合协调机构,统一指挥、协调调查的开展。

调查采用路边访问法进行。为防止交通阻塞,调查在大流量的路段上采用等距抽样方法。调查表的格式,见表1.4.3。各OD调查点平均抽样率为35%。

对调查数据进行处理后,得到了各种车型平均额载及平均实载、载货种类以及机动车出行OD分布,如表1.5.8~表1.5.11所示。

苏州市各车型平均额载及平均实载　　　　表1.5.8

车 型	平均额载	平均实载	平均实载率
小客车	5.96(人)	2.94(人)	49.7%
大客车	40.85(人)	24.76(人)	60.6%
小货车	1.72(t)	0.78(t)	45.4%
中货车	4.81(t)	2.61(t)	54.3%
大货车	10.51(t)	6.04(t)	57.5%
摩托车	1.95(人)	1.32(人)	67.7%
拖拉机	1.94(t)	1.39(t)	71.7%

苏州市公路机动车OD货流类型　　　　表1.5.9

货物类型	比例(%)	货物类型	比例(%)	货物类型	比例(%)
煤炭	1.36	化肥农药	3.12	化工原料及制品	9.04
石油	5.35	盐	0.38	有色金属	0.68
金属矿石	3.93	矿建材料	5.37	轻工、医药制品	5.35
钢材	13.20	水泥	2.43	农林牧渔业产品	2.46
木材	3.71	粮食	4.96	其他	33.47
非金属矿石	2.43	机器设备、电器	2.76	合计	100

苏州公路内部、过境与对外交通结构　　　　表1.5.10

公路客、货运	交通形式	比例(%)
客运分布	内部交通	25
	过境交通	39
	对外交通	36
货运分布	内部交通	26
	过境交通	23
	对外交通	51

苏州公路过境及对外交通方向分布　　　　表1.5.11

过境交通及对外交通	比例(%)
上海方向(东)	41
浙江方向(南)	21
无锡、南京方向(西)	20
苏北方向(北)	18

2 交通的发生与吸引

发生交通量与吸引交通量的预测是四阶段交通需求预测法的第一阶段,也是交通需求分析工作中最基本的组成部分。在这一阶段,将首先研究对象地区内发生的总出行量,即生成交通量,并由此来预测各个交通小区的发生及吸引交通量。

2.1 概述

所谓发生(或吸引)交通量是指研究对象地区内由各交通小区发生(或吸引)的交通量。人们通常把研究对象区域全体的交通总量叫作交通生成量,把研究对象区域各个交通小区的交通发生量(Trip Generation)和交通吸引量(Trip Attraction)称为交通的发生和吸引。有时也称上述过程为交通发生。发生与吸引交通量预测精度的高低将直接影响以后阶段乃至整个预测过程的精度。

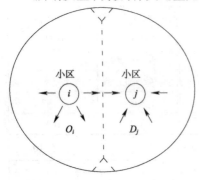

图2.1.1 交通小区发生与吸引示意图

图2.1.1 表示了交通小区 i 的发生和交通小区 j 的吸引交通量。O_i 表示小区 i 的发生交通量,D_j 表示小区 j 的吸引交通量。相反,小区 i 的吸引交通量和小区 j 的发生交通量依此类推。

2.2 发生与吸引交通量的影响因素

2.2.1 土地利用

土地利用(Land Use)是影响交通产生的主要因素之一。按照我国《城市用地分类与规划建设用地标准》规定,城市建设用地分为 8 个大类,分别为:居住用地,公共管理与公共服务用地,商业服务业设施用地,工业用地,物流仓储用地,道路与交通设施用地,公用设施用地,绿地与广场用地。

(1)住宅用地是交通的主要发生源和居民出行的主要起讫点。该用地的发生与吸引交通量通常用居住面积、住户数、人口、住户平均人数等指标表示。与住宅用地相关的出行有上班、上学、回家、其他(如购物、娱乐等)。

(2)公共设施用地包括行政办公用地、商业金融业用地、文化娱乐用地、体育用地、医疗卫生用地、教育科研设计用地、文物古迹用地等。此类用地也是交通的主要发生源之一。该用地的发生与吸引交通量通常用办公、营业面积、从业人口等指标表示。与公共设施用地相关的出行有上班、上学、娱乐、业务、回家等。

(3)工业用地是上班交通的主要发生源。该用地的发生与吸引交通量通常用从业人口、产值等指标表示。与工业用地相关的出行有上班、业务和回家。

(4)仓储用地是货物的主要集散点,因此是货物交通的主要发生源。该用地发生与吸引交通量通常用仓库面积、货物吞吐量等指标表示。与仓储用地相关的出行有上班、业务、回家等。

可以说,土地利用与交通互为因果关系。人们活动的活跃(交通的发展)拉动土地利用的发展,相反,土地利用的发展(城市建设)又会诱发人们的生活和出行。对于该方面的研究已经构成了新的研究领域,可以参考相关书籍。

2.2.2 家庭规模和人员构成

家庭是构成人们出行的基础,上班、走亲访友、购物等私人出行多以家庭为出发点。

家庭规模和人员构成是影响家庭出行的主要因素。随着家庭规模的增大,人均出行次数减少,如购物可由一人代替。有老人和幼儿家庭的,看病出行较多,年轻夫妇的购物、娱乐和上班等出行较多。

2.2.3 年龄、性别

性别和年龄不同,人们的出行次数和内容也不同。一般而言,受体力、工作性质等影响,男性以 20~45 岁平均出行次数多,女性 20~40 岁平均出行次数多。通常,用居民出行调查中不同性别和年龄的平均出行次数评价和预测出行的发生与吸引交通量。图 2.2.1 是根据北京的居民出行调查做的统计。

由图 2.2.1 可以看出,几乎在所有年龄层男性的出行次数都比女性要多,而且比较各年龄层的出行特征可以发现,不管男女,出行次数随年龄变化的规律几乎是一致的。

2.2.4 汽车保有率

汽车保有率增加,出行人数增加,其原因如下:
(1)出行需求高的人购买车辆、出行次数多。
(2)购买车辆以后更容易诱发出行。

通常,用汽车保有率或户均汽车保有量指标表示和评价。随着我国城镇居民生活水平的不断提高,对汽车购买力的上升和汽车价格的不断下调,私人汽车保有率逐渐成为影响城市道路交通的主要因素之一。

2.2.5 自由时间

这里将自由时间定义为一天 24h 中,除去睡眠、饮食等生活必需时间和工作、学习等约束时间的剩余值。显然,自由时间增加后,用于出行的时间增多,出行次数也会增加。研究表明自,由出行量与自由时间可以用式(2.2.1)表示。

$$T = at + b \tag{2.2.1}$$

式中:T——自由出行量;
　　　t——自由时间;
　　　a——系数;
　　　b——常数。

2.2.6 职业和工种

职业和工种的不同是造成出行量不同的主要原因之一,各国的居民出行数据都表明了这一点。汽车驾驶员、推销员、采购员、业务员的平均出行多,工人、学生、教师、行政管理人员的平均出行少。图 2.2.2 给出了北京市 2009 年不同职业人员日平均出行次数调查结果。

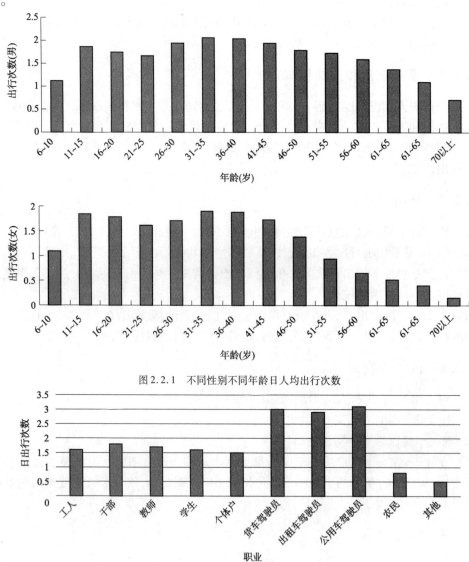

图 2.2.1 不同性别不同年龄日人均出行次数

图 2.2.2 不同职业人员人均出行次数

2.2.7 外出率

外出率是工作中外出业务占总业务的比率。它因工种、年龄的不同而异。

2.2.8 企业规模、性质

一般来说,企业大、业务处理量大,外出率高。

2.2.9 家庭收入

家庭收入也影响出行,尤其是自由出行的主要因素之一。高收入家庭,汽车购买率高,购物、娱乐等需求也高,平均出行次数多。

2.2.10 其他

天气、工作日、休息日和季节等的不同也影响人们的出行。雨雪天气人们出行不便,出行量小;周一至周五工作日出行量大且时间集中,周六、周日等休息日出行量小且分散;炎热的夏天和寒冷的冬天出行量小,春秋季节气候宜人,出行量大。

2.3 生成交通量的预测

2.3.1 概述

出行生成的度量可以车辆出行为单位,也可以人的出行次数为单位。在大城市中,交通工具复杂,一般以人的出行次数为单位,小城市交通工具较为简单,常以车辆出行为单位。车辆出行与人的出行之间可以互相换算。

出行生成包括出行产生与出行吸引。由于两者的影响因素不同,前者以住户的社会经济特性为主,后者以土地利用形态为主,故有些方法需要对出行产生和出行吸引分别进行预测,以求其精确,也利于下一阶段出行分布的预测。当住户的社会经济特性和土地利用形态发生改变时,也可用来预测交通需求的变化。而出行生成交通量通常作为总控制量,用来预测和校核各个交通小区的发生和吸引交通量。图2.3.1列出了OD表中发生交通量、吸引交通量和生成交通量三者之间的关系。

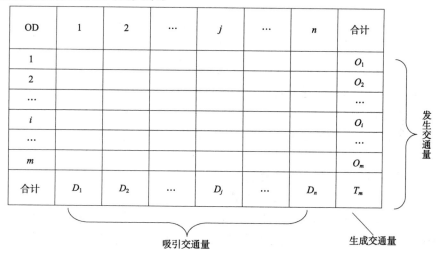

图2.3.1 发生与吸引交通量、生成交通量示意图

2.3.2 生成交通量的预测方法

生成交通量的预测方法主要有原单位法、增长率法、聚类分析法和函数法。除此之外,还有利用研究地区过去的交通量或经济指标等的趋势法和回归分析等方法。

2.3.2.1 原单位法

原单位法通常有两种,一是用居住人口或就业人口每人平均交通生成量来推算的个人原单位法;另一种是以不同用途的土地面积或单位办公面积平均发生的交通量来预测的面积原单位法。不同方法选取的原单位指标亦不同。

(1)根据人口属性,以不同出行目的单位出行次数为原单位进行预测。

(2)以土地利用或经济指标为基准的原单位,即以单位用地面积或单位经济指标为基准对原单位进行预测。

在居民出行预测中,经常采用的是以单位出行次数作为原单位,预测未来的居民出行量的方法,所以也称为单位出行次数预测法。单位出行次数为人均或家庭平均每天的出行次数,它由居民出行调查结果统计得出。因为人口单位出行次数比较稳定,所以人口单位出行次数预测法是进行生成交通量预测时最常用的方法之一。日本、美国多使用该方法。不同出行目的有着不同的单位出行次数,如图2.3.2所示的就是根据2004年北京市调查得到的不同出行目的的人均出行次数。

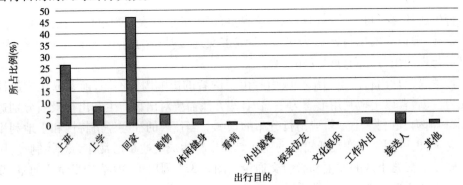

图 2.3.2　不同出行目的出行次数

不同出行目的生成交通量可以采用式(2.3.1)和式(2.3.2)计算。

$$T = \sum T^k \quad (2.3.1)$$

$$T^k = \sum_l a_l^k N_E \quad (2.3.2)$$

式中:a_l^k——某出行目的和人口属性的平均出行生成量;

N_E——某属性的人口;

l——人口属性(常住人口、就业人口、工作人口、流动人口);

k——出行目的;

T^k——出行目的为k时的生成交通量;

T——研究对象地区总的生成交通量。

原单位法预测的出行生成量除人口属性按出行目的的不同预测外,还可以以土地利用或经济指标为基准进行预测。从调查中得出单位用地面积或单位经济指标的发生与吸引交通量,如假定其是稳定的,则可根据规划期限内各交通区的用地面积(人口量或经济指标等)进行交通生成预测。

通过居民调查可得到交通预测所需的原单位指标值,但像北京、上海、广州、南京等大城市,大规模的居民调查几年甚至十几年才能进行一次,小城市这方面的数据就更是匮乏,这种情况容易造成预测所需要的数据比较缺乏或陈旧。在数据资料不足的情况下,也可以采用下述简易方法对研究区域进行数据采集或标定。若有一个1 000个住户的分区,可以在其唯一的出入口放置一两个计数器,测出每天进出该区的车辆数或人数,然后除以1 000,就是每天每户产生的出行次数。如果知道土地利用的建筑面积,将其与相应的原单位相乘及将分区所有的项目相加,则可求得该区总的出行生成量。

对于预测生成交通量来说,怎样决定生成原单位的将来值是一个重要的课题。根据以往的研究成果,通常有以下 3 种做法。

(1)直接使用现状调查中得到的原单位数据。

(2)将现状调查得到的原单位乘以其他指标的增长率来推算,即增长率法。

(3)最常用的也是最主要的为函数法。函数法的自变量多采用性别、年龄等指标。

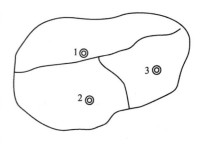

图 2.3.3 小区划分示意图

【例 2.3.1】 图 2.3.3 为某对象区域小区划分示意图,共有 3 个交通小区。表 2.3.1 所示为各小区现状的出行发生量和吸引量,在常住人口平均出行次数不变的情况下,采用单位法预测其将来的出行生成量。

各区现状的出行发生量和吸引量　　　　　　　　表 2.3.1

OD	1	2	3	合计	现在/将来人口(万人)
1				28.0	11.0/15.0
2				51.0	20.0/36.0
3				26.0	10.0/14.0
合计	28.0	50.0	27.0	105.0	41.0/65.0

【解】 根据表 2.3.1 中的数据,可得:

现状出行生成量 $T = 28.0 + 51.0 + 26.0 = 28.0 + 27.0 + 50.0 = 105.0$(万次)

现状常住人口 $N = 11.0 + 20.0 + 10.0 = 41.0$(万人)

将来常住人口 $M = 15.0 + 36.0 + 14.0 = 65.0$(万人)

人均单位出行次数 $\dfrac{T}{N} = \dfrac{105.0}{41.0} = 2.561$ 次/(日·人)

因此,将来的生成交通量 $X = M \times \left(\dfrac{T}{N}\right) = 65.0 \times 2.561 = 166.5$(万次/日)

由于人们在对象区域内的出行不受区域内小区划分的影响,所以生成交通量的单位出行次数与发生/吸引的单位出行次数比较,具有序列稳定的特点。

如上所述,将单位出行次数视为不随时间变动的量,而直接使用居民出行调查结果。然而在现实中,单位出行次数因交通参与者的个人属性(年龄、性别、职业、汽车拥有与否等)不同而变动。

2.3.2.2　聚类分析法

聚类分析(Cross—Classification or Category Analysis)是出行生成预测的另一个可选用的模型,英国人称其为类型(别)分析,美国人则称其为交叉分类方法,它突出以家庭作为基本单元,用将来的出行发生率求得将来的出行量。其基本思想是把家庭按影响交通出行的特征分类,求得不同类型家庭的平均出行率。该方法认为小汽车拥有量、家庭规模和家庭收入是决定交通发生的三个主要影响因素。因此,根据这些变量把家庭横向分类,并且由家庭访问调查资料计算每一类的平均出行生成率,以将来同类型家庭数的预测值乘以相应的出行率即为预测出行量。

聚类分析法建立在以下假设的基础上。

(1)一定时期内出行率是稳定的。

(2)家庭规模的变化很小。
(3)收入与车辆拥有量总是增长的。
(4)每种类型的家庭数量,可用该家庭收入、车辆拥有量和家庭结构等资料所导出的数学分布方法来估计。

构造聚类分析法模型的步骤包括:

(1)家庭的横向分类。澳大利亚根据其中西部的交通调查,规定按家庭大小、家庭收入各分为6类,按家庭拥有小汽车数分为3类。上海曾以住宅类型、家庭人口及自行车拥有量作为分类项目研究出行发生模型。考虑到小汽车已普遍进入我国城市家庭,而自行车出行越来越少,可以把家庭拥有小汽车数作为分类标准。

(2)按家庭访问调查资料把每个家庭归入相应类别。

(3)计算每类家庭平均出行率。调查所得每类家庭出行发生量除以每类家庭数,可得每类家庭的平均出行率。

(4)计算各分区的出行发生量。把分区每一类的家庭数乘以该类家庭的出行发生率,并将分区中所有类别的家庭总数加起来,得到出行总量,如式(2.3.3)所示。

$$\hat{P}_i = \sum_{c=1}^{n} \overline{Q}_c N_{ci} \tag{2.3.3}$$

式中:$\hat{P}_i$ ——i 小区出行产生数的计算值;
$\overline{Q}_c$ ——C 类家庭的平均出行率;
N_{ci} ——i 区内的 C 类家庭数。

【例 2.3.2】 澳大利亚城市家庭类别出行产生率。

【解】 根据家庭规模、收入及家庭拥有小汽车数可将研究对象内的家庭分成不同的类别,如表 2.3.2 所示。

家庭分类   表 2.3.2

小汽车保有量\家庭规模收入	低收入		中等收入		高收入	
	1~3 人	4 人及以上	1~3 人	4 人及以上	1~3 人	4 人及以上
无	3.4	4.9	3.7	5.0	3.8	5.1
一辆	5.2	6.9	7.3	8.3	8.0	10.2
2 辆及以上	5.8	7.2	8.1	11.8	10.0	12.9

已知:低收入、无小汽车、每户 3 人有 100 户;中等收入、无小汽车、每户 4 人有 200 户;中等收入、有 1 辆小汽车、每户 4 人有 300 户;高收入、有 2 辆小汽车、每户 5 人有 50 户,如表 2.3.3 所示。

家庭分类   表 2.3.3

小汽车保有量	收入\家庭规模	低收入	中等收入	高收入
		每户 3 人	每户 4 人	每户 5 人
	无	100	200	
	1 辆		300	
	2 辆			50

则总出行计算如下:

$$100 \times 3.4 + 200 \times 4.9 + 300 \times 8.3 + 50 \times 12.9 = 4455（人次／日）$$

聚类分析法的主要优点包括：

(1)直观、容易理解。人们普遍容易理解和接受出行发生与住户特性关系的观念。

(2)资料的有效利用。从现有的 OD 调查中就可获得完整的资料,即使没有,也可通过小规模调查得到。

(3)容易检验与更新。出行发生率很容易通过小规模抽样调查与小区的特性分析而校核其正确性。

(4)适用于各种研究范围。由于出行发生基于住户特性,出行吸引基于土地利用特性,因此,其出行生成、吸引率可以用于各种研究范围,如区域规划、运输通道规划和新发展区出行发生预测。

该方法的明显缺点有：每一类家庭中,住户彼此之间的差异性被忽略;因每类家庭样本数不同,得到的出行率会失去样本数一致的精确性;每一类家庭规划年的资料预测工作繁杂。

2.3.2.3 个人分类方法

个人分类方法(Person—Category Approach)是家庭分类模型的一种替代方法。如令 t_j 表示出行率,即在某一段时间内 j 类人中平均每人的出行次数; T_i 表示 i 小区各类居民的总出行数, N_i 为 i 小区的居民总数; a_{ji} 为 i 小区的 j 类居民的百分率。从而可得到 i 地区的出行发生量,如式(2.3.4)所示。

$$T_i = N_i \sum_j a_{ji} t_j \tag{2.3.4}$$

它与前述的基于家庭的类别分析法相比具有如下优点：

(1)个人出行产生模型同经典的交通需求模型的其他部分完全兼容,它们都是基于出行者而不是基于家庭。

(2)也可采用交叉分类方法。

(3)建立个人分类模型所需要的样本数比基于家庭模型少几倍。

(4)容易考虑人口统计特性。如在基于家庭的模型中无法兼顾某些关键的人口变量(如年龄)。

(5)个人分类较家庭分类预测容易。因为后者需要预测家庭构成、大小等。

个人分类模型的主要限制是很难兼顾家庭规模、家庭间的相互影响、家庭日常开支和预算对出行的影响。

2.4 发生与吸引的交通量预测

与生成交通量的预测方法相同,发生与吸引交通量的预测方法也分原单位法、增长率法、聚类分析法和函数模型法。

2.4.1 原单位法

原单位法预测发生与吸引交通量时,首先需要分别计算发生原单位和吸引原单位,然后根据发生原单位和吸引原单位与人口、面积等属性的乘积预测得到发生与吸引交通量的值,见式(2.4.1)和式(2.4.2)。

$$O_i = bx_i \tag{2.4.1}$$

$$D_j = cx_j \tag{2.4.2}$$

式中：i,j——交通小区；

x——常住人口、白天人口、从业人口、土地利用类别、面积等属性变量；

b——某出行目的的单位出行发生次数，次/(日·人)；

c——某出行目的的单位出行吸引次数，次/(日·人)；

O_i——小区 i 的发生交通量；

D_j——小区 j 的吸引交通量。

在交通需求预测时，要求各小区的发生交通量之和与吸引交通量之和相等，并且各小区的发生交通量或吸引交通量之和均等于生成交通量。如果它们之间不满足上述关系，则可以采用如下方法进行调整。

2.4.1.1 总量控制法

总量控制法是用研究区域总的生成交通量对推算得到的各个小区的交通发生量、吸引量进行校正。

假设生成交通量是由全人口 P 与生成原单位 p 而得到的，则：

$$T = p \cdot P \tag{2.4.3}$$

如果生成交通量 T 与总发生交通量 $O = \sum_{i=1}^{n} O_i$ 有明显的误差，则可以将 O_i 按式(2.4.4)修正。

$$O'_i = \frac{T}{O} \cdot O_i \quad (i = 1, 2, \cdots, n) \tag{2.4.4}$$

为了保证 T 与总吸引交通量 $D = \sum_{j=1}^{n} D_j$ 也相等，这样发生交通量之和、吸引交通量之和及生成交通量三者才能全部相等，为此需将 D_j 按式(2.4.5)修正。

$$D'_j = \frac{T}{D} D_j \quad (j = 1, 2, \cdots, n) \tag{2.4.5}$$

2.4.1.2 调整系数法

在出行生成阶段，要求满足所有小区出行发生总量等于出行吸引总量。当上述条件不满足时，一般认为所有小区出行发生总量($O = \sum_{i=1}^{n} O_i$)更为可靠。因此，可将吸引总量乘以一个调整系数 f。这样可以确保出行吸引总量等于出行发生总量，调整系数 f 按式(2.4.6)计算。

$$f = \frac{\sum_{i=1}^{n} O_i}{\sum_{j=1}^{n} D_j} \tag{2.4.6}$$

【例2.4.1】 假设各小区的发生与吸引原单位不变，使用例1的数据求未来的发生与吸引交通量。

【解】 (1)求现状发生与吸引的原单位。

小区1的发生原单位：

$$\frac{28.0}{11.0} = 2.545 \text{ 次/(日·人)}$$

小区1的吸引原单位：

$$\frac{28.0}{11.0} = 2.545 \text{ 次/(日·人)}$$

同理,可以计算其他交通小区的原单位,结果如表 2.4.1 所示。

现状各区发生与吸引的原单位 表 2.4.1

OD	1	2	3	合计
1				2.545
2				2.550
3				2.600
合计	2.545	2.500	2.700	

(2) 计算各交通小区的将来发生与吸引交通量。

小区 1 的发生交通量:

$$15.0 \times 2.545 = 38.175 \text{ 万次/日}$$

小区 1 的吸引交通量:

$$15.0 \times 2.545 = 38.175 \text{ 万次/日}$$

同理,小区 2 和小区 3 的发生与吸引交通量计算结果,如表 2.4.2 所示。

各区将来发生与吸引交通量 表 2.4.2

OD	1	2	3	合计
1				38.175
2				91.800
3				36.400
合计	38.175	90.000	37.800	

(3) 调整计算。

由表 2.4.2 可见,各小区发生交通量之和不等于其吸引交通量之和,所以,需要进行调整计算。调整的目标是使得上述两者相等,即满足如式(2.4.7)所示的条件。

$$\sum_j D_j = \sum_i O_i \tag{2.4.7}$$

根据总量控制法,由式(2.4.4)和式(2.4.5)可推导得到式(2.4.8)和式(2.4.9)。

$$O'_i = O_i \times \frac{T}{\sum_i O_i^N} \tag{2.4.8}$$

$$D'_j = D_j \times \frac{T}{\sum_j D_j^N} \tag{2.4.9}$$

按式(2.4.8)和式(2.4.9)的计算结果如下:

$$O'_1 = 38.175 \times \frac{166.5}{166.375} = 38.204 \qquad D'_1 = 38.175 \times \frac{166.5}{165.975} = 38.296$$

$$O'_2 = 91.800 \times \frac{166.5}{166.375} = 91.869 \qquad D'_2 = 90.000 \times \frac{166.5}{165.975} = 90.285$$

$$O'_3 = 36.400 \times \frac{166.5}{166.375} = 36.427 \qquad D'_3 = 37.800 \times \frac{166.5}{165.975} = 37.920$$

调整后的结果,如表 2.4.3 所示。

各区未来的出行发生与吸引交通量　　　　表 2.4.3

OD	1	2	3	合计
1				38.204
2				91.869
3				36.427
合计	38.296	90.285	37.920	166.5

由表 2.4.3 可以看出,调整以后,各小区的发生与吸引交通量之和相等,均等于交通生成量 166.5 万次/日。如果调整后,同一小区的发生与吸引交通量不相等时,还可以继续调整。调整的目标是使得发生交通量之和等于吸引交通量之和,即满足下式:

$$\sum_j D_j = \sum_i O_i$$

调整方法可以采用总量控制法(Total Control Method),即使得发生交通量之和等于吸引交通量之和,都等于将来的生成交通量 166.5。

$$O'_i = O_i \times \frac{T}{\sum_i O_i^N D'_j} = D_j \times \frac{T}{\sum_j D_j^N}$$

在用原单位法进行不同出行目的的出行量预测时,上班出行、上学出行交通量用常住人口预测;自由出行交通量用常住人口和就业人口预测;业务出行交通量用就业人口预测;回家交通量利用上班和上学交通乘以返程系数,该系数从居民出行调查数据统计得出,一般为接近于 1.0 的值。

【例 2.4.2】 某交通小区有 172 家独户住宅,287 家集体住宅,550 家公寓房屋,其出行产生率分别为 2.38、2.38、2.31 车次/户;另有 40 000 m² 商业中心,平均每 1 000 m² 有 2.2 个雇员,其出行吸引率为 1.82 车次/雇员。用原单位法计算该小区的出行发生量与吸引量。

【解】
出行发生率:

$$O_1 = 2.38 \times (172 + 287) + 2.31 \times 550 = 2\ 363\ (车次/日)$$

出行吸引率:

$$D_1 = 2.2 \times \frac{40\ 000}{1\ 000} \times 1.82 = 160\ (车次/日)$$

对于有多个小区时:

$$如果 \sum_i O_i \neq \sum_i D_i$$

可运用调整系数法进行调整。调整系数 f 按式(2.4.6)计算。

$$f = \frac{\sum_i O_i}{\sum_j D_j}$$

则:
$$O'_i = O_i \times f$$
$$D'_j = D_j \times f$$

2.4.2 增长率法

增长率法考虑了原单位随时间变动的情况,它是用其他指标的增长率乘以原单位求出将来生成交通量,如式(2.4.10)所示。

$$O_i^N = F_i \cdot O_i \quad (2.4.10)$$

式中:F_i——发生与吸引交通量的增长率。

$F_i = \alpha_i \cdot \beta_i$,其中:

$$\alpha_i = \frac{\text{目标年小区 } i \text{ 的预测人口}}{\text{基准年小区 } i \text{ 的人口}}$$

$$\beta_i = \frac{\text{目标年小区 } i \text{ 的人均车辆拥有率}}{\text{基准年小区 } i \text{ 的人均车辆拥有率}}$$

增长率法可以解决原单位法和函数法难于解决的问题,它通过设定交通小区的增长率,反映土地利用的变化引起的人们出行的变化及对象区域外的交通小区的发生与吸引交通量。由于原单位法和函数法都是基于实际调查数据的方法,而对象区域外的交通小区没有实际测量数据和预测目标年度的自变量数据,所以选用增长率法。由于具有内外交通,增长率法可以预测对象区域外小区的将来交通量。比如,可以设定:

$$F_j = R_j \cdot R \quad (2.4.11)$$

式中:F_j——对象区域外交通小区 j 的发生、吸引交通量增长率;

R_j——对象区域外交通小区 j 的常住人口增长率;

R——对象区域内全体常住人口的增长率。

【例2.4.3】 设某区域现有500户家庭,其中250户每户拥有1辆小汽车,另外250户没有小汽车。有汽车家庭、无汽车家庭出行生成原单位分别为6.0次/天、2.5次/天。假设未来所有家庭都有1辆小汽车,家庭收入和人口数不变,用增长率法求规划年的出行发生量。

【解】 根据出行生成原单位,易得该区域现状出行量如下。

$$T = 250 \times 2.5 + 250 \times 6 = 2\,125 \text{(次/天)}$$

在未来所有家庭都有1辆小汽车,家庭收入和人口数不变的情况下,增长系数 F_i 为:

$$F_i = \frac{C_i^d}{C_i^c} = \frac{1.0}{0.5} = 2.0$$

式中:C_i^d——该区域未来的汽车保有率;

C_i^c——该区域现在的汽车保有率。

因此,得该区域未来出行量:$T_i = 2 \times 2\,125 = 4\,250$(次/天)

增长系数法的优点是比较简单,是早期城市交通规划采用的方法之一。但该方法计算结果偏大,西方一些规划专家认为用此方法预测研究区域外部的出行更为合理。

2.4.3 聚类分析法

聚类分析法不仅是交通生成预测的主要方法,也是发生与吸引交通量预测中常用且有效的方法。具体应用通过以下例题说明。

【例2.4.4】 假设规划调查区域的土地利用特征见如表2.4.4所示,以小区1为抽样点,在不同小汽车拥有量的情况下,上班出行1h的原单位计算结果见表2.4.5,出行吸引量与职位数的关系见表2.4.6。现预测规划年出行的发生与吸引量。

规划区域的土地利用特征 表2.4.4

小区序号	发生特征 C(小汽车拥有户数)				吸引特征 C(职位数)	
	0	1	2	3	基础工业	服务行业
1	10	30	20	15	400	300
2	25	60	40	30	500	600
3	15	50	50	30	250	350

出行发生情况 表2.4.5

小汽车拥有量(辆/户)	上班出行1h发生次数	户数	发生原单位(次/h)
0	55	10	5.5
1	360	30	12.0
2	310	20	15.5
3	255	15	17.0

出行吸引情况 表2.4.6

行业	上班1h吸引次数	职位数	吸引原单位 $\bar{Q}_C$
基础工业	900	400	2.25
服务业	525	300	1.75

【解】 运用聚类分析法得出该规划调查区内各交通小区上班出行1h的发生量 O_i 和吸引量 D_i,如表2.4.7、表2.4.8所示。

出行发生量 表2.4.7

项目	0 $\bar{Q}_C=5.5$	1 $\bar{Q}_C=12.0$	2 $\bar{Q}_C=15.5$	3 $\bar{Q}_C=17.0$	出行发生量 Q_i
1	55	360	310	255	980
2	137.5	720	620	510	1 987.5
3	82.5	600	775	510	1 967.5
合计	275	1 680	1 705	1 275	4 935

为使该调查区域的发生与吸引的总量相平衡,对表2.4.6的吸引原单位做修正,修正后的吸引原单位 $\bar{Q}_{C1}=2.324$, $\bar{Q}_{C2}=1.81$。根据修正后的吸引原单位算出该调查区域内各交通小区上班出行1h的出行吸引量 D_j,如表2.4.8所示。

出行吸引量 表2.4.8

项目	1 $\bar{Q}_C=2.324$	2 $\bar{Q}_C=1.81$	出行吸引量 D_j
1	929.5	543	1 472.5
2	1 162	1 086	2 248
3	581	633.5	1 214.5
合计	2 672.5	2 262.5	4 935

2.4.4 函数模型法

函数模型法是预测交通分区发生、吸引交通量最常用的方法。由于绝大部分研究都采用多元回归分析模型,故有时把函数模型法直接称为多元回归分析法(Regression Analysis)。

函数模型法多采用以下3个模型:

$$T_i = a_0 + \sum_k a_k X_{ik} \tag{2.4.12}$$

$$T_i = a_0 \prod_k a_k X_{ik} \tag{2.4.13}$$

$$T_i = a_0 \exp \sum_k a_k X_{ik} \tag{2.4.14}$$

式中:X_{ik}——交通小区活动的人口指标,如常住人口、各行业的就业人口等;

T_i——小区 i 发生或吸引的交通量;

a_0、a_k——待定系数,通常可用最小二乘法求得。

函数模型法具有比较明显的缺点:

(1)不能保证使用了真正有效的说明变量。

(2)即便是得到了计算公式也不能保证它一定是合理地描述了交通现象,因此要对得到的算式进行交通意义上的分析。比如说,要对说明变量的系数尤其是其符号进行分析,直到得到合理的解释,才可以认为这一变量的选择是正确的。有时如果在以家庭为原单位的分析中难以得到令人满意的结果,改为以个人为原单位进行分析则可能非常容易地获得良好的模型。在函数模型法中,各分区的发生交通量是分别推算的,理论上其总和应当与研究区域的生成交通量一致。而在实际计算中,由于各分区的发生交通推算量存在误差,其总和的误差也不可避免。因此,应当对各分区推算出的发生交通量用总量控制法进行误差的校正。

3 交通分布

第 2 章介绍了生成交通量、发生与吸引交通量的概念以及对象区域生成交通量及其内部各小区发生与吸引交通量的预测方法,完成了对象区域的出行总量及其各小区出入总量的预测。本章将利用这些结果,进一步解决小区和小区之间交通分布的预测问题。

3.1 概述

交通分布预测是把交通的发生与吸引量预测获得的各小区的出行量转换成交通小区之间的空间 OD 量,即 OD 矩阵,也称 OD 表,如表 3.1.1 所示。

图 3.1.1 直观地表示了小区 i 和小区 j 之间交通分布。q_{ij} 表示由小区 i 到小区 j 的交通量,同样 q_{ji} 则表示由小区 j 到小区 i 的交通量。

OD 表　　　　表 3.1.1

O	D						发生量
	1	2	…	j	…	n	
1	q_{11}	q_{12}	…	q_{1j}		q_{1n}	O_1
2	q_{21}	q_{22}	…	q_{2j}		q_{2n}	O_2
i	q_{i1}	Q_{i2}	…	q_{ij}		q_{in}	O_i
n	q_{n1}	Q_{n2}	…	q_{nj}		q_{nn}	O_n
吸引量	D_1	D_2	D_3	D_j	…	D_n	T

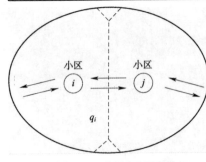

图 3.1.1 交通分布示意图

表 3.1.1 中,q_{ij} 为以小区 i 为起点,小区 j 为终点的交通量;O_i 为小区 i 的发生交通量;D_j 为小区 j 的吸引交通量;T 为研究对象区域的交通总量。

对此 OD 表,下述各式均成立:

$$O_i = \sum_j q_{ij}, \quad D_j = \sum_i q_{ij}, \quad T = \sum_i \sum_j q_{ij} = \sum_i O_i = \sum_j D_j$$

分布交通量的预测,即给定发生交通量 O_i 和吸引交通量 D_j(i,j 为分区号码),求全部 OD 对 (i,j) 之间的分布交通量 q_{ij}。

分布交通量的预测方法可分为以下两大类:

(1)增长率法。此法假定预测的 OD 交通量的分布形式和现状 OD 表的分布形式相同,在此假定的基础上预测研究对象区域目标年的 OD 表。

(2)构造模型法。此法从分布交通量的实态分析中,剖析 OD 交通量的分布规律,并将此规律用数学模型来表现,然后用实测数据标定模型中的各系数,最后根据所标定的模型预测分布交通量。构造模型法的模型,最主要且广泛使用的有重力模型(Gravity Model)和机会模型(Intervening Opportunity Model)。

3.2 增长率法

增长率法分为平均增长率法、Detroit 法和 Fratar 法等,各种增长率法的基本分析方法和计算步骤如下:

(1)用 q_{ij} 表示现状 OD 表中交通小区 i、j 间的交通量,$O_i^{(0)}$、$D_j^{(0)}$ 分别表示现状发生交通量和吸引交通量。

(2)用 O_i、D_j 表示各交通小区将来的发生交通量和吸引交通量。

(3)用下式计算各小区的发生、吸引交通量的增长系数 $F_{oi}^{(0)}$、$F_{dj}^{(0)}$:

$$F_{oi}^{(0)} = \frac{O_i}{O_i^{(0)}}, F_{dj}^{(0)} = \frac{D_j}{D_j^{(0)}} \tag{3.2.1}$$

(4)要推算的交通量的第一次近似值 $q_{ij}^{(1)}$ 可由 $F_{oi}^{(0)}$、$F_{dj}^{(0)}$ 的函数用下式计算:

$$q_{ij}^{(1)} = q_{ij} f(F_{oi}^{(0)}, F_{dj}^{(0)}) \tag{3.2.2}$$

(5)一般来说,由对分布交通量求和得到的发生交通量和吸引交通量为:

$$O_i^{(1)} = \sum_j q_{ij}^{(1)}, D_j^{(1)} = \sum_i q_{ij}^{(1)}$$

$O_i^{(1)}$、$D_j^{(1)}$ 与 O_i、D_j 并不一致,这时用 $O_i^{(1)}$、$D_j^{(1)}$ 代替式(3.2.1)中 $O_i^{(0)}$、$D_j^{(0)}$,算出增长系数,求解第二次迭代的近似值得:

$$q_{ij}^{(2)} = q_{ij}^{(1)} f(F_{oi}^{(1)}, F_{dj}^{(1)}) \tag{3.2.3}$$

(6)重复上述步骤,直至下式值都接近于 1 时,相应的 $q_{ij}^{(k)}$ 即为所求的 OD 交通量。

$$F_{oi}^{(k)} = \frac{O_i}{O_i^{(k)}}, F_{dj}^{(k)} = \frac{D_j}{D_j^{(k)}}$$

增长系数法中,各方法的不同取决于式(3.2.2)中的函数形式 $f(F_{oi}, F_{dj})$ 的定义。

(1)平均增长系数法:

$$f = \frac{1}{2}\left(\frac{O_i}{O_i^{(0)}} + \frac{D_j}{D_j^{(0)}}\right) \tag{3.2.4}$$

(2)Detroit 法(以下简述 D 法):

$$f = \frac{O_i}{O_i^{(0)}}\left(\frac{\frac{D_j}{D_j^{(0)}}}{\frac{\sum_j D_j}{\sum_j A_j^{(0)}}}\right) \tag{3.2.5}$$

(3)Fratar 法(以下简称 F 法):

$$f = \frac{O_i D_j}{O_i^{(0)} D_j^{(0)}} \cdot \frac{L_i + L_j}{2} \tag{3.2.6}$$

式中:L_i 和 L_j——小区 i 和 j 的位置系数或 L 系数(Location Faction)。

$$L_i = \frac{O_i^{(0)}}{\sum_j \left(q_{ij}^{(0)} \frac{D_j}{D_j^{(0)}}\right)}$$

$$L_j = \frac{D_j^{(0)}}{\sum_i \left(q_{ij}^{(0)} \frac{O_i}{O_i^{(0)}}\right)}$$

平均增长系数法中的增长系数采用单纯的分析方法得到,计算简单,在未来OD预测中虽然要进行多次迭代但仍然被广泛使用。但是随着计算机的发展,此方法逐渐被D法和F法所取代。

D法是J. D. Carol于1956年提出的。D法假设i、j小区间交通分布量q_{ij}的增长系数与i小区出行发生量和j小区出行吸引量增长系数之积成正比,与全规划区出行生成总量的增长系数成反比。

F法是T. J. Fratar提出的。式(3.2.6)的推导过程如下。

(1) 小区i发生的交通量中,以小区j为目的地的交通量的比率为:

$$\frac{q_{ij}^{(0)}}{\sum_j q_{ij}^{(0)}}$$

(2) 吸引交通量各自都将增长,增长率为$F_{dj}^{(0)}$,以小区j为目的地的预测年限交通量比率为:

$$\frac{q_{ij}^{(0)} F_{dj}^{(0)}}{\sum_j q_{ij}^{(0)} F_{dj}^{(0)}}$$

(3) 另一方面,小区i的发生交通量也在增长,增长量为$O_i^{(0)} F_{oi}^{(0)}$,因此,q_{ij}可由下式求出:

$$q_{ij} = O_i^{(0)} F_{oi}^{(0)} \frac{q_{ij}^{(0)} F_{dj}^{(0)}}{\sum_j q_{ij}^{(0)} F_{dj}^{(0)}}$$

(4) 和上述对小区i的发生量的分析相同,对小区j的吸引交通量也可进行同样的分析,从而得到q_{ij}的另一表达式如下:

$$q_{ij} = D_j^{(0)} F_{dj}^{(0)} \frac{q_{ij}^{(0)} F_{oi}^{(0)}}{\sum_i q_{ij}^{(0)} F_{oi}^{(0)}}$$

(5) 上述两式表达同一内容。如果把两者平均值取为q_{ij},并将式(3.2.1)带入此式,即可得到式(3.2.6)。

综上所述,F法收敛速度较快,所以现在被广泛应用。

【例3.2.1】 表3.2.1为现状OD表,未来各交通小区的发生交通量和吸引交通量见表3.2.2,试用平均增长系数法求未来的OD表。

现 状 OD 表 表3.2.1

O	D			
	1	2	3	合计
1	4	2	2	8
2	3	5	4	12
3	2	3	3	8
合计	9	10	9	28

将来的发生交通量和吸引交通量 表3.2.2

O	D			
	1	2	3	合计
1				20.0
2				20.0
3				25.0
合计	25	18	22	65.0

【解】 采用平均增长系数法,根据式(3.2.1)计算出最初的增长系数 F_{oi}、F_{dj} 分别为 2.500、1.667、3.125 和 2.778、1.800、2.444。计算结果代入式(3.2.4)和式(3.2.2)求得第 1 次近似值,见表3.2.3。此近似值和表3.2.2所示将来的发生、吸引交通量并不一致,所以结合两组数据,求出调整系数,进行迭代计算。计算结果如表3.2.4所示。此例经过6次迭代,合计栏的值和表3.2.2中对应栏的值基本一致,此时所得结果即为所求的OD表。

F 法在计算上稍显复杂。除计算上述的增长系数外,要计算 L 系数(表3.2.5)。在此基础上,由式(3.2.6)和式(3.2.2)计算出第1次近似值,和表3.2.3相比较可知,此时已经取得了相当好的近似值。实际上,在这种情况下,只用两次迭代,就可以求得表3.2.6、表3.2.7的预测OD表。可见 F 法的收敛速度极快。

用平均增长系数法求得的结果——第1次近似值　　　　表3.2.3

O	D			
	1	2	3	合计
1	10.5	4.3	5.0	19.8
2	6.7	8.7	8.2	23.6
3	5.9	7.4	8.3	21.6
合计	23.1	20.4	21.5	65.0

用平均增长系数法求得的结果——最终结果(收敛标准0.01)　　　　表3.2.4

O	D			
	1	2	3	合计
1	11.3	3.8	5.0	20.1
2	6.2	6.6	7.2	20.0
3	7.4	7.7	9.8	24.9
合计	24.9	18.1	22.0	65.0

L 系数的计算结果　　　　表3.2.5

	L_i	L_j
1	0.408	0.424
2	0.443	0.440
3	0.437	0.428

F 法的计算结果1　　　　表3.2.6

O	D			
	1	2	3	合计
1	11.6	3.8	5.1	20.5
2	6.0	6.6	7.1	19.7
3	7.5	7.4	9.9	24.8
合计	25.1	17.8	22.1	65.0

F 法的计算结果 2　　　　表3.2.7

O	D			
	1	2	3	合计
1	11.3	3.8	5.0	20.1
2	6.1	6.8	7.1	20.0
3	7.5	7.5	9.9	24.9
合计	24.9	18.1	22.0	65.0

3.3 重力模型法

3.3.1 基本形式

重力模型是模拟物理学中万有引力定律而开发出来的交通分布模型。此模型假定小区 i、j 间的分布交通量 q_{ij} 与小区 i 的发生交通量和小区 j 吸引交通量成正比，与两小区间的距离成反比，即：

$$q_{ij} = K \frac{O_i^\alpha D_j^\beta}{R_{ij}^\gamma} \tag{3.3.1}$$

式中：O_i——小区 i 的发生交通量；

D_j——小区 j 的吸引交通量；

R_{ij}——小区 i、j 之间的距离或一般化费用。

α、β、γ、K 为模型系数，在已知 q_{ij}、O_i、D_j、R_{ij} 的情况下（如已知现状的 OD 表），可用最小二乘法等方法求得。具体来说，对上式两边求对数，则：

$$\lg q_{ij} = \lg K + \alpha \lg O_i + \beta \lg D_j - \gamma \lg R_{ij} \tag{3.3.2}$$

上式为线性函数，可用线性回归分析求各系数。假定求得的系数不随时间和地点变化，则通过回归分析求得的重力模型，在给定发生交通量、吸引交通量及小区间距离的条件下，可以在任何时候和任何地域条件下，用来预测该地域的 OD 分布交通量。

但是，这里算出的 OD 交通量 q_{ij} 如果分别对发生、吸引交通量求和的话，并不能保证所得结果和通过调查得到的发生交通量 O_i、吸引交通量 D_j 一致。因此，可以认为求得的 q_{ij} 是第 1 次近似值，然后通过增长系数法的迭代计算使得两者一致。

此模型可以认为是由分子 $O_i^\alpha D_j^\beta$ 和分母 R_{ij}^γ 两部分构成。前者表示产生分布交通量的能力，所以也称潜能项，α、β 被称为潜能系数。根据经验，系数 α、β 一般在 0.5~1.0 取值。

一般可以事先取下列经验值之一：

(1) $\alpha = \beta$。

(2) $\alpha = \beta = 1.0$。

(3) $\alpha = \beta = 0.5$。

这样，就可使得它们或其中一个成为已知的系数。因此，(1) 的情况下回归分析的变量只有两个，(2) 和 (3) 的情况下变成了一元回归分析，从而使得回归分析变得容易。

式(3.3.1) 的分母项 R_{ij}^γ 称为分布阻抗项，γ 为分布阻抗系数。作为抵抗分布交通发生的因素，小区间交通发生所需时间和小区间的距离能够有效地反映将来交通基础设施建设水平的变化。所以，取此要素能够开发出较为有效的模型，当然，分布阻抗有时不一定取距离

项最为合适,分布阻抗应考虑以下几种要素:
(1)小区中心间直线距离。
(2)空间路线距离。
(3)所需时间距离。
(4)所需费用、票价、收费道路的通行费和燃料费等。
(5)距离函数。

其中,(2)、(3)、(4)因使用的交通方式不同而变化。所以有必要分别求出小汽车和公共交通两种情况然后取其平均值。(5)的距离函数可以考虑时间和费用等多种要素,将它们统一换算成货币或时间。

【例3.3.1】 使用例1中的现状OD表,用重力模型法求解目标年的OD交通量。小区间分布阻抗采用时间距离,其值见表3.3.1。

小区间的时间距离表　　表3.3.1

O	D		
	1	2	3
1	14	32	40
2	32	16	22
3	40	22	12

令 $\alpha = \beta = 1.0$,式(3.3.2)变成如下形式:

$$\lg q_{ij} - \lg O_i D_j = \lg K - \gamma \lg R_{ij}$$

因此,对全部的OD要素计算出$(\lg q_{ij} - \lg O_i D_j)$和$\lg R_{ij}$的值,然后采用$Y = a + bX$进行回归分析求$a$、$b$。结果为$a = 0.741, b = 0.524$,相关系数为$-0.89$。

$a = \lg K, b = -\gamma$,代入式(3.3.2)进行逆变换后,可求得如下所示的重力模型:

$$q_{ij} = 0.182 \frac{O_i D_j}{R_{ij}^{0.52}} \quad (3.3.3)$$

将表3.2.2的将来发生、吸引交通量和表3.3.1的时间距离代入模型,然后对每组OD求出q_{ij},得表3.3.2,此时假设现状和未来交通小区间的时间距离不变。如果假定由于开通了新线使得小区1和小区2之间的时间距离缩短了10min,q_{12}的值将由表3.3.2中的10.8变为13.1。

此外,重力模型也需要进行迭代计算,如果用平均增长系数法进行计算,第1次迭代之后,可求得表3.3.3。

使用重力模型算出的结果——模型计算的第1次近似值　　表3.3.2

O	D			
	1	2	3	合计
1	23.1	10.8	11.8	45.7
2	15.0	15.5	16.0	46.5
3	16.7	16.4	27.5	60.6
合计	54.8	42.7	55.3	152.8

使用重力模型算出的结果——用平均增长率法计算的第1次迭代值　　　表3.3.3

O	D			
	1	2	3	合计
1	10.4	4.6	5.0	20.0
2	6.7	6.6	6.6	19.9
3	7.3	6.8	11.1	25.2
合计	24.4	18.0	22.7	65.1

如果观察时间距离表就会发现,分布阻抗 R_{ij} 和 R_{ji} 相等的情形很多(对角线对称)。因此,回归分析可以不对全 OD 要素进行,而只就对角线一侧的三角形部分的全部要素进行分析,这样做可以减少计算量,同时也不会产生过大的误差。

3.3.2 修正重力模型

重力模型的原理简单明确,具有很好的通用性,但存在以下缺点。

(1)分布阻抗不仅仅是 R_{ij} 这样的简单因素和表现形式,要考虑关于阻抗因素的更复杂、更一般的函数关系 $f(R_{ij})$。

(2)仅仅由发生交通量、吸引交通量和分布阻抗还不能很好地说明交通分布的特性,不能忽视某些特定小区相互间所固有的诸如社会的或历史的联系等因素的影响。

(3)不能在模型构造上保证由重力模型预测的 q_{ij} 在求和之后所得的值和发生交通量、吸引交通量一致。

针对上述(1)和(3),A. M. Voorhees 提出了修正重力模型:

$$q_{ij} = O_i \frac{D_j f(R_{ij})}{\sum_{j=1}^{n} D_j f(R_{ij})} \tag{3.3.4}$$

式中: $f(R_{ij})$ ——分布阻抗函数。常用的阻抗函数有以下形式:

(1) $f(R_{ij}) = R_{ij}^{-\gamma}$。

(2) $f(R_{ij}) = \exp(-bR_{ij})$。

(3) $f(R_{ij}) = a\exp(-bR_{ij})R_{ij}^{-\gamma}$。

其中,(1)是重力模型的基本形式。另外, $f(R_{ij})$ 也可以是考虑距离、时间等的合成指标,其系数也可以随不同的交通目的而变化。

用上述阻抗函数代替基本模型式(3.3.1)的阻抗项,并假定 $\alpha = \beta = 1.0$,则该式变为:

$$q_{ij} = KO_i D_j f(R_{ij}) \tag{3.3.5}$$

考虑条件 $\sum_{j=1}^{n} q_{ij} = O_i$、$K = 1/\sum_{j=1}^{n} D_j f(R_{ij})$,可以用 $1/\sum_{j=1}^{n} D_j f(R_{ij})$ 代替前式的一般系数 K,则得式(3.3.4)。针对重力模型的缺点(3),对发生交通量加上约束条件,可得到一般系数 K。

美国公路局模型(BPR)是在上述修正重力模型的基础上导入反映小区 i 和小区 j 之间固有关系的调整系数 K_{ij}(也叫地域间结合度)而得到的。

$$q_{ij} = O_i \frac{D_j f(R_{ij}) K_{ij}}{\sum_{j=1}^{n} D_j f(R_{ij}) K_{ij}} \tag{3.3.6}$$

K_{ij} 的求法如下:

(1)首先令 $K_{ij} = 1$[即式(4.3.4)],根据现状 OD 表标定模型,决定 $f(R_{ij})$ 的系数。

(2)将现状 OD 表的 O_i、D_j、R_{ij} 代入模型,求 OD 交通量的计算值 T_{ij}。
(3)由现状 OD 表的 OD 交通量 q_{ij} 和 T_{ij} 的比值求 K_{ij}。
(4)假定 K_{ij} 的值在将来也不发生变化,预测时不做任何修改而直接使用。

上述这些修正重力模型虽然增加了 $\sum_{j=1}^{n} q_{ij} = O_i$ 的条件,但未考虑 $\sum_{i=1}^{n} q_{ij} = D_j$ 的条件,不能保证 q_{ij} 对 i 求和的结果与已知的吸引交通量 D_j 相一致。因此,由此模型算出的 q_{ij},有必要再根据吸引交通量进行迭代计算,并对所有的结果进行修正。

3.4 机会模型法

该模型的基本思想是用某一个小区发生的出行选择某一小区作为目的地的概率进行模型化,属于概率模型。

此模型以下面 3 个基本假定为前提:
(1)出行者总是希望自己的出行时间较短。
(2)出行者从某一小区出发,根据上述想法选择目的地小区时,按照合理的标准确定目的地小区的优先顺序。
(3)出行者选择某一小区作为目的地的概率与该小区的活动规模(潜能)成正比。

对各区按照离发生小区 i 的距离由近到远的顺序进行排序,设某个目的地被选择的概率为 L,小区 j 的到达机会数为 Y_j,出行通过小区 j 的概率为 Q_{j+1},其概念图如图 3.4.1 所示。

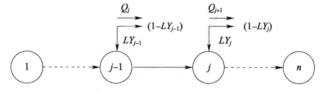

图 3.4.1 机会模型概率概念图

则:
$$Q_{j+1} = Q_j(1 - LY_j) \tag{3.4.1}$$

此式表示通过小区 j 的概率等于某出行通过它之前的小区 $j-1$,且不被小区 j 所吸引而继续通行的概率。

令 S_j 为出发小区 i 到某小区 j 时所通过的到达机会累计数,并令 $i=1$,由此可得:
$$S_j = \sum_{d=1}^{j-1} Y_d \tag{3.4.2}$$

小区 j 的到达机会数和到达机会累计数之间的关系可表示如下:
$$Y_j = S_{j+1} - S_j \tag{3.4.3}$$

由式(3.4.1)和式(3.4.3)可推导出:
$$-L(S_{j+1} - S_j) = \frac{Q_{j+1} - Q_j}{Q_j}$$

将上式差分表达式的 S 和 Q 的变化量看作微小量,用微分近似表达为:
$$-L\,\mathrm{d}S = \frac{\mathrm{d}Q}{Q} \tag{3.4.4}$$

被到达区所吸引的概率为 $P = 1 - Q$,且 $\mathrm{d}Q = -\mathrm{d}P$,故式(3.4.4)可改写为:
$$(1-P)L\,\mathrm{d}S = \mathrm{d}P \tag{3.4.5}$$

该式可变换为 $\frac{1}{1-P}dP = LdS$,两边同时积分,得 $-\ln(1-P) = LS + C$,即可求出

$$P = 1 - ke^{-LS} \quad (3.4.6)$$

式中:k——常数。

小区 i 到小区 j 的 OD 交通量 x_{ij} 可表示为小区 i 的出行量 x_i 与以小区 j 为目的地的选择概率的乘积,即:

$$x_{ij} = x_i(Q_j - Q_{j+1}) \quad (3.4.7)$$

由 P 与 Q 的关系并应用于式(3.4.6),得:

$$Q = ke^{-LS_j} \quad (3.4.8)$$

故式(3.4.7)可表示为:

$$x_{ij} = kx_i(e^{-LS_j} - e^{-LS_{j+1}}) \quad (3.4.9)$$

假设有 n 个区,常数 k 可按下式求出:

$$k = \frac{1}{1 - e^{-LS_{n+1}}}$$

因此,机会模型最终可表示为:

$$x_{ij} = \frac{x_i(e^{-LS_j} - e^{-LS_{j+1}})}{1 - e^{-LS_{n+1}}}$$

式(3.4.9)中 k 的推导过程如下:

$$\sum_{j=1}^{n} x_{ij} = kx_i \sum (e^{-LS_j} - e^{-LS_{j+1}}) = x_i$$

故:

$$1 = k\sum_{j=1}^{n}(e^{-LS_j} - e^{-LS_{j+1}})$$

可推出:

$$k = \frac{1}{\sum_{j=1}^{n}(e^{-LS_j} - e^{-LS_{j+1}})} = \frac{1}{\sum_{j=1}^{n}e^{-LS_j}(1 - e^{-L(S_{j+1}-S_j)})}$$

$$= \frac{1}{\sum_{j=1}^{n}e^{-LS_j}\sum_{j=1}^{n}(1-e^{-LS_j})} = \frac{1}{\sum_{j=1}^{n}e^{-LS_j}(1-e^{-LS_{n+1}})}$$

又有 $e^{-LS_j} = Q_j, \sum_{j=1}^{n}e^{-LS_j} = \sum_{j=1}^{n}Q_j = 1$,所以 $k = 1/(1-e^{-LS_{n+1}})$。

机会模型的另外一种推导方法如下:

对某个起点小区 i,按照与它距离的远近(所需时间的长短)把可能成为目的地的小区 j ($j = 1 \sim n$) 排成一列。把起点小区 i 到第 $(j-1)$ 个目的地小区为止所吸引的出行量之和用 V 表示,第 j 个目的地小区的吸引交通量用 dV 表示,在小区 i 发生的出行到第 $(j-1)$ 个目的地小区为止被吸引的概率用 $P(V)$ 表示。此外,各个小区吸引出行的概率为 L。那么,在小区 i 发生的出行被第 j 个小区吸引的概率 dP:

$$dP = [1 - P(V)]LdV \quad (3.4.10)$$

将式(3.4.10)变形,可得:

$$\frac{dP}{1-PV} = LdV \quad (3.4.11)$$

解式(3.4.11),得:

$$P(V) = 1 - e^{-LV} \tag{3.4.12}$$

因此,顺序为 k 的小区(即小区 j)被选为目的地的概率为:

$$P_{ij} = P(V_{k+1}) - P(V_k) = e^{-LV_j} - e^{-LV_{j+1}} \tag{3.4.13}$$

现在,如果将存在于小区 i 和到小区 j 为止以前的选择顺序中的小区的累积机会(累积的吸引出行量)用 V_j 表示的话,从小区 i 到小区 j 的分布量 q_{ij} 可用下式表示:

$$q_{ij} = O_i(e^{-LV_j} - e^{-LV_{j+1}}) \tag{3.4.14}$$

另外,为使 $\sum_{j=1}^{n} q_{ij} = O_i$ 成立,将上式两边对 j 求和并令等于 O_i,同时注意到 $T = V_n$(n 为全小区数),则得下式:

$$q_{ij} = O_i \left(\frac{e^{-LV_{j-1}} - e^{-LV_j}}{1 - e^{-LT}} \right) \tag{3.4.15}$$

式中:O_i——小区 i 的出行发生的总数。

一般按照如下两个指标决定各小区被选择为目的小区的顺序:

(1)与出发小区间距离:多用出行所需时间表示。

(2)备选小区的可达性:即使与出发小区距离近,如果该小区能使其成为目的地的潜能(活动规模)小,也不一定成为目的地。潜能和易接近性的乘积称为可达性。

如用 Q_j 表示小区的潜能(用目的地设施量等来描述),用 R_{ij} 表示 i、j 间的距离,立足于小区 i 看小区 j 的可达性,A_{ij} 可表示为:

$$A_{ij} = \frac{Q_j}{R_{ij}^{\gamma}} \tag{3.4.16}$$

式中:γ——常数,绝大多数情况下取值 2.0~3.0;

Q_j 和 R_{ij}——因具体考虑何种因素而异。

一般来说取各小区的吸引交通量 D_j 为机会 V_k(所吸引的出行数)。此外活动规模指标可取小区的社会经济指标。

最后一个问题就是如何决定常数 L。L 是访问机会模型的参数,可以使用现状 OD 表,通过最小二乘法求解,即将式(3.4.12)变形,可得:

$$-LV = \ln[1 - P(V)] \tag{3.4.17}$$

使用现状 OD 表的数据得到上式中的 V 和 $1 - P(V)$,对于各交通小区求解,标定未知参数 L。L 值也可用图解法求得。以 $\ln[1 - P(V)]$ 为纵轴,V 为横轴画图,斜率即为所求 L。

此外,根据上述理论,L 值随出行目的不同而变化。因此,也可以按不同交通目的求解 t_{ij} 与 q_{ij},然后加起来求出全目的的 OD 表。这种情形下,机会 V 和可达性也要对不同交通目的地分别进行计算。

上述模型在构造上也不能保证 $\sum_{i=1}^{n} q_{ij} = D_j$ 成立,可用迭代计算或通过调整 L 值来进行修正。

3.5 各种方法的特性比较

分布交通量预测方法的三种方法,即增长率法、重力模型法和机会模型法,各有优缺点,对其进行归纳整理,得表 3.5.1。实际应用时,可综合权衡各模型的优缺点同时根据所要预测的环境条件来选择预测模型。

三种预测方法优缺点比较　　　　　　　　表3.5.1

预测方法	优　点	缺　点
增长率法	(1)构造简单易懂 (2)不需要小区间出行所需时间 (3)时间交通量、日交通量的预测都可以适用 (4)对全部交通目的OD预测都适用 (5)当OD表的周边分布变化较小时特别有效	(1)要求基准年有完整的OD表 (2)预测对象地域有下述较大变化时不能使用 ①未来小区划分变化时 ②交通设施新建或改良引起小区间出行时间及小区间的紧密程度变化时 ③土地利用方式发生很大变化时(如大规模住宅建设) (3)现状OD交通量如果是0,预测未来OD交通量也是0 (4)现状OD交通量值很小时,偶然产生的交通量在预测过程中将被扩大
重力模型法	(1)可充分考虑将土地利用对交通的发生、吸引的影响; (2)对由于交通设施建设等带来的小区间所需时间的变化反应敏感 (3)模型构造简单,对任何地区都适用 (4)即使没有完全的OD表,也能对将来OD交通量进行预测	(1)是物理定律对社会现象的应用,不一定完全立足于人的行动来分析 (2)对研究对象地域使用单一的平均交通分布形式存在问题 (3)出行距离分布在研究对象全域不是一个定值,关于出行距离的系数不一定是常数但是重力模型却认为它是常数 (4)小区间所需时间随交通方式和时间变化而变动,但重力模型仅考虑了所需时间因素 (5)随着小区间的距离趋向于0,交通量趋于无限大,这一点和实际不符。产生了小区间距离近时有预测值过高的危险 (6)为求解小区内交通量,要给定小区内的出行所需时间,这很困难 (7)为使预测结果同将来的发生、吸引交通量一致,要用增长率法进行反复迭代计算
机会模型法	(1)模型的使用与小区及地域的边界无关 (2)计算相对简单 (3)是以距离的使用为标准决定优先顺序,所以距离的精度高低不像重力模型那样对出行影响那么大 (4)机会的定义和小区顺序的决定都由使用者完成,所以具有很大的弹性	(1)模型较难理解,初次使用时困难 (2)L值的确定难度大 (3)L值作为一个常数来决定比较主观武断,另外也未充分考虑地域各部分的特性 (4)预测所得的发生量与吸引量收敛性较差 (5)难以获得表示机会的合理标准

4 交通方式划分

第3章介绍了交通分布预测、OD矩阵等概念,讲解了交通量预测的相应模型方法,并对各种模型进行特性比较,完成了交通分布的OD表。本章主要将以居民出行调查的数据为基础,研究人们出行时的交通方式选择行为,建立交通方式划分模型。

4.1 概述

早期的道路交通需求预测多采用除交通方式划分外的三阶段法。然而,现代交通网络是一种立体化的、具有多种交通方式共存的综合性网络。在人们的日常生活中,通过各种交通方式的组合完成一天的工作和生活出行。因此,各种交通方式之间有着很强的相互关系,因此交通方式划分已经成为综合交通规划和各种专项规划的一个重要环节。

图 4.1.1 表示了小区间出行有轨道交通和道路交通两种方式可选择时,轨道交通和道路交通划分示意图。图中,q_{ij}^{RAIL}、q_{ij}^{CAR} 分别为交通小区 i 和交通小区 j 之间轨道交通的划分交通量、道路交通的划分交通量,它们之间满足 $q_{ij} = q_{ij}^{CAR} + q_{ij}^{RAIL}$。

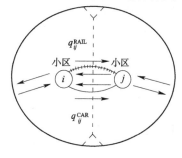

图 4.1.1 交通方式划分示意图

4.2 交通方式选择的影响因素

在城市交通规划中,将步行、自行车也作为一种交通方式分析,因此人们的日常工作、学习和生活的出行,可以认为是多种交通方式的组合。工作和上学等出行日常性地反复,将会形成出行径路的详细信息,从而形成各自的交通方式选择模式。对这种日常性、定型的出行方式,交通方式划分容易确定。然而,人们并非一成不变地沿用同一种出行模式(Trip Pattern),经常会因为多种原因而改变其交通方式,此类的出行方式为非定型性出行方式。例如,平时利用公共汽车出行的人,因为行李、天气、身体等原因改用出租车出行。到外地出差,由于不熟悉当地的公交线路或不了解业务单位的具体地址,也常常利用出租车。另外,交通方式的选择还与出行时间相关,过早或过晚的出行,由于公共汽车不便等原因,多利用出租车。

如上所述,影响交通方式划分的原因有多种,主要有交通特性、出行者属性、家庭属性、地区特性和出行时间特性等。

4.2.1 交通特性

交通特性对出行方式的影响主要有6个方面。

4.2.1.1 出行目的

出行目的是对交通方式选择影响较大的因素。出行目的不同,对交通方式的服务质量要求也不同(例如,上班出行时间最重要,而旅游时舒适性最重要等)。在我国,随着经济的迅猛发展,人均生活水平越来越高,小汽车的保有量也持续增长,很多家长也选择学区房。因此,在各种目的出行中小汽车、步行和公交车的利用比率都较高。表4.2.1表示了兰州市2010年居民出行调查中不同出行目的的交通方式利用情况。

一般而言,在工业发达国家城市中心区,由于工作单位和学校停车泊位的限制,上班、上学出行,小汽车利用率低,公共交通方式(含有轨交通)利用率高;业务出行因需要在多客户处停留,所以小汽车利用率高;自由出行的小汽车和出租车利用率高。表4.2.2表示了日本大阪都市圈(大阪府、大阪市、京都府、京都市、奈良县、奈良市、兵库县、神户市和歌山县)2004年居民出行调查不同出行目的的交通方式利用情况。表4.2.3表示了日本大阪市中心区的2004年居民出行调查不同出行目的的交通方式利用情况。可以看出,大阪市中心区上班和回家出行中,城市轨道交通的利用率最高;上学、自由和业务的步行、自行车和摩托车利用率最高;业务出行中,小汽车的利用率也比较高。

兰州市不同出行目的的交通方式利用情况(%) 表4.2.1

交通方式\出行目的	上班	上学	自由	业务	回家	合计
公共汽车	39.37	31.94	30.26	17.87	37.01	36.28
单位班车	8.79	1.60	0.54	12.88	6.58	6.36
小汽车	13.64	2.11	25.73	27.93	10.55	16.60
出租车	2.55	1.22	5.42	19.11	3.42	3.76
摩托车	4.92	0.76	4.53	1.36	2.83	1.84
自行车	9.59	15.99	8.85	6.35	8.99	9.69
步行	20.91	46.18	24.38	14.50	30.34	25.21
其他	0.24	0.22	0.29	0	0.28	0.27
合计	100	100	100	100	100	100

日本大阪都市圈不同出行目的的交通方式利用情况(%) 表4.2.2

交通方式\出行目的	上班	上学	自由	业务	回家	合计
城市轨道交通	42.78	28.49	20.40	14.18	31.85	22.83
公共汽车	3.36	3.97	3.66	1.82	4.36	4.28
小汽车	32.33	5.52	21.70	50.81	21.22	31.81
步行、自行车、摩托车	21.50	62.00	54.18	32.92	42.52	41.01
其他	0.03	0.02	0.05	0.27	0.05	0.07
合计	100	100	100	100	100	100

日本大阪市中心区不同出行目的的交通方式利用情况 表4.2.3

交通方式\出行目的	上班	上学	自由	业务	回家	合计
城市轨道交通	40.03	34.55	22.31	23.26	61.68	43.19
公共汽车	2.02	2.66	1.25	0.87	3.44	2.27
小汽车	20.74	7.29	18.26	36.64	20.46	20.58
步行、自行车、摩托车	37.21	55.50	58.15	39.10	14.41	33.64
其他	0	0	0.04	0.13	0.01	0.05
合计	100	100	100	100	100	100

4.2.1.2 行程时间和出行距离

时间是影响交通方式选择的最主要的因素之一。在出发地到达目的地之间有几种交通方式时,各自的行程时间影响乘客的选择。在具有混合交通方式时,应该采用所利用交通方式运行时间的叠加值。根据美国伊利诺理工大学研究所的研究成果,以时间为主要因素选择家用轿车还是轨道交通时,分别是20%和25%。考虑家用轿车和公共汽车之间的选择时,把时间作为公共汽车选择因素的仅有2%,而家用轿车则为44%。另外,男性较女性选择时间因素的多,分别是36%和25%。此外,换乘次数增加会导致换乘移动时间和等待时间的增加,从而延长抵达目的地的时间,影响交通方式选择。同时,换乘次数和候车时间的增加还会带来肢体和精神的疲劳。因此,在进行城市交通系统规划时,包括交通方式之间协调及换乘效率在内的行程时间是重要的因素之一。

随着出行距离的增加,人们的出行方式选择比例按照步行、自行车、摩托车、公共汽车、小汽车、轨道交通、飞机的顺序增加。

4.2.1.3 费用

与运行时间相同,交通费用也是影响交通方式选择的主要因素之一。一般而言,要减少运行时间,必须付出更高的交通费用。根据美国伊利诺理工大学研究所的研究成果,选择公共交通的乘客中,42%的人将交通费用作为选择的主要因素。而利用家用轿车出行的人,考虑出行费用的不足1%。另外,是否以交通费用作为交通方式选择的主要因素和年龄之间不存在明显的关系。

4.2.1.4 舒适性

舒适性是包含了交通工具中的乘坐率、乘车的疲劳度、车内拥挤程度、有无空调等因素的综合概念,受出行者个人感受的影响很大。正因为如此,不同交通方式的舒适性评价和预测非常困难。据美国伊利诺理工大学研究所的研究成果,约占25%的家用轿车的使用者将舒适性作为交通方式选择的主要原因。在公共交通方式的乘客中,利用轨道交通上班者占13%、利用公共汽车上班者约占1%。将舒适性作为主要因素的交通方式选择没有因为年龄的不同而发生显著的变化。然而,女性和男性将舒适性作为主要因素的分别为29%和19%。另外,随着收入水平的提高,对舒适性的要求增高。

4.2.1.5 安全性

不言而喻,安全性是交通方式选择的主要原因之一。可以想象,无论多么好的交通工具,如果它的安全性差,乘客的人身安全得不到保障,也不会有人利用它。然而,因为交通事故本身有突发性,因此人们在选择交通工具时,明确地考虑安全性的比较少。

4.2.1.6 准时性

在交通方式选择时,准时性对行程时间可靠性要求高的出行者影响较大。上班出行对准时性要求较高,受交通阻塞影响小的交通方式被选择的可能性更大。人们更愿意选择在地铁或城市轨道交通沿线的住宅,主要原因之一就在于考虑轨道交通出行的准时性。

4.2.2 出行者属性

人是交通方式选择的主体,因此交通方式的选择理所当然因出行者属性的不同而异。出行者属性包括职业、年龄、性别、收入、驾照持有与否、汽车保有量等。一般而言,业务、推销员的小汽车使用率高,女性较男性的公共交通方式的利用率高。20~40岁的人小汽车出行率高,其他年龄段公共汽车出行率高,并且男性比女性的小汽车利用率高,个人收入越高,家庭轿车保有率越高,公共交通方式的利用率就越低。

4.2.3 家庭属性

出行者来自各自的家庭,因此应该受到家庭的行动约束。于是,人们会自然想到,以个人为基础的规划,不如以家庭为基础的规划更加稳固。家庭属性主要包括家庭支出额的多少、家用轿车的保有率、家庭构成、家庭数、驾驶人员数、居住结构形式等。通常,家庭支出额越高,家庭轿车的保有率就越高,公共交通方式的利用率减少。

一般而言,即使家庭轿车的保有率不增加,如果家庭人数增加,因为同乘或接送机会增加,汽车的利用率也会增加。当家庭里驾照持有人数增多时,汽车利用率会增高。有老人和幼儿的家庭,因为老人、小孩上医院机会多,汽车利用机会也增多。

4.2.4 地区特性

地区特性与交通方式选择有着较强的关系,地区特性指标主要包括居住人口密度、人口规模、交通设施水平、地形、气候、停车场和停车费用等。地区内人口密度高,公共交通利用率相对就高;城市规模大,交通设施水平就高,公共汽车利用率变高;山川、河流多,汽车、公共汽车利用率就高;雨天、雪天多的地区,公共交通方式利用率高。

4.2.5 出行时间特性

高峰期和平峰期道路的交通阻塞程度和出行目的的集中程度不同,交通方式选择对应有所不同。

另外,因工作日和公休日的交通目的差异很大,交通方式选择特性也就不同。

4.3 交通方式选择预测

4.3.1 预测体系的分类

预测各交通方式交通量的通常做法为:先根据分担率模型,预测分担率,然后再乘以发生、吸引交通量或是分布交通量,从而得到各个交通方式的分担交通量。

交通方式分担率模型根据不同的划分标准可以进行不同的分类。根据在交通需求预测过程中考虑交通方式分担的阶段不同,可以分为出行末端模型(Trip End Model)和地区间模型(Trip Interchange Model)两大类。前者是各个地区的发生交通量在交通分布之前分配到各交通方式,后者则先计算各地区间的分布交通量,然后推求方式分担交通量。

根据交通方式选择特性的不同,交通方式分担率模型可分为一阶段分担率模型和二阶段分担率模型。前者对不同的交通方式利用者不进行分类,而是以整体来考虑分担率。后者把交通方式利用者分为固定使用某种交通方式的阶层和可能对交通方式进行选择的阶层,用图4.3.1所示的步骤来预测不同的交通方式的交通量。这种方法在确定固定阶层的利用方式时,与出行末端模型一样,完全不考虑地区间的交通服务水平,也就是说在发生吸引交通量的阶段把选择阶层和固定阶层分离开,进行方式选择预测。

根据方式选择的基本单位不同,交通分担率模型可分为集计模型和非集计模型。前者以交通小区为单位将出行者的方式选择集计起来进行说明。后者以个人为单位构造模型来确定各交通方式的选择概率,然后再将每个人的方式选择结果集计起来,预测分担交通量。

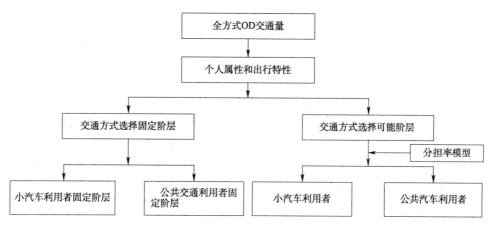

图 4.3.1 二阶段分担交通量预测框架

根据方式选择步骤的不同,交通分担率模型可分为二者择一法和多项选择法。前者按照图 4.3.2 所示把交通方式的选择分为两步。后者用包含各种方式的选择率公式一次求出选择率,这种方法计算简单,但正确地提取说明方式的选择要素十分困难,这是它的一个缺点。

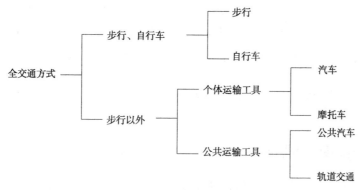

图 4.3.2 交通方式划分求解步骤

4.3.2 交通方式分担的预测模型

4.3.2.1 出行末端模型

出行末端模型可以分为适用于全部对象地区的全域模型和考虑各个地区特性的交通方式选择模型两类。

出行末端模型是根据居民的社会特性,即小汽车的保有率、收入、家庭成员的多少等,从一开始就把交通量分配给各个交通方式来进行预测的模型。这个模型除了考虑各个地区居民的社会特性之外,还需考虑到达城市中心的距离、土地利用状况、人口密度、出行目的等,把交通小区的发生、吸引交通量分配给各交通方式。然而在这些模型中,各交通方式的服务水平、地区间的交通时间、距离等只能间接考虑。因此,这个方法虽然很简单,但是将来地区间的交通方式的服务水平改善时,无法在分担率分析中考虑服务水平变化的影响。因此,目前使用较多的是地区间模型(或称出行互换模型)。

4.3.2.2 地区间模型

在地区间模型中,各交通方式服务水平的差异是决定交通方式分担的最主要的因素,而地区特性则是次要因素。它是在预测出分布交通量的基础上,再预测分担交通量。此方法在由交通设施建设而引起服务水平变化时最适用,所以在进行包括轨道交通、公共交通等大运量交通方式在内的大城市交通规划时,经常采用该模型。

根据地区间模型进行交通方式分担预测时通常按照图4.3.3所示步骤进行,具体内容如下:

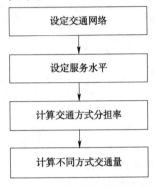

图4.3.3 各个交通方式交通量计算步骤

(1)设定交通网络。为了求出各交通方式的交通量,首先要设定各交通方式的交通路线网。虽然不一定是所有的交通路径都包括在内,但各个地区间交通所利用的有代表性的路径一定要考虑,特别是在有新的大运量的公共交通方式建设计划时,更应加以考虑。

(2)设定交通服务水平。服务水平的衡量指出行者在选择交通方式时作为选择标准的时间(速度)、票价(费用)、步行时间、换乘时间、候车时间等。除此之外,还有拥挤程度、舒适性等方面也可以作为服务水平考虑,但作为变量进入服务水平评价时需做量化处理。

(3)计算交通方式分担率。在确定服务水平的基础上,可计算出出行者选择何种交通方式,即计算出各个交通方式的分担率。计算交通方式分担率的常用方法是根据对象区域的土地利用状况及OD间的交通服务水平等对OD进行分类(例如市中心相互之间、市中心与郊区之间、郊区相互之间等),再考虑每类OD对的交通方式分担率。

(4)计算不同方式交通量。用第(3)步计算所得的分担率乘以分布交通量可得到不同交通方式交通量。

4.4 分担率预测方法

分担率的预测方法分为分担率曲线法(也称为选择率曲线法)和函数法两大类。

4.4.1 分担率曲线法

分担率曲线是由一定量的工程统计得到的。比如调查一个已经完成的项目,找出原有交通方式和新交通方式之间的时间差以及实际的交通方式转换率,则可以得到交通方式转换曲线上的一个点。对多个工程进行统计的结果就是一条转换率曲线。当对新的项目进行交通方式分担预测时,运用此曲线就很容易确定出转换率。但是,这种方法需要大量的工程积累,并且很难考虑到影响交通方式选择的全部因素。

4.4.2 函数模型法

函数模型法是把交通方式的分担率用函数的形式表示,再以此来计算各个交通方式分担交通量的方法。常用的函数模型法包括线性模型法、Logit模型法和Probit模型法等。

4.4.2.1 线性模型法

这是函数模型法中最早开发出来的方法。它把影响交通方式分担的各种要素用线性函数的形式表现,从而推求交通方式分担率。

$$\hat{P}_{i(m)} = \alpha + \beta_1 L_{o1i} + \beta_2 L_{o2i} + \cdots + \beta_z L_{ozj} \tag{4.4.1}$$

式中：$\hat{P}_{i(m)}$——单位时间内由 i 分区以交通方式 m 产生的出行量计算值；

L_{ozi}、L_{ozj}——分别表示起点分区 i 和终点分区 j 的土地使用说明变量；

α——回归常数；

$\beta_1,\beta_2,\cdots,\beta_z$——偏回归系数。

4.4.2.2 Logit 模型法

为了克服线性模型法的缺点,交通研究者开发了 Logit 模型。Logit 模型分为集计 Logit 模型和非集计 Logit 模型。集计 Logit 模型用小区平均值来标定模型的参数,而非集计模型采用个人数据来标定。

某个 OD 组间某种交通方式的分担率可以用下式来表示：

$$P_i = \frac{\exp(U_i)}{\sum_{j=1}^{J}\exp(U_i)}, \quad U_i = \sum_k a_k X_{ik} \quad (4.4.2)$$

式中：P_i——第 i 种交通方式分担率；

j——交通方式的个数；

U_i——交通方式 i 的效用函数；

X_{ik}——交通方式 i 的第 k 个说明要素(所需时间、费用等)；

a_k——待定参数,可通过出行调查的结果来标定。

在模型中,存在 $0 \leq P_i \leq 1$ 和 $\sum_i P_i = 1$ 的关系。

4.4.2.3 Probit 模型法

此模型是为了克服线性模型的缺点而开发的适用于只有两种交通方式分担率预测的模型。交通方式被选择的概率 P_i 可用下式计算：

$$P_i = \frac{1}{\sqrt{2\pi}}\int_{-\infty}^{Y_i}\exp(-t^2/2)\,\mathrm{d}t \quad (4.4.3)$$

式中：Y_i——两种交通方式特性的线性函数值的差。

除了以上介绍的模型外,还有许多其他模型,如牺牲量模型。牺牲量模型和前面介绍的方法完全不同,它以人们选择交通方式的特性作为基础,即假定人们将选择损失(牺牲量)最小的交通方式。但无论是从选择意义,还是从分布形式来说都需要很强的假定条件。此外,该模型无论是理论上还是实证上的研究都还很不充分。其特点是无须使用地域特征及交通调查的结果等,预测作业完全是机械进行的。

5 交通分配

交通流分配是四阶段法的重点和难点之一。最优化理论、图论、计算机技术的发展,为交通流分配模型和算法的研究及开发提供了坚实的基础。进行交通分配的前提条件是已知 OD 交通量、路网图和路网中各路段的走行时间函数,这些内容已在前面各章节中分别作了介绍。这一章将主要介绍交通分配的基本理论及主要方法。

5.1 概述

城市交通网络上形成的交通流量分布是两种机制相互作用直至平衡的结果。一种机制是系统用户即各种车辆试图通过在网络上选择最佳行驶路线来达到自身出行费用最小的目标;另一种机制是路网提供给用户的服务水平与系统被使用的情况密切相关,道路上的车流量越大,用户遇到的阻力即对应的行驶阻抗越高。两种机制的交互作用使人们不易找到出行的最佳行驶路线和最终形成的流量分布结果。用一定的模型来描述这两种机制及其相互作用,并求解网络上交通流量在平衡状态下的合理分布,即为交通分配。

概括而言,交通分配,就是将预测得出的 OD 交通量,根据已知的道路网描述,按照一定的规则符合实际地分配到路网中的各条道路上去,进而求出路网中各路段的交通流量和所产生的 OD 费用矩阵。

最初的交通流分配,多采用全有全无(All-or-Nothing)的最短路径方法。该方法处理的是非常理想化的城市交通网络:假设网络上没有交通拥挤,路阻固定不变,一个 OD 对间的流量都分配在"一条径路",即最短径路上。随着实际应用和理论研究的深入,研究人员发现最短径路方法用在城市之间非拥挤公路网的规划设计中的交通流分配是比较合适的,但对于既有的城市内部拥挤的交通网络,该方法所得的结果与路网交通实际情况出入甚大。实际路网上不可能不存在交通拥挤,且路阻会随着交通流量的增加而递增,出行的流量会在"多条径路"中分布。所以 1952 年,著名交通问题专家 Wardrop 提出了网络平衡分配的第一、第二定理(称为 Wardrop 第一原理和第二原理),人们开始采用系统分析方法和平衡分析方法研究交通拥挤时的交通流分配,带来了交通流分配理论的一次大的飞跃。依据 Wardrop 原理,学者们首先进行了确定性的分配研究,其前提是假设出行者能够精确计算出每条径路的阻抗,且每个出行者的计算能力和水平相同,因而每个出行者都能作出完全正确的选择决定。确定性分配反映了网络的拥挤特性,反映了路阻随流量变化的实际,该方法是一次理论的进步。但是,进一步研究实际网络中出行者的出行行为发现,现实中出行者对路段阻抗的掌握只能是估计而得。因为出行者的计算能力和水平是各异的,对同一路段不同出行者的估计值不会完全相同。1977 年,对交通流分配理论研究最积极、活跃的美国加州大学伯克利分校的 Daganzo 教授及麻省理工学院的 Sheffi 教授提出了随机性分配的理论,其前提是认为出行者对路段阻抗的估计值与实际值之间的差别是一个随机变量,出行者会在"多条径路"中选择,同一起讫点的流量会通过不同的径路到达目的地。随机性分配理论和方法的提出,在拟合、反映现实交通网络实际的进程中又推进了一大步。然而,随着近年来交通拥挤的进一步加剧和拥挤在时间和空间范围上的扩大以及智能交通系统(ITS)研究的进展,人们由注意新路网的规划设计逐步转向重视既有路网的管理控制,更加明确地意识到路网上的拥挤性、路径选择的随机性、交通需求的动态性是同时存在并相互作用的,其作用机理纷繁复杂。确定性分配能够较好地反映网络的拥挤性,随机性分配能够较好地反映出行选择行为的随机性,但是要真正地符合路网实际情况,还有考虑交通需求的时变性。也就是说,需要一种交通流分配方法能够将网上交通流的拥挤性、路径选择的随机性、交通需求的时变性综合集成地刻画反映出来,这正是研究交通问题的人们一直积极探索的领域。

5.2 交通流分配中的基本概念

5.2.1 交通流分配

交通流分配如图 5.2.1 所示,就是将预测得出的交通小区 i 和通小区 j 之间的分布(或 OD)交通量 q_{ij},根据已知的道路网描述,按照一定的规则符合实际地分配到路网中的各条道路上去,进而求出路网中各路段 a 的交通流量 x。一般的道路网中,两点之间(即 O 与 D 之间)有很多条道路,如何将 OD 交通量正确合理地分配到 O 与 D 之间的各条道路上即是交通流分配要解决的问题。

具体而言,交通流分配涉及以下几个方面:

(1)将现状 OD 交通量分配到现状交通网络上。分析目前交通网络的运行状况,如果有某些路段的交通量观测值,还可以将这些观测值与在相应路段的分配结果进行比较,以检验模型的精度。

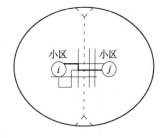

图 5.2.1 交通分配示意图

(2)将规划年 OD 交通量预测值分配到现状交通网络上。以分析现状交通网络相对于规划年的交通需求所存在的问题,为交通网络的规划设计提供依据。

(3)将规划年 OD 交通量预测值分配到规划交通网络上。以评价交通网络规划方案的合理性。

进行交通流分配时所需要的基本信息包括:

(1)表示需求的 OD 交通量。在拥挤的城市道路网中通常采用高峰期 OD 交通量,在城市间公路网中通常采用年平均日交通量(AADT)的 OD 交通量。

(2)路网定义。即路段及交叉口特征和属性数据,同时还包括其时间—流量函数。

(3)径路选择原则。就交通流分配的特点而言,交通工具的运行线路可以分为两种类型,即线路固定类型和线路不固定类型。线路固定类型有公共交通网和轨道交通网,这些是集体旅客运输;线路不固定类型有城市道路网、公路网,一般是指个体旅客运输或货物运输,在这类网络中,车辆是自由选择运行径路的。对于前者,虽然交通工具(如公共汽车)的线路固定,但对于作为个体的旅客,如果某两点之间有多条线路或多种交通工具,他可以选择不同线路上的交通工具,或同一线路上的运行速度或交通费用不同的交通工具。因此,如将旅客看作是交通元,这仍然是一个自由选择运行径路的问题,只不过这时径路的意义也更广泛些,其中径路选择包含对交通工具的选择。

对于城市道路网来说,需要特别强调:

(1)由于道路的主要承载对象是车辆,交通流分配中的出行分布量一般是指机动车,以标准小汽车(Passenger Count Unit,PCU)为单位。交通需求预测的第一步是预测发生量与吸引量,这个预测值一般是以"人"为单位的,经过方式划分,将以人为单位的出行量转化成以车为单位的出行量。

(2)由于公共电汽车是按固定路线行驶的,不能自由选择行驶径路,故交通流分配不包括这部分车辆,交通流分配的对象只是走行线路不固定的机动车辆的分布量。

(3)本章所讨论的分配方法也适用于出行者对固定线路的公共交通径路和工具的选择。

5.2.2 交通阻抗

交通阻抗(或者称为路阻)是交通流分配中经常提到的概念,也是一项重要指标,它直接影响到交通流径路的选择和流量的分配。交通阻抗在交通流分配中可以通过路阻函数来描述。所谓路阻函数是指路段行驶时间与路段交通负荷、交叉口延误与交叉口负荷之间的关系。在具体分配过程中,由路段行驶时间及交叉口延误共同组成出行交通阻抗。

交通网络上的路阻,理论上应包含反映交通时间、交通安全、交通成本、舒适程度、便捷性和准时性等许多因素。但根据这些因素建立一个科学严密、解释性强的函数模型非常困难。经过大量的理论分析和工程实践,人们得出影响路阻的主要因素是时间,因此交通时间常常被作为计量路阻的主要标准,主要基于如下3方面的原因。

(1)理论研究和实际观测表明,交通时间是出行者所考虑的首要因素,尤其在城市道路交通中。

(2)几乎所有影响路阻的其他因素都与交通时间密切相关,且呈现出与交通时间相同的变化趋势。

(3)交通时间比其他因素更易于测量,即使有必要考虑到其他因素,也常常是将其转换为时间来度量。

交通阻抗由路段阻抗和节点阻抗组成。

5.2.2.1 路段阻抗

对于单种交通网络,出行者在进行径路选择时,一般都是以时间最短为目标,此时就选用时间作为路段阻抗,路段阻抗的大小称之为路段费用。有些交通网络,路段上的行驶时间与距离成正比,与路段上的流量无关,如城市轨道交通网,可以用时间或者距离为路段阻抗。有些交通网络,如公路网、城市道路网,路段上的行驶时间与距离不一定成正比,而与路段上的交通流量密切相关。这类行驶时间与距离、流量的关系比较复杂,这种关系可以广义地表达为式(5.2.1)。

$$C_a = f(\{V\}) \tag{5.2.1}$$

式中:C_a——路段 a 的费用;

V——路网流量。

即路段 a 上的费用 C_a 不仅仅是路段本身流量的函数,而且是整个路网上流量 V 的函数。此一般化的公式和城市道路网上交通比较吻合,因为交叉口的存在,不同路段上的流量会相互影响。对于公路网而言,由于路段比较长,大部分时间是花费在路段上而不是在交叉口上,这时式(5.2.1)可以写成式(5.2.2)。

$$C_a = f(V_a) \tag{5.2.2}$$

式中:V_a——路段流量。

式(5.2.2)表明,路段的阻抗只与该路段的流量及其特性相关,这个假定简化了对路段函数的建立和标定,以及交通流分配模型的开发。

被广泛应用的公路行驶时间函数是由美国道路局（Bureau of Public Road,BPR）开发的BPR 函数,如式(5.2.3)所示。

$$t_a = t_0 \left[1 + \alpha \left(\frac{q_a}{c_a} \right)^\beta \right] \quad (5.2.3)$$

式中：t_a——路段 a 上的阻抗；

t_0——"自由流阻抗"，即路段上车辆自由行使所需要的时间；

q_a——路段 a 上的交通量；

c_a——路段 a 的实际通行能力，即单位时间内路段可通过的车辆数；

α、β——阻滞系数。

在美国道路局交通流分配模型中，α、β 参数的取值分别为 0.15、4。在实际应用中，可由实际数据回归分析求得。

由式(5.2.3)可知，行驶时间是路段流量的单调递增函数。

从交通流分配的观点出发，理想的路段阻抗函数应该具备下列性质：

(1)真实性，用它计算出来的行驶时间应具有足够的真实性。

(2)函数应该是单调递增的，流量增大时，行驶时间不应减少。

(3)函数应该是连续可微的。

(4)函数应该允许一定的"超载"，即当流量等于或超过通过能力时，行驶时间不应该为无穷大。当分配给某一路段的交通量大于其通过能力时，该函数应该反馈一个行驶时间，否则一个无穷大的数可能会导致计算机死机。事实上，路网短时间的超负荷运行实际中的确存在，但不一定会产生无限延误。

(5)从实际应用的角度出发，阻抗函数应该具有强移植性。所以在函数中采用工程参数如自由流车速、通过能力等比使用通过标定而得到的参数要好。

5.2.2.2 节点阻抗

节点阻抗是指车辆在交通网络节点处的阻抗，主要指在交叉口处的阻抗。交叉口阻抗与交叉口的形式、信号控制系统的配时、交叉口的通过能力等因素有关。在城市交通网络的实际出行时间中，除路段行驶时间外，交叉口延误占有较大的比重，特别是在交通高峰期间，交叉口拥挤阻塞比较严重时，交叉口延误可能会超过路段行驶时间。

节点处的阻抗可分为两类。

(1)不分流向类。在某个节点各流向的阻抗基本相同，或者没有明显的规律性的流向差别。对这类问题比较好处理，用一个统一的值 D_i 表示车辆在节点 i 的延误。

(2)分流向类。不同流向的阻抗不同，且一般服从某种规律。城市道路网就是如此，车辆在城市道路的交叉口一般有直行、左转、右转三个流向，所延误的时间差别明显，且一般服从规律：右转 < 直行 < 左转。其实，车辆在城市间公路网的节点处也存在同样的延误规律，但是公路网的路段长，车辆在节点处的延误相对于路段上的行驶时间非常小，可以近似为 0，这样就可以将之归于上述的"不分流向类"对待。但是，城市道路网交叉口密集，相邻交叉口之间的路段往往只有几百米，车辆在交叉口某些流向的延误时间接近甚至超过在路段上的行驶时间，故不可忽略，而且必须分流向计算。分流向计算时，一般 D_{ij} 表示来自节点 i 的车辆在交叉口 j 的延误，其可以用 Webster 延误公式表示。

1958 年英国 TRRL(Transport and Road Research Laboratory)研究所的 F.V.Webster 等人根据排队论理论，提出了一个计算交叉口延误的模型。该模型中主要包括两部分，一部分是车辆到达率为固定均值时产生的正常相位延误即均匀延误,另一部分是车辆到达率随机波动时所产生的附加延误。其具体形式如式(6.2.4)所示。

$$t_w = \frac{T(1-\lambda)^2}{2(1-\lambda X)} + \frac{X^2}{2Q(1-X)} - 0.65\left(\frac{T}{Q^2}\right)^{\frac{1}{3}} X^{(2+5\lambda)} \tag{5.2.4}$$

式中:T——信号周期时长,s;

λ——进口道有效绿灯时间与信号周期长度之比,即绿信比;

Q——进口道的交通流量,vel/h;

X——饱和度,$X=Q/S$,S为进口道通过能力。

人们在实践应用 Webster 延误式中发现,当进口饱和度较小时,该式计算结果比较合理,但是当进口饱和度较大时,如当饱和度趋向于1时,求得的延误趋向于无穷大,即饱和度越接近于1,求得的延误越不正确,更无法计算过饱情况下的延误。一般认为 Webster 式的适用范围为饱和度的取值0~0.67,即当 $0 \leq X \leq 0.67$ 时,Webster 式计算的结果才是适合的,当饱和度超过这个范围时,式(5.2.4)则不适用。

Webster 式的提出,对交叉口延误的计算起到了很大的推动作用,但是由于该模型在饱和度上的局限,使得该模型很难直接应用于拥挤的交通网络,即饱和度较大的网络。所以在实际应用中,许多理论研究者或交通工程师对该模型进行了不同的修正,派生出了不同类型的改进式,有兴趣的读者可以参见美国《道路通行能力手册》中对 Webster 式的修正形式。根据 Webster 式求得延误,但是问题并没有解决。因为延误是针对各个不同的进口道的,更准确地说,是针对不同流向(直行、左转、右转)的,车辆从 i 点驶经 j 点后流向不同的节点会有不同的延误,因此用同一个 D_{ij} 不能刻画这些延误。问题的关键在于目前图论等应用数学中很难有合理、适用的关于节点方位和径路走向的数学描述,因而在求最短径路的算法中就不能一般地表达不同流向车辆在交叉口的不同延误。这个问题一直没能得到很好的解决,因此已有的城市道路交通流分配理论一直忽略节点阻抗问题,只借用从城市间公路上获得的行驶时间 BPR 函数作为城市道路网上的阻抗,只计算路段上的阻抗。

5.2.3 径路与最短径路

5.2.3.1 径路与最短径路定义

(1)径路:交通网络上任意一 OD 点对之间,从发生点到吸引点一串联通的路段的有序排列叫作这一 OD 点对之间的径路。一 OD 点对之间可以有多条径路。

(2)最短径路:一 OD 点对之间径路中总阻抗最小的径路叫"最短径路"。

5.2.3.2 最短径路算法

最短径路算法是交通流分配中最基本也最重要的算法,几乎所有交通流分配方法都是以它作为一个基本子过程反复调用。最短径路算法问题包含两点间最小阻抗的计算和两点间最小阻抗径路的辨识两个子问题,前者是解决后者的前提。许多算法都是将这两个子问题分开考虑,设计出来的算法是分别单独求出最小阻抗和最短径路。

有关交通流分配最短径路的算法很多,如 Dijkstra 法、矩阵迭代法、Floyd-Warshall 法等。

5.2.4 交通平衡问题

5.2.4.1 Wardrop 平衡原理

如果两点之间有很多条道路而这两点之间的交通量又很少的话,行驶车辆显然会沿着最短径路行走。随着交通量的增加,最短径路上的交通流量也会随之增加。增加到一定程度之后,这条最短径路的行驶时间会因为拥挤或堵塞而变长,最短径路发生变化,行驶车辆将选择新的行驶时间最短的道路。随着两点之间的交通量继续增加。两点之间的所有道路都有可能被利用。

如果所有的道路利用者(即驾驶员)都准确知道各条道路所需的行驶时间并选择行驶时间最短的道路,最终两点之间被利用的各条道路的行驶时间会相等。没有被利用的道路的行驶时间更长。这种状态被称为道路网的平衡状态。

在交通流分配中,一个实际路网上一般有很多个OD对,每个OD对之间的各条径路都由很多路段组成,这些路段又可排列组合成无数条不同的径路,这样每个OD间都有多条径路,而且数个OD对之间的径路又互相重叠。由于这些原因,使得实际道路网的平衡远远比上述描述的要复杂。正是由于这种复杂性,人们一直探索能够严密定义这种平衡并能进行数学表示的途径。

1952年,著名学者Wardrop提出了交通网络平衡定义的第一原理和第二原理,奠定了交通流分配的基础。

Wardrop第一原理:在道路的利用者都确切知道网络的交通状态并选择最短径路时,网络将会达到平衡状态。在考虑拥挤对行驶时间影响的网络中,当网络达到平衡状态时,每个OD对的各条被使用的径路具有相等而且最小的行驶时间;没有被使用的径路的行驶时间大于或等于最小行驶时间。

这条定义通常简称为Wardrop平衡(Wardrop Equilibrium),在实际交通流分配中也称为用户均衡(User Equilibrium,UE)或用户最优。容易看出,没有达到平衡状态时,至少会有一些道路利用者将通过变换路线来缩短行驶时间直至平衡。所以说,网络拥挤的存在,是平衡形成的条件。

Wardrop第二原理:在系统平衡条件下,拥挤的路网上交通流应该按照平均或总的出行成本最小为依据来分配。

Wardrop第二原理,在实际交通流分配中也称为系统最优原理(System Optimization,SO)。

与第一原理相比较,第二原理是一个设计原理。第一原理主要是建立每个道路利用者使其自身出行成本(时间)最小化的行为模型,而第二原理则是旨在使交通流在最小出行成本方向上分配,从而达到出行成本最小的系统平衡。第二个原理作为一个设计原理,是面向交通管理工程师的。一般来说,这两个原理下的平衡结果是不一样的,但是在实际交通中,人们更期望交通流能够按照Wardrop第一原理,即用户平衡的近似解来分配。

换个角度来说,第一原理反映了道路用户选择路线的一种准则。按照第一原理分配得出的结果应该是路网上用户实际径路选择的结果。而第二原理则反映了一种目标,即按照什么样的方式分配是最好的。在实际网络中很难出现第二原理所描述的状态,除非所有的驾驶员互相协作为系统最优化而努力,而这在实际中是不太可能的。但第二原理为交通管理人员提供了一种决策方法。

5.2.4.2 平衡和非平衡问题

下面用一个简单的例子来说明交通流分配与平衡的概念。

【例5.2.1】 设OD之间交通量$q = 2\,000$辆,有两条径路a和b。径路a行驶时间短,但是通行能力小,径路b行驶时间长,但通行能力大。假设各自的行驶时间(min)与流量的关系是：

$$t_a = 10 + 0.02q_a$$
$$t_b = 15 + 0.005q_b$$

这时，需要求径路 a 与 b 上分配的交通量。根据 Wardrop 平衡第一原理的定义，很容易建立下列的方程组：

$$\begin{cases} 10 + 0.02q_a = 15 + 0.005q_b \\ q_a + q_b = q \end{cases}$$

则有：

$$q_b = 0.8q - 200$$

显然，q_b 只有在非负解时才有意义，即 $q \geq 200/0.8 = 250$。也就是说，当 OD 交通量小于 250 时，$t_a < t_b$，则 $q_b = 0$，$q_a = q$，所有 OD 都沿着径路 a 走行，当 OD 交通量大于 250 时，两条径路上都有一定数量的车辆行驶。当 $q = 2\,000$ 时，平衡流量为 $q_a = 600$，$q_b = 1\,400$，$t_a = t_b = 22$，即平衡时两条径路的行驶时间均为 22min。

用相同的思路，可以求解 Wardrop 平衡下所有 OD 对间各条径路的分配流量。但是问题在于除了示例这种非常简单的情形，用代数方法求平衡解是不可能的，如何求解 Wardrop 平衡成了研究者的重要课题。1956 年，Beckmann 等提出了描述平衡交通流分配的一个数学规划模型。20 年之后，直到 1975 年才由 LeBlanc 等学者设计出了求解 Beckmann 模型的算法（将 Frank – Wolfe 算法用于求解该模型）。Wardrop 第一原理 Beckmann 模型—LeBlanc 算法这些突破是交通流分配问题研究的重大进步，也是现在交通流分配问题的基础。

目前，在交通流分配理论的中，以 Wardrop 第一原理为基本指导思想的分配方法比较多。国际上通常将交通流分配方法分为平衡分配和非平衡分配两大类。对于完全满足 Wardrop 原理定义的平衡状态，称为平衡分配方法；对于采用启发式方法或其他近似方法的分配模型，则称为非平衡分配方法。

5.3 非平衡分配方法

非平衡分配方法按其分配方式可分为变化路阻和固定路阻两类，按分配形态可分为单径路与多径路两类，概括起来如表 5.3.1 所示。

非平衡分配方法分类 表 5.3.1

分配方式 分配形态	固定路阻	变化路阻
单径路	全有全无方法	容量限制方法
多径路	静态多径路方法	容量限制多径路方法

5.3.1 全有全无分配方法

全有全无方法（All-or-Nothing Assignment Method），也称 0-1 分配法。该方法不考虑路网的拥挤情况，取路阻为常数，即假设车辆的路段行驶速度、交叉口延误不受路段、交叉口交通负荷的影响。每一个 OD 点对的 OD 交通量被全部分配在连接 OD 点对的最短径路上，其他径路上分配不到交通量。

全有全无方法的分配算法是最简单、最基本的径路选择和分配方法，在美国芝加哥城交通规划中,首次获得应用。其优点是计算相当简便,分配只需一次完成,其不足之处是出行量分布不均匀,出行量全部集中在最短径路上。显然这是与实际交通情况不符合的,因为当最短路上车流逐渐增加时,它的路阻会随之而增大,意味着这条路有可能不再是最短路,车流会转移到其他可行径路上。

全有全无分配法算法思想和计算步骤如下。

5.3.1.1 算法思想

算法思想是将 OD 交通量 T 加载到路网的最短径路树上,从而得到路网中各路段流量的过程。

5.3.1.2 计算步骤

(1)初始化,使路网中所有路段的流量为0,并求出各路段自由流状态时的阻抗。

(2)计算路网中每个出发地 O 到每个目的地 D 的最短径路。

(3)将 O、D 间的 OD 交通量全部分配到相应的最短径路上。

由于全有全无分配法不能反映路网拥挤效果,适用于没有通行能力限制或某些非拥挤路网的交通分配。因此,一般城市道路网的交通流分配不宜采用该方法。在实际中由于其简单实用的特性,一般作为其他各种分配技术的基础,在增量分配法和平(均)衡分配法等方法中反复使用。

5.3.2 增量分配法

增量分配法(Incremental Assignment Method,IA 分配法)是一种近似的平衡分配方法。该方法是在全有全无分配方法的基础上,考虑路段交通流量对阻抗的影响,进而根据道路阻抗的变化来调整路网交通量的分配,是一种"变化路阻"的交通量分配方法。增量分配法有容量限制—增量分配、容量限制—迭代平衡分配两种形式。

5.3.2.1 容量限制—增量分配

采用容量限制—增量分配方式,首先需将 OD 表分解成 N 个分表(N 个分层),然后分 N 次使用最短路分配方法,每次分配一个 OD 分表,并且每分配一次,路阻就根据路阻函数修正一次,直到把 N 个 OD 分表全部分配到路网上。

(1)算法思想

将 OD 交通量分成若干份(等分或不等分);循环地分配每一份的 OD 交通量到网络中;每次循环分配一份 OD 交通量到相应的最短径路上;每次循环均计算、更新各路段的行驶时间,然后按更新后的行驶时间重新计算最短径路;下一循环中,按更新后的最短径路分配下一份 OD 交通量。

(2)计算步骤

①初始化,以适当的形式分割 OD 交通量,即 $t^{rsn} = a_n t^{rs}$。令 $n=1$,$x_{ij}^0 = 0$。

②计算、更新路段费用 $c_{ij}^n = c_{ij}(x_{ij}^{n-1})$。

③用全有全无分配法将第 n 个分割 OD 交通量 t^{rsn} 分配到最短径路上。

④如果 $n = N$,则结束计算。反之,令 $n = n+1$ 返回步骤1;这里,x_{ij} 为路段总交通量;N 为分割次数;n 为循环次数。

分析算法步骤可以看出,增量分配法的复杂程度和结果的精确性都介于全有全无分配法和平衡分配法之间;当分割数 $N=1$ 时,便是全有全无分配方法,当 N 趋向于无穷大时,该方法趋向于平衡分配法的结果。该方法的优点是简单可行,精确度可以根据分割数 N 的大小来调整;实践中经常采用,且有比较成熟的商业软件可供使用。缺点是与平衡分配法相比,仍然是一种近似方法,当路阻函数不是很敏感时,会将过多的交通量分配到某些通行能力很小的路段上。

5.3.2.2 容量限制—迭代平衡分配

容量限制—迭代平衡分配形式,不需要将 OD 表分解。先假设路网中各路段上的流量为零,按零流量计算初始路阻,并分配 OD 表,然后按分配流量计算路阻,重新分配整个 OD 表,最后比较新分配的路段流量与原来分配的路段流量、新计算的路阻与原来计算的路阻,若分别比较接近,满足迭代精度要求,则停止迭代,获得最后的分配交通量。否则,根据新计算的路权,再次分配,直到满足精度要求为止。

增量分配和迭代平衡分配的原理基本相同,分配过程中最主要的是确定路阻和计算最短路阻矩阵。理论上讲,若迭代精度控制合理,迭代平衡分配的结果优于增量分配结果。但迭代平衡方法事先无法估计迭代次数及计算工作量,对于较复杂的网络,可能会因为个别路段的迭代精度无法满足要求而使迭代进入死循环,出现算法不收敛的情况。

为避免出现算法不收敛的情况,美国联邦公路局(FHWA,U.S)对这一算法进行了改进,事先设定一个最大迭代次数 $N(N>4)$,平衡流量即取最后四次迭代的路段流量的平均值,而且当前迭代的阻抗值为前两次阻抗值的加权值。在算法流程中,每次都利用当前流量更新路阻,即令路段 a 的当前路阻 $\tau_a^n = c_a(x_a^{n-1})$,$\forall a$。路阻的更新采用的加权平均式:

$$c_a^n = 0.75 c_a^{n-1} + 0.25 \tau_a^n, \quad \forall a \tag{5.3.1}$$

权数 0.75 和 0.25 是经验确定值。这种算法通过设定最大迭代次数 N 使算法强行结束。当然增大 N 的值,可以使结果更加接近于平衡解,但计算工作量将相应增加。然而,将 N 值取成与生成交通量相等也不能完全得到平衡解,因为该方法是一种非平衡方法,没有考虑目标函数,即没有优化目标。

容量限制分配法在考虑阻抗随流量变化的同时,径路选择上仍然按最短径路原则,由于道路利用者很难对路网的情况作出全面正确的判断,尤其当两点间有多条可选径路时。若路阻对流量的变化不是十分灵敏,那么可能产生分配流量大部分集中在最短径路上而其他次短的径路上没有流量的不合理分布。

总而言之,无论是全有全无分配方法还是容量限制分配方法,在分配过程中,都认为出行者对路网有全面的掌握并能进行科学的预测,都能选中最短径路出行。可以说这只是一种理论分析和假设。实际中,由于路网结构复杂、出行径路众多,因此在出行径路的选择上具有很大的随机性,即出行者不一定都选择了最短径路出行,而是在其认为合理的备选径路集合中进行随机选择。所以说,随机分配方法更符合实际需要。

【例 5.3.1】 如图 5.3.1 所示,交通网络的 OD 交通量为 $t = 200$ 辆,各径路的交通费用 c_1、c_2、c_3 为流量 h 的函数。

$$c_2 = 10 + 0.025 h_2, \quad c_3 = 15 + 0.025 h_3$$

试用全有全无分配法、增量分配法求分配结果,并进行比较。

【解】

(1)全有全无分配法

由路段费用函数可知,在路段交通量为零时,径路 1

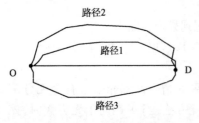

图 5.3.1 3 条路径的交通网

最短。根据全有全无原则,交通量全部分配到径路 1 上,得到以下结果：
$$h_1 = 200, h_2 = h_3 = 0; c_1 = 5 + 0.10 \times 200 = 25, c_2 = 10, c_3 = 15$$
因为,$c_2 < c_3 < c_1$,根据 Wardrop 原理,网络没有达到平衡状态,没有得到均衡解。

(2) 增量分配法

OD 量采用 2 等分。

①第 1 次分配与全有全无分配法相同,径路 1 最短。
$$h_1 = 100, h_2 = h_3 = 0; c_1 = 5 + 0.10 \times 100 = 15, c_2 = 10, c_3 = 15$$
②第 2 次分配,此时最短径路变为径路 2。
$$h_1 = 100, h_2 = 100, h_3 = 0; c_1 = 5 + 0.10 \times 100 = 12.5, c_3 = 15$$

这时,根据 Wardrop 原理,各条径路的费用接近相等,路网接近平衡状态,结果接近于平衡解。

5.4 平衡分配方法

本节讲述 Wardrop 平衡分配原理的数学模型,并在数学模型的基础上探讨平衡分配模型的求解算法。满足 Wardrop 平衡分配原理的模型有用户平衡分配模型和系统最优平衡分配模型。

5.4.1 用户平衡分配模型及其求解算法

5.4.1.1 用户平衡分配模型

Wardrop 提出用户平衡分配原理之后,曾经在很长一段时间内没有一种严格的模型可求出满足这种平衡准则的交通流分配方法。1956 年,Beckmann 等学者提出了一种能够满足 Wardrop 准则的数学规划模型。正是这一数学规划模型奠定了交通流分配问题的理论基础。后来的一些分配模型,如弹性需求分配模型、组合分配模型等都是在 Beckmann 模型的基础上扩展得到的。

本节内容主要介绍 Beckmann 交通平衡分配的数学模型。

(1) 模型中所有变量和参数

x_a——路段 a 上的交通流量；

t_a——路段 a 的交通阻抗,也称为行驶时间；

$t_a(x_a)$——路段 a 以流量 x_a 为自变量的阻抗函数,也称为行驶时间函数；

f_k^{rs}——出发地为 r,目的地为 s 的 OD 间的第 k 条径路上的流量；

c_k^{rs}——出发地为 r,目的地为 s 的 OD 间的第 k 条径路的阻抗；

U_{rs}——出发地为 r,目的地为 s 的 OD 间的最短径路的阻抗；

$\delta_{a,k}^{rs}$——路段—径路相关变量,即 0-1 变量。如果路段 a 属于从出发地为 r、目的地为 s 的 OD 间的第 k 条径路,则 $\delta_{a,k}^{rs} = 1$,否则 $\sigma_{a,k}^{rs} = 0$；

N——网络中节点的集合；

L——网络中路段的集合；

R——网络中出发地的集合；

S——网络中目的地的集合；

W_{rs}——出发地 r 和目的地 s 之间的所有径路的集合；

Q_{rs}——出发地 r 和目的地 s 之间的 OD 交通量。

此时,如果用数学语言直接表达 Wardrop 用户平衡准则,则可以描述为当交通网络达到平衡时,若有 $f_k^{rs} > 0$,必有 $\sum_a t_a(x_a)\delta_{a,k}^{rs} = u_{rs}$,说明如果从 r 到 s 有两条及其以上的径路被选中,那么它们的行驶时间相等;若有 $f_k^{rs} = 0$,必有 $\sum_a t_a(x_a)\delta_{a,k}^{rs} \geq u_{rs}$,说明如果某条从 r 到 s 的径路流量等于零,那么该径路的行驶时间一定超过被选中的径路的行驶时间。

(2)模型基本约束条件的分析

首先,平衡分配过程中应该满足交通流守恒的条件,即 OD 间各条径路上的交通量之和应等于 OD 交通总量。根据上述定义的变量和参数,用式(5.4.1)可以表示。

$$\sum_{k \in W_{rs}} f_k^{rs} = q_{rs}, \quad \forall r, s \tag{5.4.1}$$

其次,径路交通量 f_k^{rs} 和路段交通量 x_a 之间应该满足如下的条件,即路段上的流量应该是由各个 (r,s) 对的途径该路段的径路的流量累加而成,如式(5.4.2)所示。

$$x_a = \sum_r \sum_s \sum_k f_k^{rs} \delta_{a,k}^{rs}, \forall a \in L, \quad \forall r \in R, \forall s \in S, \forall k \in W_{rs} \tag{5.4.2}$$

同时,径路的总阻抗和路段的阻抗之间应该满足如下的条件,即径路的阻抗应该是该径路途经的各个路段的阻抗的累加,如式(6.4.3)所示。

$$c_k^{rs} = \sum_a t_a(x_a)\delta_{a,k}^{rs}, \quad \forall a \in L, \forall r \in R, \forall s \in S, \forall k \in W_{rs} \tag{5.4.3}$$

最后,径路流量应该满足非负约束,即

$$f_k^{rs} \geq 0, \quad \forall k, r, s$$

(3) Beckmann 交通平衡分配模型

Beckmann 把上述条件作为基本约束条件,用取目标函数极小值的方法来求解平衡分配问题,提出的交通平衡分配模型如下:

$$\min Z(X) = \sum_a \int_0^{x_a} t_a(\omega) d\omega \tag{5.4.4a}$$

$$\text{s.t.} \begin{cases} \sum_k f_k^{rs} = q_{rs} \\ f_k^{rs} \geq 0 \end{cases} \tag{5.4.4b}$$

其中:

$$x_a = \sum_r \sum_s \sum_k f_k^{rs} \delta_{a,k}^{rs} \tag{5.4.4c}$$

分析上述模型,可以看到模型的目标函数是对各路段的行驶时间函数积分求和之后取最小值,很难对它作出直观的物理解释,一般认为它只是一种数学手段,借助于它来解平衡分配问题。

然而,确实可以通过数学推导证明该模型与 Wardrop 用户平衡原理是一致的。下面我们通过一个简单的例子,说明 Beckmann 的模型的解就是交通流分配达到平衡状态时的解,然后从数学上证明该模型的解满足 Wardrop 用户平衡原理。

【例 5.4.1】 如图 5.4.1 所示,一个有两条径路(同时也是路段)连接一个出发地和一个目的地的简单交通网络,两个路段的阻抗函数分别如下。

$$t_1 = 2 + x_1, t_2 = 1 + 2x_2$$

OD 量 $q = 5$,分别求该网络的 Beckmann 模型的解和平衡状态的解。

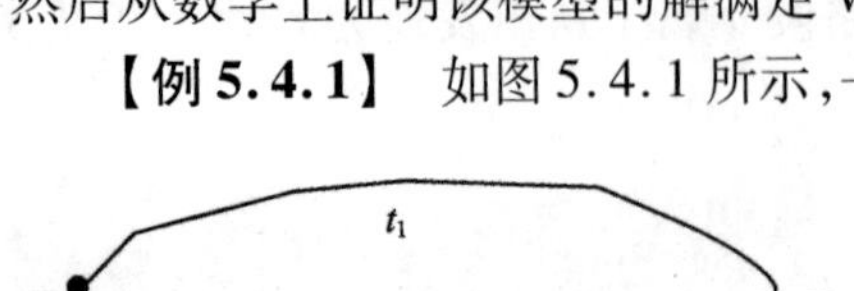

图 5.4.1 双路径交通网络

【解】 先求 Beckmann 模型的解。将阻抗函数带入模型,得:

$$\min Z(X) = \int_0^{x_1}(2+\omega)\mathrm{d}\omega + \int_0^{x_2}(1+2\omega)\mathrm{d}\omega$$

s.t. $\begin{cases} x_1 + x_2 = 5 \\ x_1, x_2 \geq 0 \end{cases}$ 将 $x_1 = 5 - x_2$ 带入函数并进行积分,转换为无约束的极小值问题。

$$\min Z(X) = 1.5x_1^2 - 9x_1 + 30$$

令 $\dfrac{\mathrm{d}Z}{\mathrm{d}x_1} = 0$,解得 $x_1^* = 3, x_2^* = 2$。

下面求平衡状态的解,根据 Wardrop 用户平衡原理,网络达到平衡时应该有:
$t_1 = t_2$ 和 $x_1 + x_2 = 5$。联立求解此方程组,很容易求得 $x_1 = 3, x_1 = 2$。此时 $t_1 = t_2$。

可见,对于该路网,Beckmann 模型的解和平衡状态的解完全相同。

当达到分配平衡时,分配到各路段上的流量是唯一的。

5.4.1.2 用户平衡分配模型求解方法

Beckmann 于 1956 年提出的上述数学规划模型沉睡了 20 年之后,一直到 1975 年才由 LeBlanc 等学者将 Frank-Wolfe 算法用于求解 Beckmann 模型,最终形成了目前广泛应用的一种解法,通常称为 F-W 解法。

Beckmann 模型是一个非线性规划模型,而对非线性规划模型即使现在也没有普遍通用的解法,只是对某些特殊的模型才有可靠的解法,Beckmann 模型就是一种特殊的非线性规划模型。

F-W 解法的前提是模型的约束条件必须都是线性的。该方法是用线性规划逐步逼近非线性规划的方法,它是一种迭代法。在每一次迭代中,先找到目标函数的一个最速下降方向,然后再找到一个最优步长,在最速下降方向上截取最优步长,得到下一步迭代的起点,重复迭代直到找到最优解为止。概括而言,该方法的基本思路就是根据一个线性规划的最优解而确定下一步的迭代方向,然后根据目标函数的一维极值问题求最优迭代步长。该求解步骤可以归纳如下。

步骤 1,初始化。按照 $t_a^0 = t_a(0), \forall a$ 进行 0-1 交通流分配,得到各路段的流量 $\{x_a^1\}$, $\forall a$;令 $n = 1$。

步骤 2,更新各路段阻抗。$t_a^n = t_a(x_a^n), \forall a$。

步骤 3,寻找下一步迭代方向。按照更新后的 $\{t_a^n\}, \forall a$,再进行一次 0-1 交通流分配,得到一组附加流量 $\{y_a^n\}$。

步骤 4,确定迭代步长。用二分法求满足下式的 λ。

$$\sum_a (y_a^n - x_a^n) t_a[x_a + \lambda(y_a^n - x_a^n)] = 0$$

步骤 5,确定新的迭代起点。$x_a^{n+1} = x_a^n + \lambda(y_a^n + x_a^n)$。

步骤 6,收敛性检验。如果满足:

$$\dfrac{\sqrt{\sum_a (x_a^{n+1} - x_a^n)^2}}{\sum_a x_a^n} < \varepsilon$$,其中 ε 是预先给定的误差限制,则 $\{x_a^{n+1}\}$ 就是要求的平衡解,计算结束;否则,令 $n = n + 1$,返回步骤 2。

F-W 平衡分配算法问世后,使得大规模网络的交通流分配问题的计算成为可能,因此作为实用性交通流分配方法获得了快速发展。美国和日本从 20 世纪末开始,实际大规模的城市交通网络的交通需求预测已经比较普遍使用此方法,政府主管部门也建议在道路网交通需求预测项目中使用平衡分配算法。

5.4.2 系统最优分配模型及其求解算法

5.4.2.1 系统最优分配模型

Beckmann 模型和解法都是建立在 Wardrop 第一原理即用户平衡原理的基础上,因此称为用户最优(UE)。Wardrop 还同时提出了第二原理,即系统最优分配问题。系统最优分配(System Optimum Assignment)的定义是在拥挤的网络中,交通量应该按照路网中总阻抗即总行驶时间最小的原则进行分配。

从一定意义上来讲,第一原理更能真实地反映交通网络中用户实际选择出行径路的行为,基于第一原理的 Beckmann 模型和 F-W 算法得出的结果也更能符合交通网络的实际分配结果;而第二原理反映的则是交通系统管理者的主观愿望,一般情况下它与交通网络的实际分配情况存在差异,但是它可以作为对系统评价的指标,为管理者提供一种决策依据。从此种意义上说,第二原理是道路系统管理者所希望的分配原则,尤其在智能交通系统获得广泛应用之后。

系统最优原理比较容易用数学模型来表述,其目标函数是网络中所有用户总的阻抗最小,约束条件和用户平衡分配模型一样。因此,系统最优分配模型如下

$$\min \widetilde{Z}(X) = \sum_a x_a t_a(x_a) \tag{5.4.5a}$$

$$\text{s.t.} \begin{cases} \sum_k f_k^{rs} = q_{rs} \\ f_k^{rs} \geq 0 \end{cases} \tag{5.4.5b}$$

$$x_a = \sum_r \sum_k \sum_s f_k^{rs} \delta_{a,k}^{rs} \tag{5.4.5c}$$

该模型称为系统最优模型(System Optimization,SO)。相应地,Beckmann 模型称为用户最优(平衡)模型(User Equilibrium,UE)。

5.4.2.2 系统最优分配与用户最优分配的关系

对阻抗函数进行变换,令:

$$\widetilde{t}_a(x_a) = t_a(x_a) + x_a \frac{\mathrm{d}t_a(x_a)}{\mathrm{d}x_a} \tag{5.4.6}$$

则:

$$\int_0^{x_a} \widetilde{t}_a(\omega)\mathrm{d}\omega = \int_0^{x_a} \left[t_a(\omega) + \omega \frac{\mathrm{d}t_a(\omega)}{\mathrm{d}\omega}\right] = \int_0^{x_a} [t_a(\omega)\mathrm{d}\omega + \omega \mathrm{d}t_a(\omega)] \tag{5.4.7}$$

$$= \int_0^{x_a} \mathrm{d}[t_a(\omega)\omega] = x_a t_a(x_a)$$

因此,如果用 $\widetilde{t}_a(x_a)$ 作为阻抗函数,则此时用户最优分配模型完全可以转换为系统最优分配模型,所以进行该阻抗函数下的用户最优分配,得到的解就是系统最优分配的解。也就是说,对阻抗函数进行变换后,可以按照用户最优模型的算法来求解系统最优模型。

5.5 随机用户平衡分配及动态分配

5.5.1 随机用户平衡分配问题

可以说网络平衡问题实质上就是一个分配的问题,在分配过程中逐步达到平衡。

显然,道路利用者(车辆驾驶员)总是力图选择从起点到终点之间阻抗最小的径路,但并不意味着所有利用者都会选择同一径路。因为路段阻抗随交通量变化而变化,结果径路阻抗也因交通量分布不同而变化。只有当不存在驾驶员能单方面改变其径路来降低其行驶时间时,一个稳定状态才算达到,这就是所谓的"用户平衡(User Equilibrium,UE)"问题。它是一个确定性交通流分配问题,即认为道路利用者能够精确计算每条径路的真实阻抗并作出完全正确的择路决策。

实际中,道路利用者对路段阻抗只能是一种对真实阻抗的估计,这种估计值与实际值之间的差别是一个随机变量,相应地就有随机用户平衡的问题,即任何一个道路利用者均不可能通过单方面改变其径路来降低其所估计的行驶时间时,达到了平衡状态,这就是所说的"随机用户平衡(Stochastic User Equilibrium,SUE)"问题。它是一个随机性交通流分配问题,分配中径路选择仍然遵循 Wardrop 第一原理,差别在于道路利用者选择的是自己估计阻抗最小的径路而已,所以同一个 OD 对之间有多条径路被选择。当道路利用者对路段阻抗的理解完全正确时,SUE 就成为 UE,所以说 UE 是 SUE 的一种特例情况。随机分配方法就是在研究径路估计阻抗分布函数的基础上,计算有多少道路利用者选择每一条径路。

本节主要分析、讲述两种模型,一种是对应全有全无分配,假设径路时间阻抗与交通量无关,即不考虑拥挤效应的非平衡随机分配方法;另一种是在基本数学规划的基础上,考虑拥挤效应和径路估计阻抗随机因素的随机平衡分配模型。

非平衡随机分配方法在各类文献中介绍得较多,但是只有两类方法得到了相对广泛的应用,即模拟随机分配法(Simulation-based)和概率随机分配法(Proportion-based)。前者应用 Monte-Carlo 等随机模拟方法产生路段阻抗的估计值,然后进行全有全无分配;后者是利用 Logit 等模型计算不同径路上承担的出行量比例,并由此进行分配。在这类方法中,虽然能够进行随机分配,可是一个基本前提是感知路段阻抗被假设成一个服从某已知参数分布的随机变量,期望值和方差是给定的。所以说它是一个非平衡随机分配算法。

在交通流分配的实践中,出行者对阻抗的估计不仅是随机变量,而且阻抗交通量是交通量的函数。所以说,更有意义的应该是这种情况下的随机分配研究,即平衡随机分配方法的研究。该方法实质就是研究考虑拥挤因素下的随机用户平衡(SUE)分配问题,即路段阻抗是随交通量变化的,假设感知路段阻抗的期望值是路段交通量的函数。

随机用户平衡分配中道路利用者的径路选择行为仍遵循 Wardrop 第一原理,只不过他们选择的是自己估计阻抗最小的径路来出行。也就是用户选择 OD 对间某条径路的可能,就是其感知阻抗在该 OD 对间所有可能径路的感知阻抗中为最小的概率,可知这个选择概率是一个条件概率,即

$$P_k^{rs} = \Pr(C_k^{rs} \leq C_l^{rs}), \quad \forall l \neq k;\ \forall k,r,s \tag{5.5.1}$$

它是在平衡态的路段阻抗估计期望值的条件下确定的概率。在随机用户平衡状态下,一个 OD 对间所有已被选用的径路上,并不一定具有相同的实际阻抗。某条被选用径路上的分交通流分配量等于 OD 对间交通量与该条径路的选择概率的乘积,即

$$f_k^{rs} = q_k^{rs} \cdot p_k^{rs}, \quad \forall k,r,s \tag{5.5.2}$$

式(5.5.2)中径路交通量 f_k^{rs} 与选择概率 p_k^{rs} 有关,而选择概率 p_k^{rs} 与感知径路阻抗大小有关,感知径路阻抗大小与实际路段阻抗有关且为随机变量,实际路段阻抗又是交通量的函数,如此循环相依,达到随机用户平衡的状态。这个关系式称为 SUE 条件。

5.5.2 动态交通流分配

5.5.2.1 动态交通流分配的目的与特点

静态交通流分配(Static Traffic Assignment)是将调查得到的起讫点之间的出行分布数据(OD 矩阵)按照现有或规划中的路网分配到各条道路上,从而推测各条道路上的交通量,在这种交通流分配中,OD 矩阵是已知且确定的,不考虑其随时间而变化的情况。静态交通流分配结果主要为交通规划提供依据。随着智能交通系统(ITS)的发展,静态交通流分配的思想和方法显然不适用 ITS 中先进的出行者信息系统(ATIS)、车辆线路诱导系统(VRGS)等对实时动态的交通流数据的需要,动态交通流分配理论应运而生。

动态交通流分配是相对静态交通流分配而言的。所谓动态交通流分配,就是将时变的交通出行合理分配到不同的路径上,以降低个人的出行费用或系统总费用。它是在交通供给状况以及交通需求状况均为已知的条件下,分析其最优的交通流量分布模式,从而为交通流控制与管理、动态路径诱导等提供依据。通过交通流管理和动态路径诱导在空间和时间尺度上对人们已经产生的交通需求的合理配置,使交通路网优质高效地运行。交通供给状况包括路网拓扑结构、路段特性等,交通需求状况则是指在每时每刻产生的出行需求及其分布。

动态交通流分配在交通诱导与控制中的地位和作用,如图 5.5.1 所示。

如果对静态交通流分配和动态交通流分配做一个概括的话,可以说:静态交通流分配是以 OD 交通量为对象、以交通规划为目的而开发出来的交通需求预测模型;而动态交通流分配则是以路网交通流为对象、以交通控制与诱导为目的开发出来的交通需求预测模型。

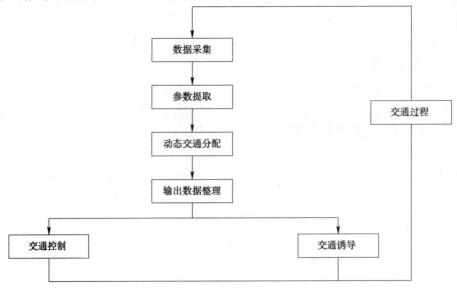

图 5.5.1 动态交通流分配在交通诱导与控制中的地位和作用

静态交通流分配之所以说是静态的,最根本的一点,就是表现为当流量被加载到网络的某条路径上之后,则一瞬间就同时存在于该路径的所有路段上了,而不是由第一个路段一步步随时间推进到终点的。举一个简单的例子来说,假如在第 k 步分配中,有 q 辆车被分配到 a-d 这条路径上,a-d 路径的具体路线是 a-b-c-d,即由 a-b、b-c、c-d 三个路段构成,那么在第 $k+1$ 步分配中进行路段流量统计和阻抗计算时,就认为这三个路段上的流量都是 q 辆车,这些车同时存在于该路径的所有路段上。这显然是不符合实际的,车辆加载到路段上之后是随着时间逐渐向前推移的。也就是说,在这种分配思想中没有考虑时间因素和交通需求的时变特性,采取的是静态的思想,所以本章前面所研究和分析的各种分配理论和方法都是静态交通流分配方法。如果用 $x_a^n(t)$ 表示 t 时刻路段 a 上流向终点的流量,那么路段状态的变化就是 $\mathrm{d}x_a^n(t)/\mathrm{d}t = 0$。静态的第二点就是静在流量加载到路径上之后被处理成在原有路段上"原地踏步"。当下一个流量加载上后,与前一个流量在所有路段上简单相加。而实际上,当第二个流量加载之后,第一个流量随着时间的推移可能已经运动到第 k 个路段上,假设还是按静态思想分配的话,这时第 1 个到 $k-1$ 个路段及 $k+1$ 到最后一个路段上的流量只是第二个流量的值,只有第 k 个路段上是这两个加载的流量之和。要解决上述问题,必须分析动态交通流分配的思想。那么动态交通流分配的"动",到底是动在何处,真正含义是什么? 在目前的文献中还未曾见到全面的概括和描述,有的只是从数学角度的抽象说明,如动态和静态的显著差别就是把路阻、流量的二维问题变成了路阻、流量、时间的三维问题。为了深入掌握动态交通流分配的思想和设计合理分配的算法,应该对此有一个全面的阐述。概括而言,动态交通流分配有如下 3 个方面的特点。

(1)动态交通流是随着时间推移的。在所选的路径上交通流沿着各个路段逐渐向终点运动,既不是瞬间布满各路段,也不是在各路段上"原地踏步"不动。

(2)动态路段阻抗是真动而不是"伪动"。无论是静态还是动态分配,路阻随流量变化是最起码的要求。但在静态分配的"容量限制分配"、"动态多路径分配"等方法中所说的动态,不妨称之为"伪动",因为它们某时刻用来计算路段路阻的流量可能不是真正存在于该路段上的流量,这时某路段上的流量只是那些经过该路段的"原地踏步"流量的算术相加,结果可能夸大了路段的路阻也可能缩小了路段的路阻。而真正的动态,因为考虑了时间因素,就如同有一个时钟一样,当计算 k 时刻一个路段的路阻时,加载在路段上的流量可能有 $k-1$ 时刻、$k-2$ 时刻,甚至 $k-3$ 时刻的由上游路段正好运动到此的流量。这时得到的各个路段的路阻才是接近实际的。

(3)动态交通需求是时变的。这一点实际是第一点的引申,因为流量随时间推移而不是原地踏步,即 $\mathrm{d}x_a^n(t)/\mathrm{d}t \neq 0$,路段上的流量随时间形成高峰、平峰等动态特征的分布形态,动态交通需求的时变性最终反映为路段上的交通量是时变的,路段上的阻抗又是随交通量变化的,即也反映为路段阻抗是时变的。

5.5.2.2 动态交通流分配的基本概念

动态交通流分配模型,根据分配中路径选择准则的不同,整体上分为两类,一类是动态用户最优模型 DUO(Dynamic User Optimum),另一类是动态系统最优模型 DSO(Dynamic System Optimum)。前者是从路网中每个用户的角度考虑,追求的是每个用户出行时间最少或费用最低;后者是从路网系统角度出发,寻求整个系统总的出行时间最少或费用最低。

静态交通流分配理论中,用户平衡(UE)和系统平衡(SO)都有基于 Wardrop 原理的一致的定义,但由于动态交通流分配理论的研究还处于不断发展和完善的进程中,所以对动态用户最优和系统最优,还没有一致统一的定义。一般的解释为,动态用户最优(DUO)就是指路网中任意时刻,任何 OD 对之间被使用的路径上的当前瞬态行驶费用相等,且等于最小费用的状态。显然,根据该定义来分配,并不一定要求同一时刻从同一节点进入网络的车辆到达终点时花费相等的时间(这是静态分配的思想),它只是要求在同一个节点—终点对之间正在被使用的所有路径上瞬时的行驶费用相等。

动态系统最优(DSO)就是指在所研究的时段内,出行者各瞬时通过所选择的出行路径,相互配合,使得系统的总费用最小。

可见,动态系统最优是从规划者意愿出发的,是一种设计原则,动态用户最优则更接近现实,能够评价交通管理和控制的效果,在实际中的应用更为广泛。

5.5.2.3 动态交通流分配理论研究现状

动态交通流分配理论从提出至今经过了 20 多年的发展,在理论研究和方法应用上都有了一定的进步,但是,无论国外还是国内,目前还没有动态交通流分配方面的学术专著,这一点不同于静态交通流分配,已经有成熟的理论和方法,并有相关的中外学术专著问世。国内外在动态交通流分配领域的研究都正在积极地进行当中,表现为国外在理论、方法和应用上的研究较之国内要超前,同时无论国外还是国内,在理论方面的研究成分居多,而在实际应用上还有待进一步发展。从总体来说,动态分配概念提出至今,其研究仍然处于发展阶段。主要原因是考虑了时间变动因素后,建立合适的数学模型和设计合适的算法变得十分困难。

在国外,Merchant 和 Nemhauser 于 1978 年第一个以数学规划方法对动态交通流分配问题进行了开创性的研究,他们提出了用离散时间、非凸的非线性规划来表达系统最优分配模型(称为 M-N 模型)。1987 年,Carey 在 M-N 模型的基础上进行了改进,构造了一个非线性的凸规划模型。上述各个阶段的模型为动态交通流分配理论的发展带来了巨大的推力,但是各模型的最大缺点是局限于多个起点和单个终点的简单网络,用于理论分析可以,但是如果要应用到现实中的多个起点和多个终点的城市交通网络还需大量的研究和努力。

1980 年,Luque 和 Friesz 提出了应用最优控制理论解决动态系统最优模型的新思想,他们将 M-N 模型改进成为一个连续时间的最优控制问题。到 1989 年,Luque 和 Friesz 等人研究了单个起点和单个终点的简单网络的最优控制理论模型,随后 Wie,Friesz 和 Tobin 在 1990 年,Ran 和 Boyce 等人在 1993 年发表的文章中建立的模型均采用了最优控制理论方法建模。最优控制理论方法建立的模型具有易于分析的优点,但是对于 Friesz 和 Wie 等人提出的模型,目前仍然没有有效的成熟的求解算法。

Janson 于 1990 和 1991 年相继发表文章,提出了动态交通流分配的多目标规划模型,之后 Jayakrishnan 和 Tski 等人于 1995 年对该模型进行了改进,使其趋于更加完善。Friesz 和 Bemstein 在 1993 年提出了动态系统最优的变分不等式模型。这些模型极大地丰富了动态交通流分配的研究方法,从不同角度为解决动态分配问题作出了有益的尝试。

另外,Mahmasani 和 Peeta 于 1993 年提出了一个计算机模拟的动态交通流分配模型,考虑了随时间变化的交通需求及交通拥挤条件下排队的形成等影响因素,但是该模型没有考虑对小区 OD 数据的转换到路段 OD 数据的转换,在路网阻抗的计算上采取了简化处理的方法。

国内对于动态交通流分配理论和方法的研究还处于起步的阶段,关于动态交通流分配理论的研究,有的学者提出了"动态平衡运量配流问题及其稳态伴随解算法",在借鉴通信网络动态建模框架与运算技术的基础上,将之运用于城市交通网络,提出了连续时间最优控制模型,并提出了一个可以获得近似解的稳态伴随算法。该模型从等价性上理解,有比较完善的特性,其近似解算法的实用性也很好,但是这个模型的最大弱点是路径费用公式的解释性不强。其中有些表达项的物理和经济含义无法解释;同时,该模型的另外一个局限是针对多个起点单个终点的简单网络而建立的,对于多起点多终点的实际网络不适合。其后,国内许多研究人员也相继提出了诸多有关动态交通流分配的理论和模型。

纵观国内外对动态交通流分配理论和方法的研究,到目前为止从研究方法角度而言,可以分为数学规划建模方法、最优控制理论建模方法、变分不等式理论建模方法和计算机模拟方法4种途径。人们对于数学分析方法的探讨比较热烈和深入,而对于计算机模拟方法则很少问津。

可以说,目前所讨论的用于交通控制和诱导的动态交通流分配实际上是已知时变交通需求的分配,是一个离线过程,同时目前急需行之有效的算法。而实时交通控制和诱导的理想状态是一个在线过程,如何将动态交通流分配应用于在线控制,或者从其他途径[如有的学者提出的"智能控制的方法(杨清华 2001)"]来探讨交通控制与诱导问题,是交通工程实践发展和进步的今天对我们提出的富有挑战性的工作,也是有志于研究交通领域问题的我们在今后义不容辞的责任。

5.6 交通分配模型中存在的问题

一些研究者把交通分配问题用数学模型加以描述,并借助于计算机求出任意精度下的平衡解,但它并不是完美无缺的,仍然存在着一些问题。这里所说的问题并不是解法的问题而是模型前提条件的问题,即建立模型所要求的前提条件与实际的道路交通并不一定完全相符合,下面列举其中几点。

5.6.1 对交通流量的近似假定

在静态交通分配模型中,都是以这样的假定为前提条件的,即OD间的OD交通流量都是稳定不变的。每组OD间的交通流量都是常数。只有在这样的前提条件下,才会有道路网的"平衡",前述的各种交通分配方法才可以成立。如果OD交通流量是随时间变动的,网络便达不到模型所假定的那种平衡,前述的各种分配方法都将无法进行,而现实的道路网中,OD交通流量每天都在变化,同一天的不同时间也在变化。因此,实际的交通流量都是动态的。在动态交通流量下,前述的各种以静态为前提条件的分配方法都变得无能为力。在实际道路网的交通流量分配中,为了处理这个问题,一般以一天为单位,对一天的平均交通流量进行分配,而得到每条道路一天的平均交通流量。这种方法虽然在一定程度上是可行的,但会产生两个问题。一个问题是:交通分配问题是一种非线性问题,用一天的平均OD交通流量进行分配得到的结果,与用实际的动态OD交通流量进行分配得到的结果肯定会有差别,因此,平均的方法是近似的。另一个问题是:在实际的道路网规划中,有时不只是需要一天的平均情况,而且需要知道某个特定时间段的道路交通状况,例如早晚上下班时间段的道路拥挤状况,而静态交通流量分配模型无法推定某个特定时间段的道路网状况。基于诸如此类的原因,有必要建立能处理动态OD交通流量的模型,即动态交通流量分配模型。但是,动态交通流量分配模型的研究却仍然处在发展萌芽阶段。其主要原因是考虑时间变动因素之后,建立模型变得十分困难。

5.6.2 利用者路线选择方法的假定

在交通量分配模型中,假定道路网的利用者都知道道路网中各条路线的拥挤状况和所需走行时间,并且所有的利用者都选择从起点到终点的最短路径。但在实际的道路交通中,一方面只有那些经常利用道路网的人才有可能知道网络上的交通流量状态,那些不常利用道路网的人则不知道,他们不得不靠地图和路标来选择路线;另一方面,人们选择道路的原则并不一定是走行时间最短,也可能还有许多其他影响因素。因此,在交通量分配模型中也有必要进一步考虑路线选择的问题。尽管目前有不少研究者在研究路线选择的问题,并取得一定成果,从而形成了一个新的研究分支,但是,路线选择与交通量分配的研究一直各自独立互不相干地进行着,没有很好地结合在一起。

5.6.3 交通网络的局限性

交通流分配中使用的网络的局限性有以下几个方面。

使用的网络是经简化后的网络。道路网中有些狭小道路被省略掉了。在道路变得十分拥挤的情况下,有些道路网利用者可能会离开干线道路,走那些狭小道路,即狭小道路也可分担一部分交通量。因此,在网络中简化掉狭小道路有可能使干线道路的分配交通量大于实际交通量。但在实际的交通量分配中,不可能把所有的道路都考虑进去。

在分配中,总是将道路网划分成若干个区域,每个区域作为交通量发生和吸收的出发地和目的地。一般情况下,每个区域都是由若干条道路和节点组成。在实际道路网中,交通量一般是在区域内均匀地发生和吸引。因此,在交通分配模型中,OD 交通量应该在区域内的所有节点上均匀发生。但在目前的交通量分配模型中,都是将 OD 交通量集中在区域的某一点(中心节点)上发生和吸收,即假定 OD 交通量是从一个区域的某一点到另一个区域的某一点的交通量。这样造成的误差是靠近该点的路线上将可能被分配到多于实际的交通量,而离该点较远的路线上分配的交通量则较少。如果被划分的区域较小,这种误差会相对小些,但若区域划分过小则计算时间会成倍增加。

最后一个误差是对走行时间函数的简化。交通量分配模型中的走行时间函数一般涉及两个量,即路段交通量和交通容量。但在实际道路中影响走行时间的远不止这两种因素。道路的几何形状、坡度、信号控制状况、禁止左右转等都对走行时间有影响。但交通量分配模型中不可能将这些因素都考虑进去。

综上所述,交通分配的研究与应用都已取得了一定的成果,但仍然存在有待进一步研究和改进的问题。

6 交通需求预测的其他方法

交通需求预测经典方法——四阶段法在范围比较大的区域制定长期的宏观性交通规划时发挥着重要作用。然而,由于模型本身的局限性和交通管理规划的需要,除四阶段法常用模型之外,人们还开发了许多其他交通需求预测方法,作为四阶段法不同阶段模型的补充或者作为独立运用的预测方法,这些方法在实践中得到了广泛的应用。

6.1 概述

在现实中,OD交通量的大小会受网络运行情况的影响。在交通堵塞严重时,有些道路利用者可能会放弃自己开车而乘坐地铁,有些可能会改变自己的出行目的地,有些甚至会取消原计划的出行。所以,在交通分配中将OD交通量看成是已知常量或采用固定需求的平衡分配模型是不恰当的。许多学者提出采用弹性需求分配模型进行预测。除此之外,传统的分割交通产生、交通分布、交通方式选择和交通流分配的四阶段预测法有很大的局限性,为了更准确地预测路网交通量,需要向一体化预测方法发展。

经典的四阶段法是以大规模的居民出行调查为基础的。进行这种调查需要大量的人力、物力和时间,而且由于调查时交通小区的划分与道路网的表示水平不一定协调,导致交通流分配预测的路网交通量与实际交通量不一定一致。在交通管理规划中,经常需要制定一些短期的交通政策,以及通过交通需求管理控制交通需求,及时解决交通堵塞问题。交通管理规划的对象区域范围较窄、需要的交通数据较为详细,用通常的居民出行调查数据在预测精度方面具有局限性。因此,有必要通过简单、经济、可行、快速的交通调查解决交通管理规划基础数据不足的问题。在我国和一些发展中国家,交通设施和土地利用状况日新月异,花费很大代价得来的数据生命周期却很短且应用范围又很有限,这就更有必要推广应用一些快速交通需求预测方法。其中,由观测路段交通量推求OD交通量的方法日益受到重视,包括应用重力模型的OD交通量推算方法、有现存OD交通量的OD交通量推算方法等也有运用。

研究规划区域内公路交通运输需求的变化趋势,常采用总量控制法。总量控制法交通需求预测是根据历史年份总客货运输量的统计资料,采用时间序列法或相关因素回归法预测未来年份总的客货运输量,然后对未来年份的公路客货运分担率进行预测,从而推算出未来年份的公路客货运输量。

6.2 由路段交通量推算OD交通量方法

在四阶段法中,路段交通量是在已知OD交通量的前提下,通过交通流分配方法计算得到。下面要讨论的是:在现状OD交通量未知的情况下,如何利用路段交通量来反推现状OD交通量。

6.2.1 由路段交通量推算OD交通量方法原理

路段交通量是OD交通量径路选择的综合结果,它提供了使用同一路段的所有OD交通量的直接信息。设 V_a 为路段 a 的流量，q_{ij} 为 i、j 小区间的分布交通量，p_{ij}^a 为 i、j 间通过路段 a 的出行比例，则路段交通量与 OD 交通量之间的基本关系式为：

$$V_a = \sum_{i,j} q_{ij} p_{ij}^a, \quad 0 \leq p_{ij}^a \leq 1, \forall i, j, \forall a \quad (6.2.1)$$

理论上讲，假如已知路段出行比例 p_{ij}^a，只要拥有足够数量的路段交通量 V_a，就可以通过解联立线性方程组(6.2.1)来获得 q_{ij}。但对于一个实际的路网，一方面路段出行比例 p_{ij}^a 与路段交通量 V_a 有关，不能视为已知；另一方面，即使 p_{ij}^a 与 V_a 无关，但由于独立的路段交通量的数目常常会远远小于待求的 q_{ij} 数量，此时这个线性方程组就没有确定解。

【例 6.2.1】 图 6.2.1 给出了一个有两个起点和两个终点的带有路段交通量统计的简单网络，下面讨论能否由这些路段交通量推算出网络的 OD 交通量。

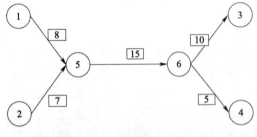

图 6.2.1 带有交通量统计的简单网络

【解】 该网络有 4 个待求的 OD 交通量：q_{13}、q_{14}、q_{23}、q_{24}，有 5 个由观测统计得到的路段交通量。各路段的出行量比例是显然的，例如路段 1-5 的出行量比例是 $p_{13}^{1-5} = 1, p_{14}^{1-5} = 1, p_{23}^{1-5} = 0, p_{24}^{1-5} = 0$。但由于 5 个路段交通量中只有 3 个是独立的，因此满足方程组(6.2.1)的解不是唯一的。表 6.2.1 列出了满足方程组的所有整数解(6 个 OD 交通量)。

能再现图 6.2.1 路段交通量的 OD 交通量　　　　　表 6.2.1

OD 交通量		1		2		3		4		5		6	
O \ D		3	4	3	4	3	4	3	4	3	4	3	4
1		8	0	7	1	6	2	5	3	4	4	3	5
2		2	5	3	4	4	3	5	2	6	1	7	0

可见，虽然方程组(6.2.1)是路段交通量与 OD 交通量之间的基本关系式，但常常因信息不足而不能直接通过它推算出 OD 交通量。因此由路段交通量推算 OD 交通量的原理就是依据方程组(6.2.1)，当信息不足时适当补充信息，然后在方程组(6.2.1)的解集合中找到最能符合所有已知信息的解作为推算结果。

6.2.2　由路段交通量推算 OD 交通量方法分类

根据处理对象的不同，或补充信息方法的不同，或确定推算解的依据的不同，可以对众多的 OD 推算方法从各种角度进行分类。

6.2.2.1　局域的方法和广域的方法

局域的方法和广域的方法分别是指以局部的网络为对象和以广域的网络为对象的 OD 推算方法。以局部网络为对象的模型是以分析单独的或少数几个交叉口及道路区间的交通状况为目的，用于审核较小范围的交通管理规划。以广域网络为对象的模型是以大范围的网络交通流为对象，用于推算和分析城市内部或城市之间的交通需求。

6.2.2.2　结构化方法和非结构化方法

结构化方法和非结构化方法分别是指是否预先赋予 q_{ij} 以某种结构的方法。出行分布的结构通常以重力模型或机会模型的形式表达出来。结构化方法假设 q_{ij} 符合某种结构模型，并且满足式(6.2.1)的流量关系,确定结构模型中的参数,得到满意解。非结构化方法假设OD交通量分布结构满足熵最大化原理或极大似然原理,将交通量守恒关系(6.2.1)作为约束条件,建立数学规划模型,得到最优解。由于结构化方法多数假设 q_{ij} 符合重力模型结构,首先应用回归分析方法标定模型中的参数,然后应用重力模型推算 OD 交通量,故这类方法也可称为统计法。而由于非结构化方法是依据某种原理(如熵最大化原理)或给定某种目标(如观测交通量与计算交通量之差最小、现存 OD 交通量与计算 OD 交通量之差最小)建立优化模型,得到最符合实际的 OD 交通量,故这类方法也可称为优化法。

6.2.2.3 比例分配法和非比例分配法

比例分配法和非比例分配法分别是指是否用全有全无法或概率分配法来确定路段选择率 p_{ij}^a。比例分配法不考虑拥挤对走行时间的影响,即认为 p_{ij}^a 与 V_a 无关,可以由路网的几何特性事先独立地确定 p_{ij}^a,这样将使推算问题大大简化。非比例分配方法则考虑拥挤的影响,采用用户平衡分配或随机用户平衡分配来确定,这时 p_{ij}^a 的确定过程和 q_{ij} 的确定过程相互联系在一起,推算过程复杂了,但比较接近实际。

6.2.2.4 有现存 OD 交通量的方法和无现存 OD 交通量的方法

有现存 OD 交通量的方法和无现存 OD 交通量的方法分别是指在推算过程中是否有现存的参考 OD 交通量可以加以利用的方法。有现存 OD 交通量的方法由于有可参考的 OD 交通量,可视为有更多的已知信息,故所建模型的解可能更符合实际的预测分布交通量。

6.2.2.5 静态方法和动态方法

静态方法和动态方法分别是指推算所依据的观测交通量和欲推算的 OD 交通量不随时间变化和随时间变化的方法。

某种具体的由路段交通量推算 OD 交通量的方法可以按上述各种分类归结为其中某类方法,比如某种方法可以是静态的、广域的、比例分配的、有现存 OD 交通量可利用的非结构化的方法。下面介绍的是几个有代表性的静态、广域性推算方法,以说明由路段交通量推算OD 交通量的一般原理、过程和问题。

6.3 应用重力模型的 OD 交通量推算方法

重力模型是预测 OD 交通量比较好的方法之一。通过前述有关章节可知,一旦依据实测 OD 量数据建立了对象地域的出行分布重力模型,在应用该模型预测时,只要通过人口等数据预测出各区的发生与吸引交通量则可计算出分布交通量。问题在于如果仅有路段的实测交通量而没有实测 OD 交通量的情况下,如何利用路段的实测交通量建立重力模型,即确定重力模型的参数。

利用路段的实测交通量求出重力模型参数的方法常采用最大似然估计法。该方法分为两种:一种是假设路网上的路段交通量相互独立的最大似然估计法;另一种是假设路网上的路段交通量相互关联的最大似然估计法。

6.3.1 最大似然估计法一(假设路网上的路段交通量相互独立)

应用该模型的前提条件是对象地域的土地利用形式(居住人口、就业人口等)、路段实测交通量和路网数据(路段长度、通行能力、初始行驶时间和路阻函数)为已知。该模型中使用的重力模型如下:

$$V_a = \sum_{ij} q_{ij} p_{ij}^a, \quad 0 \leq p_{ij}^a \leq 1, \forall i,j, \forall a \tag{6.3.1}$$

$$q_{ij} = \partial O_i D_j c_{ij}^\gamma, \forall i,j \tag{6.3.2}$$

式中：q_{ij}——i 和 j 区间的交通量；

　　　O_i——i 区的发生指数（居住人口等）；

　　　D_j——j 区的吸引指数（居住人口等）；

　　　c_{ij}——i 和 j 区之间的行驶时间；

　　　∂——出行发生系数；

　　　γ——出行长度指数。

将重力模型(6.3.2)代入关系式(6.3.1)，并定义：

$$X_a = \sum_{ij} O_i D_j c_{ij}^\gamma p_{ij}^a \tag{6.3.3}$$

得到：

$$V_a = \partial \sum_{ij} O_i D_j c_{ij}^\gamma p_{ij}^a = \partial X_a \tag{6.3.4}$$

式中：p_{ij}^a——OD 交通量 q_{ij} 利用路段 a 的概率，可以利用近似的平衡方法求出。

其计算步骤为：

步骤 0，令初始路段分配交通量 $\{V_a^k\} = \{0\}$，计算初始路段行驶时间 $t_a^0 = t_a(0)$，$\forall a$。令迭代次数 $k=0$。

步骤 1，令 $k = k+1$，利用 $\{t_a^{k-1}\}$ 求出各小区之间的最短径路。

步骤 2，用全有全无法分配 OD 交通量，求出附加路段交通量 $\{V_a^k\}$。

步骤 3，更新路段交通量。

$$V_a^k = V_a^k + \frac{1}{k}(v_a^k - V_a^{k-1}), \quad \forall a \tag{6.3.5}$$

步骤 4，收敛判定。当 V_a^{k-1} 和 V_a^k（$\forall a$）之差的适当形式满足给定的收敛精度，结束计算；反之，更新路段行驶时间 $t_a^k = t_a^k V(V_a^k)$，$\forall a$，返回步骤 1。

将式(6.3.4)代入式(6.3.5)，得：

$$K_a^k = X_a^k + \frac{1}{k}(X_a^k - X_a^{k-1}), \quad \forall a \tag{6.3.6}$$

现在假设实测路段交通量 V_a^* 之间相互独立，其均值为 V_a^k，方差随着 V_a^k 的大小变化，并且服从正态分布。即 $V_a^* = V_a^k + \varepsilon_a$，$\varepsilon_a$ 服从 $N(0,(V_a^k)^\omega \sigma^2)$，并且 σ^2 相互独立。其中 ω 为各路段的 ε_a 的权值。可以看出，$\omega = 0$ 时，交通量的标准偏差与路段交通量的大小无关；$\omega = 2$ 时，标准偏差与交通量的大小成正比，即变动系数（σ_a/V_a^k）为常数。

此方法首先用观测的路段交通量数据标定重力模型参数 α、γ、ω，然后利用模型(6.3.2)推导求 OD 交通量。标定参数时，如果先假定参数 γ 和 ω 为已知量，则参数 α 和 σ^2 就可以通过式(6.3.7)的似然函数最大化来估计，其出发点是使路段交通量的发生概率最大。

$$\begin{aligned}\max L &= \prod_{\partial \in A} \frac{1}{\sqrt{2\pi(V_a^k)^\omega \sigma^2}} \exp\left[-\frac{1}{2}\frac{(V_a^* - V_a^k)^2}{(V_a^{k\omega})^\omega \sigma^2}\right] \\ &= \prod_{\partial \in A} \frac{1}{\sqrt{2\pi(\partial X_a^k)^\omega \sigma^2}} \exp\left[-\frac{1}{2}\frac{(V_a^* - V_a^k)^2}{(\partial X_a^k)^\omega \sigma^2}\right]\end{aligned} \tag{6.3.7}$$

式中：A——被观测路段集合。

对似然函数取自然对数：

$$\ln L = \sum_{a \in A} \left[-\frac{1}{2}\ln 2\pi - \frac{\omega}{2}\ln V_a^k - \ln\sigma - \frac{1}{2}\ln\frac{(V_a^* - V_a^k)^2}{(V_a^k)^\omega \sigma^2} \right]$$
$$= \sum_{a \in A} \left[-\frac{1}{2}\ln 2\pi - \frac{\omega}{2}\ln \partial X_a^k - \ln\sigma - \frac{1}{2}\ln\frac{(V_a^* - V_a^k)^2}{(\partial X_a^k)^\omega \sigma^2} \right] \tag{6.3.8}$$

从式(6.3.8)可以看出,似然函数最大化相当于路段交通量的观测值 V_a^* 和计算值 V_a^k 的误差平方和最小化。偏差 σ^2 和系数 ∂ 的最有估计值可由解 $\partial\ln L/\partial\sigma = 0$ 和 $\partial\ln L/\partial a = 0$ 得到。

$\ln L$ 对 σ 求导数:

$$\frac{\partial \ln L}{\partial \sigma} = \sum_{a \in A} \left[-\frac{1}{\sigma} + \frac{(V_a^* - V_a^k)^2}{(\partial X_a^k)^\omega} \right]$$
$$= \frac{1}{\sigma^3} \sum_{a \in A} \left[-\sigma^2 + \frac{(V_a^* - V_a^k)^2}{(\partial X_a^k)^\omega} \right]$$

$\frac{\partial \ln L}{\partial \sigma} = 0$,可得 σ^2 的估计值 $\hat{\sigma}^2$ 为:

$$\hat{\sigma}^2 = \frac{1}{N}\sum_{a \in A}\frac{(V_a^* - V_a^k)^2}{(\partial X_a^k)^\omega} \tag{6.3.9}$$

式中:N——被观测路段的总数。

同理,用最大似然法可以求出 α 的估计值 $\hat{\alpha}$ 为:

$$\hat{\alpha} = \frac{1}{N}\frac{\sum_{a \in A} V_a^* (X_a^k)^{1-\omega}}{\sum_{a \in A} (X_a^k)^{2-\omega}} \tag{6.3.10}$$

以上估计参数 α 和 σ^2 的过程是将参数 γ 和 ω 作为已知量来处理的,而且是针对特定的交通分配量讨论的。但实际上 γ 和 ω 也需要标定,而且路段选择概率与OD交通量是有关系的,因此必须同时标定 α、γ、ω,并将交通分配算法和最大似然法结合起来才能实现由观测路段交通量推算OD交通量。这种组合方法的计算步骤为:

步骤0,r,ω(r 为负实数,ω 为实数),令路段交通量为 0,$\alpha = 0$,$k = 0$,计算 $t_a^0 = t_a(0)$,$\forall a$。

步骤1,令 $k = k+1$,计算小区间最短路径及行驶时间 c_{ij}^k,$\forall i,j$。

步骤2,利用除出行发生系数 α 之外的重力模型[即 $\alpha = 1$ 的式(6.3.2)]计算OD交通量,用全有全无分配法分配到路网上,分别用式(6.3.3)和式(6.3.6)求出 $\{X_a\}$ 和 $\{X_a^k\}$。

步骤3,用最大似然法求出出行发生系数 $\hat{\alpha}$,使实测交通量与计算交通量之误差平方和最小。

步骤4,计算各路段的实际交通量 $\{V_a^k\}$。

$$V_a^k = \hat{\alpha} X_a^k, \forall \alpha$$

步骤5,α 的收敛判定:若 $|\alpha - \hat{\alpha}| < \varepsilon$,则转向步骤6。否则,计算 $t_a^k = t_a(V_a^k)$,$\forall a$ 令 $\alpha = \hat{\alpha}$,返回步骤1。

步骤6,预测误差判断。若 $|V_a^* - V_a^k|/\sqrt{V_a^k}$,$\forall a$,达到最小,则结束计算。否则,返回步骤0。

这里 ε 表示收敛精度。图6.3.1给出了该方法的计算流程图。ω 的值可参考其他地区的经验数据给定。

该方法的特点是：

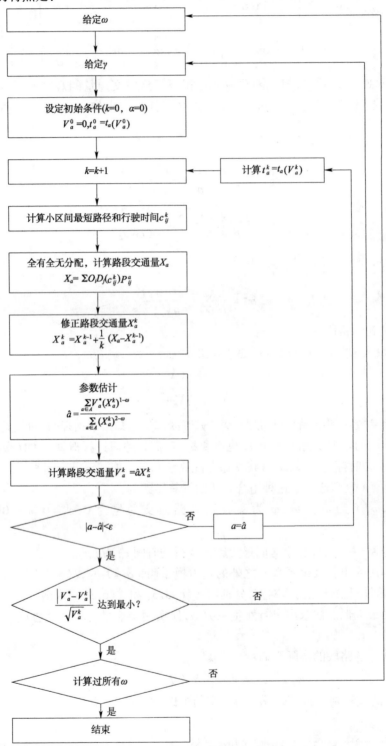

图 6.3.1 计算流程图

（1）适用于没有现存 OD 交通量或难以得到现存 OD 交通量的情况，应用范围较广。
（2）没有必要事先决定起讫点间的径路选择概率，易于操作。

(3)没有考虑道路交通量间的相互关联关系,适用于交通量间相互关联相对不密切的城际间分布交通量的推算。

6.3.2 最大似然估计法二(假设路网上的路段交通量相互关联)

与最大似然估计法一不同的是,该方法认为路网上的路段交通量不是相互独立的但路段利用率 p_{ij} 是已知的,它假设 OD 交通量的平均值可用重力模型表示:

$$q_{ij} = \alpha O_i D_j c_{ij}^\gamma + \varepsilon_{ij}, \quad \forall i,j \tag{6.3.11}$$

也假设随机误差 ε_{ij} 对 OD 交通量相互独立且服从均值为 0,方差为 σ_{ij}^2 的正态分布,偏差为 OD 交通量平均值的函数:

$$\sigma_{ij}^2 = (\alpha O_i D_j c_{ij}^\gamma)^\omega \tag{6.3.12}$$

可以认为实际的 OD 交通量是各种 OD 交通量分布中最可能出现的一组 OD 交通分布,即似然函数最大化所对应的 OD 分布。所以可以通过解模型(6.3.13)给出的似然函数最大化问题来标定 $\alpha、\beta、\gamma、\omega$,进而推算 OD 交通量。

$$\max P = \prod_{ij} \frac{1}{\sqrt{2\pi\beta(\alpha O_i D_j c_{ij}^\gamma)^\omega}} \exp\left[-\frac{1}{2} \frac{(q_{ij} - \alpha O_i D_j c_{ij}^\gamma)^2}{\beta(\alpha O_i D_j c_{ij}^\gamma)^\omega}\right]$$

$$\text{s.t.} \quad V_a^* = \sum q_{ij} p_{ij}^a, \quad \forall a \tag{6.3.13}$$

该问题可以用拉格朗日系数法求解。对目标函数取对数并舍去常数项,有:

$$F = -\frac{1}{2}\left[\sum_{ij}\ln\beta(\alpha O_i D_j c_{ij}^\gamma)^\omega + \sum_{ij}\frac{(q_{ij} - \alpha O_i D_j c_{ij}^\gamma)^2}{\beta(\alpha O_i D_j c_{ij}^\gamma)^\omega}\right] \tag{6.3.14}$$

构造拉格朗日函数:

$$L = -\frac{1}{2}\left[\sum_{ij}\ln\beta(\alpha O_i D_j c_{ij}^\gamma)^\omega + \sum_{ij}\frac{(q_{ij} - \alpha O_i D_j c_{ij}^\gamma)^2}{\beta(\alpha O_i D_j c_{ij}^\gamma)^\omega}\right] + \sum_{a \in A}\lambda_a\left(\sum q_{ij} p_{ij}^a - V_a^*\right) \tag{6.3.15}$$

令 $\frac{\partial L}{\partial T_{ij}} = 0$,并代入上式得:

$$q_{ij} = \alpha O_i D_j c_{ij}^\gamma + \beta(\alpha O_i D_j c_{ij}^\gamma)^\omega \sum_{a \in A}\lambda_a p_{ij}^a, \quad \forall i,j \tag{6.3.16}$$

再令 $\frac{\partial L}{\partial \lambda_a} = 0$,并代入上式得:

$$\sum_{\hat{a}}\lambda_{\hat{a}}\left[\sum_{ij}\beta(\alpha O_i D_j c_{ij}^\gamma)^\omega p_{ij}^a p_{ij}^{\hat{a}}\right] = V_a^* - \left[\sum_{ij}\alpha O_i D_j c_{ij}^\gamma p_{ij}^a\right], \quad \forall a \in A \tag{6.3.17}$$

参数 $\alpha、\beta、\gamma、\omega$ 的值可以借助于解函数(6.3.14)的最大化问题得到。算法步骤如下:

步骤 0,给参数 $\alpha、\beta、\gamma、\omega$ 赋适当的初值,令路段交通量为 0。

步骤 1,解联立方程组(6.3.17),求拉格朗日系数 $\lambda_a, \forall a \in A$。

步骤 2,通过式(6.3.16)计算 OD 交通量 $q_{ij}, \forall i,j$。

步骤 3,用牛顿—拉普森法等求解函数(7.3.14)的最大化问题,求得 $\alpha、\beta、\gamma、\omega$ 的值。

步骤 4,$\alpha、\beta、\gamma、\omega$ 的收敛判定。如果 $\alpha、\beta、\gamma、\omega$ 值满足收敛标准,结束计算;否则,返回步骤 1。

考虑参数 $\alpha、\beta、\gamma、\omega$ 对 OD 交通量 q_{ij} 的影响,因为 $\beta、\omega$ 表示偏差 ε_{ij} 的方差,所以在实际计算过程中,将 $\beta、\omega$ 设定成一定的近似值,仅求解 $\alpha、\gamma$ 并不会产生太大误差,却能减少许多计算量。

本方法的特点是：

(1)适用于没有现存OD交通量或难于得到现存OD交通量的情况,应用范围较广。

(2)有必要事先决定起讫点间的径路选择概率。

(3)重力模型的参数和OD交通量同时被推算出来,精度较高。

(4)考虑了道路交通量间的相互关联关系,适用于交通量间相互关联相对密切的城际间道路交通量的推算。

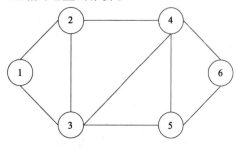

图 6.3.2 路网示意图

(5)因为以重力模型为OD分布的基本形式,所以对城市内部或比较狭窄的区域有其应用限制。

下面举例说明该方法的应用效果。

【例 6.3.1】 假设路网如图 6.3.2 所示,表 6.3.1~表 6.3.3 给出了作为各小区交通发生量和吸引量指标的居住人口和就业人口,小区间出行所需的时间和小区间出行的径路选择率。假定适用的重力模型系数为 $\alpha=0.002, \gamma=1.5, \beta=15.0, \omega=1.3$。试评价最大似然估计法二。

各小区发生与吸引交通量　　　　　　　　　　　　表6.3.1

小区	居住人口	就业人口	小区	居住人口	就业人口
1	3 000	1 000	4	6 000	9 000
2	4 000	3 000	5	5 000	4 000
3	5 000	8 000	6	4 000	2 000

小区间所要时间　　　　　　　　　　　　表6.3.2

D\O	1	2	3	4	5	6
1	—	15	17	27	30	41
2	15	—	12	12	25	26
3	17	12	—	10	13	24
4	27	12	10	—	13	14
5	30	25	113	13	—	11
6	41	26	24	14	11	—

径路和径路选择率　　　　　　　　　　　　表6.3.3

D\O	1	2	3	4	5	6
1		1-2,1.0	1-3,1.0	1-2-4,0.4 1-3-4,0.6	1-3-5,1.0	1-2-4-6,0.25 1-3-4-6,0.375 1-3-5-6,0.375
2	2-1,1.0		2-3,1.0	2-4,1.0	2-3-5,0.3 2-4-5,0.7	2-4-6,1.0
3	3-1,1.0	3-2,1.0		3-4,1.0	3-5,1.0	3-4-6,0.5 3-5-6,0.5

续上表

O\D	1	2	3	4	5	6
4	4-2-1,0.4 4-3-1,0.6	4-2,1.0	4-3,1.0		4-5,1.0	4−6,1.0
5	5-3-1,1.0	5-3-2,0.3 5-4-2,0.7	5-3,1.0	5-4,1.0		5−6,1.0
6	6-4-2-1,0.25 6-4-3-1,0.375 6-5-3-1,0.375	6-4-2,1.0	6-4-3,0.5 6-5-3,0.5	6-4,1.0	6-5,1.0	

【解】 首先假设实际的 OD 交通量服从均值为重力模型计算值、方差满足式(6.3.12)的正态分布,将利用已知的表6.3.1、表6.3.2的数据和题中假定的各系数,按此正态分布得到的随机数视为实际的 OD 交通量,结果如表6.3.4所示。将此 OD 交通量按表6.3.3的径路选择率分配到路网上可得到路段交通量,并以此为路段观测交通量,如图6.3.2所示。

假定的实际 OD 交通量　　　　　　　　　　　　　表 6.3.4

O\D	1	2	3	4	5	6
1	—	161	963	221	9	67
2	43	—	1 631	730	132	209
3	132	329	—	2 484	293	262
4	22	838	2 323	—	1 095	877
5	16	290	2 609	2 182	—	922
6	9	225	137	1 268	763	—

然后根据题中已知条件和表6.3.4中的交通量数据,应用最大似然估计法二推算 OD 矩阵推算中,假定 β 和 ω 为定值($\beta = 10.0, \omega = 1.2$),解函数(6.3.14)最大化问题,确定 α 和 γ。

设 γ 的初值为1.3,α 的初值为将路段观测交通量的总和作为路段计算交通量的总和而依据式(6.3.17)计算得到。反复进行步骤1~步骤4,经过4~5次迭代之后,α 和 γ 两个参数就充分收敛了,其收敛过程如表6.3.5所示。最后得到如表6.3.6所示的 OD 交通量的推算值。

迭代中的 α 和 γ　　　　　　　　　　　　　表 6.3.5

迭代次数	α	γ
初始	0.001 051	1.3
1	0.001 279	1.348
2	0.001 72	1.47
3	0.001 743	1.472
4	0.001 747	1.473
5	0.001 748	1.473

推算的 OD 交通量　　　　　表6.3.6

O\D	1	2	3	4	5	6
1	—	140	844	276	98	64
2	35	—	1 623	720	159	178
3	78	337	—	2 461	204	244
4	38	900	2 136	—	1 076	919
5	58	262	2 401	2 202	—	932
6	18	174	485	1 139	586	—

此例中，推算的 OD 交通量对于假定的实际 OD 交通量的均方根误差 RMSE(Root Mean Square Error)是 99.6 次出行，而将求得的参数代入重力模型得到的 OD 交通量对于假定的实际 OD 交通量的 RMSE 是 336.2 次出行。由此可知，用考虑了误差项的重力模型推算 OD 交通量可以减少误差 70%。比较表6.3.5 和表6.3.3 中对应的数据项可以看到，OD 交通量越大两者的差别越小。因此，在利用重力模型由路段观测交通量推算 OD 交通量时，相对于单纯估计模型中参数的方法，同时估计模型参数和 OD 交通量的方法可以明显地提高推算精度。

6.4 有现状 OD 调查的 OD 交通量推算方法

对以往进行过 OD 交通量调查(居民出行调查、机动车 OD 交通量调查等)的情况，可以利用其结果，结合路段实测交通量推算现状 OD 交通量。

利用现存 OD 交通量和实测路段交通量推算现状 OD 交通量的模型有很多种，这里给出以下两种模型：最大熵模型、误差平方和最小模型。

这两种模型的前提条件是：
(1) 起讫点间的径路选择率事先给定。
(2) 决定 OD 交通量的先验概率(在最大熵模型中为出行单位 OD 表；在误差平方和最小模型中为目的地选择概率)所需的现存调查 OD 交通量和路段的实测交通量已知。

6.4.1 最大熵模型

用该方法处理每一辆机动车辆，使得在路段的计算交通量与其实测交通量一致的条件下，求出出现概率最大的 OD 交通量，该方法中使用的优化模型如下：

$$\max P(q_{ij}) = \frac{T!}{\sum_{ij} q_{ij}!} \sum_{ij} (\hat{p}_{ij})^{q_{ij}} \quad (6.4.1)$$

$$\text{s.t.} \quad T = \sum_{ij} q_{ij} \quad (6.4.2)$$

$$V_a^* = \sum_{ij} q_{ij} p_{ij}^a, \quad \forall a \in A \quad (6.4.3)$$

式中：q_{ij}——i 区和 j 区之间的交通量；

p_{ij}^a——i 区和 j 区之间的交通量经过路段 a 的概率；

$\hat{p}_{ij}$——OD 交通量的先验概率(单位 OD 交通量)。

其中,$\hat{p}_{ij}$ 可以通过利用现存 OD 交通量 $\tilde{q}_{ij}$ 按下式求出:

$$\hat{p}_{ij} = \frac{\tilde{q}_{ij}}{\sum_{rs} \tilde{q}_{rs}}, \quad \forall i,j \quad (6.4.4)$$

此时,问题就归结为在生成交通量和路段交通量的约束下,使 OD 交通量的概率 $P(q_{ij})$ 达到最大的 OD 交通量组合的优化问题。

对式(6.4.4)取对数,并利用 Stirling 公式近似表示的等价的目标函数:

$$\max \ln P(q_{ij}) = T \ln T - T - \sum_{ij}(q_{ij}\ln q_{ij} - q_{ij}) + \sum_{ij} q_{ij}\ln \hat{q}_{ij} \quad (6.4.5)$$

式(6.4.5)、式(6.4.3)和式(6.4.4)构成的问题可以用拉格朗日系数法求解,其拉格朗日函数为:

$$L = T\ln T - \sum_{ij}(q_{ij}\ln q_{ij} - q_{ij}) + \sum_{ij} q_{ij}\ln \hat{q}_{ij} + \sum_{a \in A} \lambda_a \left(\sum_{ij}(q_{ij}p_{ij}^a - V_a^*) + \nu(T - \sum_{ij} q_{ij}) \right)$$

$$(6.4.6)$$

令 $\frac{\partial L}{\partial T} = \frac{\partial L}{\partial q_{ij}} = \frac{\partial L}{\partial \lambda_a} = \frac{\partial L}{\partial \nu} = 0$ 得,

$$\frac{\partial L}{\partial q_{ij}} = -\ln q_{ij} - 1 + \ln \hat{p}_{ij} + \sum_{a \in A} \lambda_a p_{ij}^a - \nu = 0, \quad \forall i,j \quad (6.4.7)$$

$$\frac{\partial L}{\partial T} = \ln T + 1 + \nu = 0 \quad (6.4.8)$$

$$\frac{\partial L}{\partial \lambda_a} = \sum_{ij} q_{ij}p_{ij}^a - V_a^* = 0, \quad \forall a \in A \quad (6.4.9)$$

$$\frac{\partial L}{\partial \nu} = T - \sum_{ij} q_{ij} = 0 \quad (6.5.10)$$

将式(6.4.8)改变整理后,代入式(6.4.7)整理后得:

$$q_{ij} = T\hat{p}_{ij}\exp\left(\sum_{a \in A} \lambda_a p_{ij}^a\right), \quad \forall a \in A \quad (6.4.11)$$

另外,将式(6.4.10)代入(6.4.8)、式(6.4.9)和式(6.4.11)得:

$$T\sum_{ij} \hat{p}_{ij}p_{ij}^a \exp\left(\sum_{\hat{a} \in A} \lambda_{\hat{a}} p_{ij}^{\hat{a}}\right) = V_a^*, \quad \forall a \in A \quad (6.4.12)$$

$$\sum_{ij} \hat{p}_{ij}p_{ij}^a \exp\left(\sum_{a \in A} \lambda_a p_{ij}^a\right) = 1 \quad (6.4.13)$$

因此,可以先从式(6.4.12)和式(6.4.13)联立解出 T 和 $\lambda_a, \forall a \in A$,然后代入式(6.4.11)算出 OD 交通量。由于 T 与 λ_a 的数量级不同,计算中可以先使 T 标准化求出 T 和 之后,再将 T 返回。该模型对实测路段的数目没有特殊要求。

该方法的特点是:

(1)有必要事先决定起讫点间的径路选择概率。

(2)不受对象地域范围的限制,可以用于城际和城市内现状 OD 推算。

(3)因为以现存的 OD 分布为基本形式,所以在 OD 分布形式发生大幅度变化时精度将欠佳。

6.4.2 误差平方和最小模型

误差平方和最小模型是为了利用路段交通量的实测值修正抽样调查得到的 OD 交通量而开发的方法,根据目标函数和约束条件的不同分为几种类型。

6.4.2.1 路段交通量误差平方和最小模型(路段模型)

设 i 区的发生交通量至 j 区的概率为 p_{ij}($\sum_j p_{ij} = 1.0$),i 区交通量的发生概率为 p_i($\sum_i p_i = 1.0$),那么,OD 交通量 q_{ij} 可以用生成交通量表示如下:

$$q_{ij} = Tp_i p_{ij} = O_i p_{ij}, \quad \forall i,j \tag{6.4.14}$$

其中,p_i,p_{ij} 根据以往调查数据按下式决定:

$$p_{ij} = \frac{\tilde{q}_{ij}}{\sum_s \tilde{q}_{is}}, \quad \forall i,j \tag{6.4.15}$$

$$p_i = \frac{\sum_j \tilde{q}_{ij}}{\sum_s \tilde{q}_{rs}} = \frac{\tilde{O}_i}{\sum_r \tilde{O}_r}, \quad \forall i \tag{6.4.16}$$

另外,利用 OD 交通量 q_{ij} 经过路段 a 的概率 p_{ij}^a,路段交通量可以用下式求出:

$$V_a = \sum_{ij} q_{ij} p_{ij}^a = \sum_{ij} O_i q_{ij} p_{ij}^a, \quad \forall a \tag{6.4.17}$$

式(6.4.17)中 p_{ij}^a 可以用交通分配法得到,未知变量只有发生交通量 O_i。因此,为了让路段交通量的计算值 V_a 与实测值 V_a^* 尽量相等,可以求其误差平方和最小时的发生交通量 O_i,从而利用式(6.4.14)求出 OD 交通量 q_{ij}。优化模型如下:

$$\min G = \sum_{a \in A}(V_a - V_a^*)^2 = \sum_{a \in A}(\sum_{ij} O_i q_{ij} p_{ij}^a - V_a^*) \tag{6.4.18}$$

设 $U_{ai} = \sum_j p_{ij} p_{ij}^a$,求偏导数有:

$$\frac{\partial G}{\partial O_j} = \sum_{a \in A}[2(\sum_i O_i U_{ai} - V_a^*) U_{aj}] = 2[\sum_{a \in A}(O_i \sum_i U_{ai} U_{aj}) - \sum_{a \in A} V_a^* U_{aj}] = 0, \quad \forall j \tag{6.4.19}$$

继续令 $c_{ji} = \sum_{a \in A} U_{ai} U_{aj}$ 和 $E_j = \sum_{a \in A^*} A_a^* U_{aj}$ 并代入式(6.4.19)得:

$$\sum_i O_i c_{ji} - E_j = 0, \quad \forall j \tag{6.4.20}$$

对于有 n 个发生区的情况,即有:

$$\begin{bmatrix} c_{11} & c_{12} & \cdots & c_{1n} \\ c_{21} & c_{22} & \cdots & c_{2n} \\ \vdots & \vdots & \ddots & \vdots \\ c_{n1} & c_{n2} & \cdots & c_{nn} \end{bmatrix} = \begin{bmatrix} O_1 \\ O_2 \\ \vdots \\ O_n \end{bmatrix} = \begin{bmatrix} E_1 \\ E_2 \\ \vdots \\ E_n \end{bmatrix} \tag{6.4.21}$$

由式(6.4.21)可知,发生交通量 O_i 可以用解 n 阶联立方程式求出。将求出的发生交通量 O_i 代入式(6.5.14)即可求出 OD 交通量 q_{ij}。但是,该模型中,当实测路段数太少时,有可能导致无法计算。

6.4.2.2 发生交通量误差平方和最小模型(发生交通量模型)

构造以路段交通量为约束条件,使发生交通量的误差平方达到最小的优化模型:

$$\min H = \sum_i (Tp_i - O_i)^2 \tag{6.4.22}$$

$$\text{s.t.} \quad V_a^* = \sum_{ij} O_i p_{ij} p_{ij}^a, \quad \forall a \in A \tag{6.4.23}$$

$$T = \sum_i O_i \tag{6.4.24}$$

利用拉格朗日系数法求解上述模型,有拉格朗日函数:

$$L = \sum_i (Tp_i - O_i)^2 + v(T - \sum_i O_i) + \sum_{a \in A} \lambda_a (\sum_{ij} O_i p_{ij} p_{ij}^a - V_a^*) \quad (6.4.25)$$

式中:v、λ_a——拉格朗日系数。

令 $\frac{\partial L}{\partial O_j} = \frac{\partial L}{\partial T} = \frac{\partial L}{\partial \lambda_a} = \frac{\partial L}{\partial v} = 0$,有:

$$\frac{\partial L}{\partial O_j} = -2(Tp_i - O_i) + \sum_{a \in A} \lambda_a (\sum_{ij} O_i p_{ij} p_{ij}^a) - v$$

$$= -2(Tp_i - O_i) + \sum_{a \in A} \lambda_a U_{aj} - v = 0, \quad \forall j \quad (6.4.26)$$

$$\frac{\partial L}{\partial T} = 2\sum_i (Tp_i - O_i)p_i + v = 0 \quad (6.4.27)$$

$$\frac{\partial L}{\partial \lambda_a} = \sum_{ij} O_i q_{ij} p_{ij}^a - V_a^* = \sum_i O_i u_{aj} - V_a^* = 0, \quad \forall a \in A \quad (6.4.28)$$

$$\frac{\partial L}{\partial v} = T - \sum_i O_i = 0 \quad (6.4.29)$$

式(6.4.26)~式(6.4.29)中,发生交通量 O_i 为未知数,求出后代入式(6.4.24)可以得到 OD 交通量 q_{ij}。值得注意的是,该模型要求实测路段的数目应不小于发生区数,实测路段数目越多推测出的 OD 交通量越精确。

6.4.2.3 路段交通量和发生交通量误差平方和最小模型(结合模型)

结合以上两种方法,目标函数可以构造成式(6.4.18)和式(6.4.22)的组合,即采用下列优化模型:

$$\min H = \sum_{a \in A} (\sum_{ij} O_i q_{ij} p_{ij}^a - V_a^*)^2 + \sum_i (Tp_i - O_i)^2 \quad (6.4.30)$$

$$\text{s.t.} \quad T = \sum_i O_i \quad (6.4.31)$$

该模型的解法仍然用拉格朗日系数法。构造如下拉格朗日函数:

$$L = \sum_{a \in A} (\sum_{ij} O_i p_{ij} p_{ij}^a - V_a^*)^2 + \sum_i (Tp_i - O_i)^2 + v(T - \sum_i O_i) \quad (6.4.32)$$

式中:v——拉格朗日系数。

$\frac{\partial L}{\partial O_j} = \frac{\partial L}{\partial T} = \frac{\partial L}{\partial v} = 0$,有:

$$\frac{\partial L}{\partial O_j} = -2(Tp_j - O_j) + 2[\sum_i O_i \sum_{a \in A} U_{ai} U_{aj} - \sum_{a \in A} V_a^* U_{aj}] - v$$

$$= -2(Tp_j - O_j) + 2[\sum_i O_i c_{ji} - E_j] - v = 0, \quad \forall j \quad (6.4.33)$$

$$\frac{\partial L}{\partial T} = 2\sum_i (Tp_j - O_j)p_i + v = 2T\sum_i (p_i)^2 - 2\sum_i O_i p_i + v = 0 \quad (6.4.34)$$

$$\frac{\partial L}{\partial v} = T - \sum_i O_i = 0 \quad (6.4.35)$$

通过解式(6.4.33)~式(6.4.35)所示方程组,求出发生交通量,然后代入式(6.4.24)求出 OD 交通量 q_{ij}。对该模型而言,实测路段数目越多,推测出的 OD 交通量越精确,但对路段数目没有特别要求,可以用较少的实测数据获取 OD 交通量 q_{ij},可操作性好,经济实用。

该方法的特点是:

(1)不受对象地域范围的限制,可以用于城际和城市内现状 OD 的推算。

(2)需要事先确定 OD 交通量发生概率,在 OD 形式发生大幅度变化时,推算精度将欠佳。

6.5 总量控制法

总量控制法是由长安大学交通工程教研室提出的一种公路网规划方法,它是从宏观上、整体上科学地把握规划区域内在规划期间里与公路交通运输有关的一些总量变化趋势,将预测到的将来的交通流量科学地分解到布局合理的公路网上去的一种规划方法。

其基本思想是从宏观整体出发,以现状公路网的道路与交通特征参数来揭示它的主要问题和基本矛盾;以区域内的公路交通总需求来控制公路网建设的总规模;以区域内的社会经济发展和生产力分布特点,并结合综合交通运输规划,来确定公路网的总格局——由节点分析和计算节点重要度入手,通过动态聚类分析,划分节点层次,对公路网进行分层布局,整体优化;通过交通流量分配和投资决策过程,将总规模分解落实到各条具体路线上;最后,以路线建设迫切度来安排公路网项目建设序列,并作出公路网建设分期实施计划。这是一种不从 OD 调查着手,充分利用现有的交通调查资料,通过多个总量预测为基础、路网布局合理为核心、综合评价择优为手段的规划过程。整个过程都是在理论研究与实际调查、模型建立与专家经验、定量计算与定性分析和远期规划与近期安排相结合中进行的。因而,收到了科学性与实用性相统一、总体目标与具体实施步骤相统一的效果。总量控制法的理论体系主要反映在以下几个方面。

(1)公路网的道路与交通特征参数亦即公路网的评价指标体系是总量控制法的理论基础。运用公路网的道路与交通特征参数,可以对公路网上的交通流特征与组成公路网的道路特征及公路网所提供的服务水平从宏观上、整体上给予定量描述,从而为公路网现状分析、公路改扩建计划的拟定、公路网规划方案的制定及对现状公路网和未来规划方案进行综合评等建立坚实的基础。

(2)公路网交通需求预测是总量控制法的技术关键。正确把握公路网的未来交通需求,就能正确把握公路网的运输量、交通周转量、网流量、总里程等控制总量,从而为公路网合理发展规模的确定打下可靠基础。现行的预测模型很多,且各有其特点,无论采用何种方法进行预测,总量控制法始终强调要切合实际,反复论证,努力做到模型建立与专家经验相结合,定量计算与定性分析相结合,以期得到与规划实际相符的预测结果。

(3)公路网合理规模确定是总量控制法的期望目标。公路网的规模是指公路网的总里程及其等级结构。公路网的总里程包括通车里程和等效里程。前者重在"量"的体现,表征区域中节点间的连通性;后者重在"质"的体现,表征对区域中所产生的公路交通需求的适应性,这两者的结合能较准确地(既能从数量上又能从质量上)表征一个区域的公路交通及经济发展水平。公路网的等级结构是指公路网中不同技术等级公路的组成,它从量上反映就是各技术等级公路里程的组合(即各里程所占的比重)。每一个不同等级公路里程的组合方案形成公路网的一个等级结构。一个合理的公路网等级结构也就是指能满足一组给定的条件而能达到预期目标的公路网等级结构。故公路网合理规模的确定即是要确定合理的总里程及合理的等级结构,更集中地说,就是要确定合理的等级结构。

(4)公路网布局优化是总量控制法的研究核心。合理的公路网布局应当是保证有效连通、运输效益最大的公路网。求得公路网合理布局的过程是一个逐步优化的过程。通过分层布局,在求得公路网基本骨架后,加边展开,逐次优化,使公路网由树状向网状扩展,最终得到较为合理的公路网布局。

(5)综合评价是总量控制法择优的必要手段。对多个公路网规划方案考虑择优时,综合评价是必不可少的环节。因为它能较全面地、正确地作出判断,使我们获得既能满足或者说基本能满足交通需求,又能使建设资金最省的一个公路网规划方案,以解决公路交通需求迅速增长与公路建设资金不足之间的基本矛盾,从而使公路网规划方案趋于决策者期望上的合理。

(6)公路网交通分布和路线建设迫切度以及建设投资决策是总量控制法中规划方案实施的基本方法与制定依据。根据建立起来的路线建设迫切度指标,作出公路网建设序列安排。选择公路网中路线饱和度大且修建后经济效益好的路线优先建设,既能较快地解决公路网通行能力之不足,又能使公路网建设的投资效益最佳,发挥公路建设资金的最大作用,使公路网规划方案的实施更为科学。

总量控制法交通需求预测是根据历史年份总客货运输量的统计资料,采用时间序列法或相关因素回归法预测未来年份总的客货运输量,然后对未来年份的公路客货运分担率进行预测,从而推算出未来年份的公路客货运输量。公路客货运分担率可根据历史年份公路客运量占总运输量的比例进行预测。将上述社会客货运输总量乘以公路客货运分担率,即得未来年份公路客货运输量。人、物的移动表现在路上即为客货运交通量。因此有必要将上述的客货运输量转化成客货运交通量。具体转化方法为,如可根据未来年份的平均载客数和平均吨位数来预测未来年份的客货运交通量。最后按照节点重要度形成的线路重要度大小将总规模分解落实到各条具体路线上。

其基本程序,如图 6.5.1 所示。

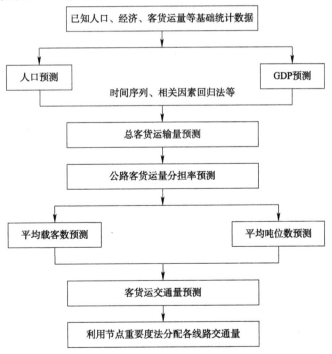

图 6.5.1　总量控制法流程图

总量控制法的交通需求预测是在分析公路运输发展和社会经济发展的内在联系的基础

上,由社会经济预测出发研究未来公路运输的发展规模,并由此运用多种模型并结合专家经验预测分析未来公路网的交通发展需求,力求得到与规划实际相符的结果,其中包括公路客、货运输,公路客、货周转量,公路网流量预测。总量控制法是一种从宏观整体出发的方法,其优点在于不依靠 OD 调查,思路清晰,操作方便,符合国情,节省人力、物力及时间。但其缺点是对于路段交通量的准确预测有一定难度,原因在于总量控制法的基本出发点是从宏观系统出发把握总量,在交通量需求的微观预测方面,由于对现状交通量的"源"与"汇"无法确定,因此对未来交通出行的流量和流向也就无法确定,只能在现状路段交通量基础上进行研究,常用的方法为增长系数法,即根据原有路段的交通量,以增长系数确定规划期路段交通量,不能反映出区域经济发展速度不均衡对不同路段交通量的影响,因此降低了路段交通量的预测精度。由以上对比分析可见,四阶段法和总量控制法的交通需求预测方法,一个偏重微观,一个偏重宏观,各自从问题的两个不同侧面对公路交通需求进行预测,具有一定的互补性。

第 2 篇　交通流短时预测

随着智能交通系统的发展,我国道路上交通流数据采集设备的设置不断完善,通过信息采集、处理与分析,使得提供实时动态信息给道路使用者和管理者已经成为可能。短时交通流状态预测的结果可以直接应用到先进的交通信息系统(Advanced Traffic Information Systems,ATIS)和先进的交通管理系统(Advanced Traffic Management Systems,ATMS)中,给出行者和交通管理者提供实时有效的信息,帮助他们更好地进行路径选择,实现路径诱导,达到节约出行者出行时间,缓解道路拥堵,减少污染、节约能源等目的。

然而,城市道路交通系统是一个时刻都在变化着的复杂系统,其运行行为极难预测,智能交通控制与诱导系统要取得较好的实施效果,必须处理好交通流短时预测的问题。本篇将着重讲述交通流短时预测的相关内容。

7　交通流短时预测基础

交通流有其自身的时间和空间变化特性,因此交通流预测应在考虑这种特性的情况下,对过去各种数据资料分析计算,研究和认识其发展变化规律,作出科学预测,从而为交通决策服务,因此需选取反映交通流时间和空间运行状态的指标作为预测的基础。

7.1　交通流特性

交通流预测实质上是指对交通流基本参数的预测,在预测之前,首先要了解交通流基本参数的特性,主要包括交通量特性、行车速度特性和交通密度特性等。

7.1.1　交通量特性

7.1.1.1　交通量的定义

交通量是指在单位时间段内,通过道路某一地点、某一断面或某一条车道的交通实体数。按交通类型分,有机动车交通量、非机动车交通量和行人交通量,一般不加说明则指机动车交通量,且指来往两个方向的车辆数。

交通量是一个随机数,不同时间、不同地点的交通量都是变化的。交通量随时间和空间而变化的现象,称为交通量的时空分布特性。交通量时刻在变化,在表达方式上通常取某一时间段内的平均值作为该时间段的代表交通量,当时间段不足 1h 时,所计算的平均交通量通常称为流率。如果以辆/d 为单位,平均交通量表达式为:

$$\text{平均交通量} = \frac{1}{n}\sum_{i=1}^{n} Q_i \tag{7.1.1}$$

式中：Q_i——各规定时间段内的日交通量,辆/d;

n——各规定时间段的时间,d。

按平均值所取的时间段的长度计,常用的平均交通量有：

(1)年平均日交通量(AADT)

$$\text{AADT} = \frac{1}{365}\sum_{i=1}^{365} Q_i \qquad (7.1.2)$$

(2)月平均日交通量(MADT)

$$\text{MADT} = \frac{\text{一个月的日交通量总和}}{\text{本月的天数}} \qquad (7.1.3)$$

(3)周平均日交通量(WADT)

$$\text{WADT} = \frac{1}{7}\sum_{i=1}^{7} Q_i \qquad (7.1.4)$$

其中,年平均日交通量在城市道路与交通工程中是一项极其重要的控制性指标,用作道路交通设施规划、设计、管理等的依据,其他平均交通量系供交通量统计分析、求各时段交通量变化系数,以便将各时段平均交通量进行相互换算之用。

7.1.1.2 交通量的时间分布特性

(1)月变化

一年内各月交通量的变化称为月变化,以一年为周期,统计12个月的交通量,每个月的交通量均不尽相同。以月份为横坐标,月平均日交通量相当于年平均日交通量的百分数为纵坐标,绘成曲线图,则此曲线简称为交通量的月变图,如图7.1.1所示。而年平均日交通量与月平均日交通量之比,称为交通量的月变系数(或称月不均衡系数、月换算系数),以$K_月$表示,则：

$$K_月 = \frac{\text{AADT}}{\text{MADT}} = \frac{\frac{1}{365}\sum_{i=1}^{365} Q_i}{\frac{1}{k}\sum_{i=1}^{k} Q_i} \qquad (7.1.5)$$

式中：k——当月的天数,有30d、29d、31d和28d,年则有平年(365d)和闰年(366d),为简便起见,年平均日交通量可用下式计算：

$$\text{AADT} = \frac{12\text{个月的月平均日交通量的总和}}{12} \qquad (7.1.6)$$

通常,月交通量变化系数($K_月$)可用以表示交通量的月变化规律。

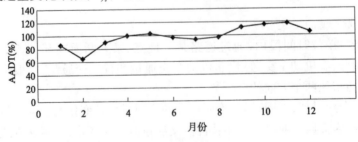

图 7.1.1 交通量的月变图

(2)周变化

交通量的周变化是指一周内各天的交通量变化,因此也称日变化。对于一定的城市或某个路段,交通量的日变化存在一定规律。我国城市道路,一般各工作日的交通量变化不大,而在节假日(或休息日)则变化显著,交通量一般都要小一些。在公路上,一周内交通量变化较城市为小。

显示一周 7d 交通量日变化的曲线叫作交通量日变图,见图 7.1.2。通常,用此图或周变系数来描述一周内日交通量的变化。周变系数定义为:年平均日交通量除以某周日的平均交通量,即 $K_{周日}$ = AADT/WADT。某周日的平均日交通量(WADT)等于全年所有该周日的交通量除以全年该周日的总天数。若仅有抽样观测数据而缺乏全年的交通量观测数据,则其周日变化系数 $K_{周日}$ 可以用式(7.1.7)计算:

$$K_{周日} = \frac{周平均日交通量}{观测日交通量} = \frac{\frac{1}{7}\sum_{i=1}^{7} Q_i}{Q_i} \tag{7.1.7}$$

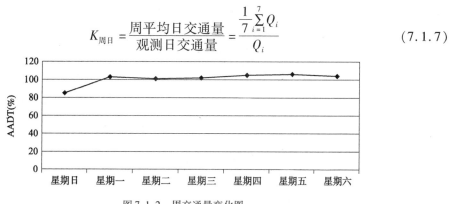

图 7.1.2 周交通量变化图

(3)时变化

一天 24h 中,每个小时的交通量亦在不断地变化。表示各小时交通量变化的曲线,称为交通量的时变图(图 7.1.3),亦有采用直方图表示的(图 7.1.4)。

图 7.1.3 交通量小时变化曲线

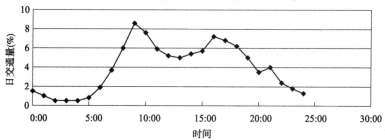

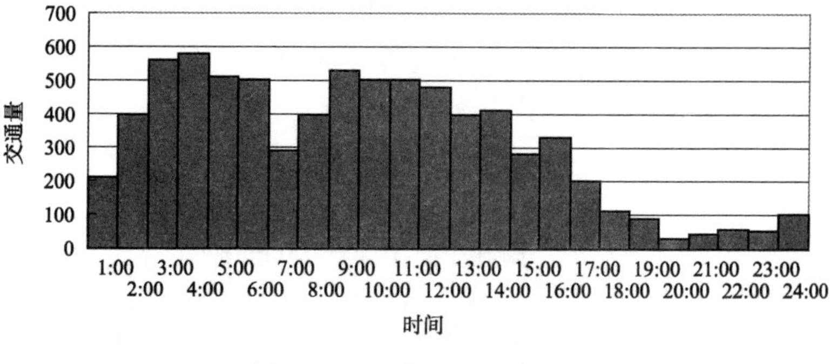

图 7.1.4 24h 交通量变化直方图

也可以用某一小时或某一时段交通量占全日交通量之比表示交通量的时变规律,常用的有 16h(6:00—22:00)或 12h(6:00—18:00),亦有用 18h(4:00—22:00)交通量占全日交通量之比及高峰小时占全日交通量之比作为特征变化系数,见图 7.1.5。

①高峰小时交通量

在城市道路上,交通量时变图一般呈马鞍形,上下午各有一个高峰,在交通量呈现高峰的那个小时,称为高峰小时,高峰小时内的交通量称为高峰小时交通量。

高峰小时交通量占该天全天交通量之比称为高峰小时流量比(以%表示),它反映高峰小时交通量的集中程度,并可供高峰小时交通量与日交通量之间作相互换算之用。我国公路部门近年来对各交通量观测站的初步统计表明,高峰小时的流量为9%~10%,平均为9.6%。南京宁六公路高峰小时占全天的10.47%,详见表7.1.1。

南京市宁六公路16h高峰小时交通量变化表 表7.1.1

高峰月日	1月20日	2月17日	3月11日	4月16日	5月20日	6月29日	7月16日	8月12日	9月23日	10月21日	11月19日	12月8日
高峰小时	8:00—9:00	8:00—9:00	8:00—9:00	8:00—9:00	8:00—9:00	8:00—9:00	8:00—9:00	8:00—9:00	8:00—9:00	8:00—9:00	9:00—10:00	9:00—10:00
该日全天汽车交通量(辆)	5 585	4 354	4 497	4 851	5 020	4 915	4 592	4 727	5 778	5 743	5 862	5 421
高峰小时汽车交通量(辆)	538	462	501	502	498	490	500	529	616	585	594	594
高峰小时占全天汽车比(%)	9.6	10.6	11.1	10.3	9.9	10	10.9	11.2	10.7	10.2	10.1	11.1
16h汽车交通量(辆)	5 223	4 141	4 267	4 631	4 611	4 496	4 197	4 407	5 417	5 397	5 501	4 921
16h占全天汽车比(%)	93.5	95.1	94.9	95.5	91.9	91.5	91.4	93.2	93.8	94	93.8	90.8
全天交通量(16h交通量)	1.069	1.051	1.053	1.047	1.088	1.093	1.094	1.073	1.066	1.064	1.066	1.101

②高峰小时系数PHF

高峰小时系数就是高峰小时交通量与高峰小时内某一时段的交通量扩大为高峰小时的交通量之比。一般将高峰小时划分为5min、6min、10min或15min的连续时段内的统计交通量,此连续5min、6min、10min或15min所计交通量中最大的那个时段,就是高峰小时内的高峰时段,把高峰时段的交通量扩大为1h的高峰小时交通量,因此,高峰小时系数系指高峰小时交通量与扩大的高峰小时交通量之比。高峰小时系数的一般表达式为:

$$\text{PHF}_t = \frac{\text{高峰小时交通量}}{t\text{时段内统计所得最高交通量} \times \frac{60}{t}} \tag{7.1.8}$$

例如,当$t = 15\text{min}$时,

$$\text{PHF}_{15} = \frac{\text{高峰小时交通量}}{\text{高峰小时中高峰}15\text{min} \times 4} \tag{7.1.9}$$

类似的还有PHF_5、PHF_6、PHF_{10}等表示的高峰小时系数。城市道路中短时间交通量过分集中往往会造成交通阻塞,如最大15min交通量可达小时交通量的40%,最大5min交通量可达小时交通量的20%。因此,掌握交通量的时变规律是十分重要的。

7.1.1.3 交通量的空间分布特性

交通量的大小与社会经济发展速度、人民文化生活水平、人口分布、气候、物产等多方面因素有关,它除了随时间而变化外还随空间位置的不同而变化。这种随空间位置而变化的

特性称为空间分布特性,一般是指同一时间或相似条件下,随地域、城乡、路线、方向、车道等的差别而变化的情况。

(1)城乡分布

由于城乡之间经济发展、生产与文化活动、对交通的需求不同,以及人口密度和汽车拥有量的差别,城乡道路上的交通量有显著差别。一般说来,城市道路上的交通量高于郊区道路、近郊高于远郊、乡村道路交通量最低。我国广大农村公路上交通量很小,甚至国道的某些线路上交通量也不大。而大城市出入口干道交通量一般大于5 000辆/d,城市道路交通量就更大,如南京的中央路机动车交通量达35 390辆/d、自行车交通量为7 000辆/d、中山路的机动车交通量为26 400辆/d、自行车交通量为79 000辆/d。

(2)在路段上的分布

由于路网上各路段的等级、功能、所处的区位不同,在同一时间内,路网上各路段的交通量有很大不同。一般我们用路网交通量分布图来表示交通量在各路段上的分布。从路网交通量分布图上可以很明显地分辨出路上交通的主要流向、走廊,判断交通量分布的均匀性。

(3)交通量的方向分布

一条道路往返两个方向的交通量,在很长时间内,可能是平衡的,但在某一短时间内,如一天中某几个小时,两个方向的交通量会有较大的不同。

为了表示这种方向不平衡性,常采用方向分布系数 K_D 表示:

$$K_D = \frac{主要行车方向交通量}{双向交通量} \times 100\% \qquad (7.1.10)$$

据国外的数据,上下班路线 $K_D = 70\%$、主要干道 $K_D = 60\%$、市中心干道 $K_D = 50\%$。城市出入口道路高峰小时中进、出城交通量有明显的不同,早高峰时进城方向交通量占60% ~ 70%,晚高峰时则反过来。国内数据表明,上下班路线 $K_D = 60\% \sim 70\%$,郊区主要干线来往方向变化不大。

(4)交通量在车道上的分布

多车道道路上,因非机动车数量及车辆横向出入口数量的不同,各条车道上交通量的分布也是不等的。在交通量不大的情况下,一般靠近右侧车道的交通量比较大。随着交通量增大,靠近中心线的车道交通量比重也增大。

7.1.1.4 设计小时交通量及其应用

工程上为了保证道路在规划期内满足绝大多数小时车流能顺利通过,不造成严重阻塞,同时避免建成后车流量很低,投资效益不高,规定要选择适当的小时交通量作为设计小时交通量。根据美国的研究认为第30位最高小时交通量是最合适的。所谓第30位最高小时交通量(30HV)就是将一年中测得的8 760个小时交通量,从大到小按序排列,排在第30位的那个小时交通量。

研究表明,第30位小时交通量与年平均日交通量之比的足值十分稳定。据国外观测,按道路类别及所在地区不同,K 值分布在12% ~ 18%范围内。

我国20世纪80年代开始进行了大量的观测统计。根据对我国国家干线公路的观测统计,X 值分布在0.11 ~ 0.15,平均为0.133,设计小时交通量与年平均日交通量的比值称为设计小时交通量系数。

对于多车道公路,运用设计小时交通量可确定车道数和路幅宽度,通过准确的计算可取得良好的经济效益。而对于双车道公路,由于车道数已定,设计小时交通量主要用于计算各不同时期的高峰小时交通量,并据以评价道路服务水平、使用品质等。

有了较准确的预测交通量、设计通行能力及设计小时交通量,则可以用下列公式计算车道数及路幅宽度。

$$DHV = AADT \cdot K/100 \tag{7.1.11}$$

$$n = \frac{DHV}{C_1} \tag{7.1.12}$$

$$W = W_1 \cdot n \tag{7.1.13}$$

式中:DHV——设计小时交通量,辆/h;
　　　K——设计小时交通量系数,%;
　　　n——车道数;
　　　C_1——每一车道设计通行能力,辆/h;
　　　AADT——规划年度的年平均日交通量,辆/h;
　　　W——路幅宽度,m;
　　　W_1——一条车道宽度,m。

在考虑方向不均匀系数的情况下,单项设计小时交通量为:

$$DDHV = AADT \cdot \frac{K}{100} \cdot \frac{K_D}{100} \tag{7.1.14}$$

式中:DDHV——单项设计小时交通量,辆/h;
　　　K_D——方向不均匀系数,%。

则:

$$n = \frac{DDHV}{C_1} \times 2 = \frac{AADT}{C_1} \cdot \frac{K}{100} \cdot \frac{K_D}{100} \times 2 \tag{7.1.15}$$

7.1.2 行车速度特性

7.1.2.1 基本定义

设行驶距离为 s,所需时间为 t,则车速可用 s/t 形式表示。按 s 和 t 的取值不同,可定义各种不同的车速。

(1)地点车速(Spot Speed)

这是车辆通过某一地点时的瞬时车速,因此观测时段 s 取值尽可能短,通常以 20~25m 为宜,用作道路设计、交通管制和规划资料。

(2)行驶车速(Running Speed)

这是从行驶某一区间所需时间(不包括停车时间)及其区间距离求得的车速,用于评价该路段的线形顺适性和通行能力分析,也可用于计算道路使用者的成本效益分析。

(3)运行车速(Operating Speed)

这是指中等技术水平的驾驶员在良好的气候条件、实际道路状况和交通条件下所能保持的安全车速,用于评价道路通行能力和车辆运行状况。

(4)行程车速(Overall Speed)

行程车速又称区间车速,是车辆行驶路程与通过该路程所需的总时间(包括停车时间)之比。行程车速是一项综合性指标,用以评价道路的通畅程度,估计行车延误情况。要提高运输效率,归根结底是要提高车辆的行程车速。

(5)临界车速(Critical Speed)

这是指道路理论通行能力达到最大时的车速,对于选择道路等级具有重要作用。

(6)设计车速(Design Deed)

这是指在道路交通与气候条件良好的情况下仅受道路物理条件限制时所能保持的最大安全车速,用作道路线形几何设计的标准。

7.1.2.2 行车速度的统计分布特性

行车速度与交通量一样,也是一个随机变量。研究表明在乡村公路和高速公路路段上,运行车速一般呈正态分布;在城市道路或高速公路匝道口处,车速比较集中,一般呈偏态分布,如皮尔逊Ⅲ型分布。

对行车速度进行统计分析,一般要借助车速分布直方图和车速频率、累计频率分布曲线,见图7.1.5。

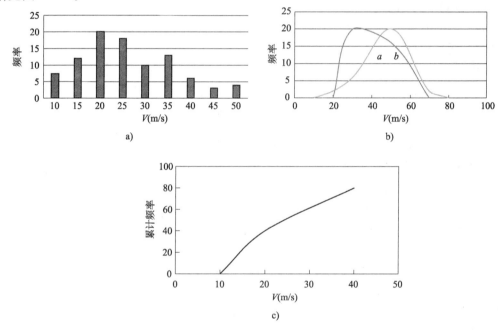

图7.1.5 行车速度的统计分布特性

a、b-测点

表征车速统计分布特性的特征车速常用以下几种:

(1)中位车速

中位车速也称50%位车速,或中值车速,是指在该路段上在该速度以下行驶的车辆平均车速,但一般情况下,两者不等。

(2)85%位车速

在该路段行驶的所有车辆中,有85%的车辆行驶速度在此速度以下,只有15%的车辆行驶速度高于此值,交通管理部门常以此速度作为某些路段的限制车速。

(3)15%位车速与速率波动幅度

意义同前。在高速公路和快速道路上,为了行车安全,减少阻塞排队现象,要规定低速限制,因此15%位车速测定是非常重要的。

85%位车速与15%车速之差反映了该路段上的车速波动幅度,同时车速分布的标准偏差S与85%位车速和15%车速之差存在着下列近似关系:

$$S \approx \frac{85\% 位车速 - 15\% 位车速}{2.07} \tag{7.1.16}$$

7.1.2.3 时间平均车速与空间平均车速

由于平均数常常是表示数据集中特性的数值,所以车速也常常用平均值表示,如时间平均车速、区间平均车速等。

(1)时间平均车速

在单位时间内测得通过道路某断面各车辆的地点车速,这些地点速度的算术平均值,即为该断面的时间平均车速:

$$\overline{V}_t = \frac{1}{n}\sum_{i=1}^{n} V_i \tag{7.1.17}$$

式中:$\overline{V}_t$——时间平均车速,km/h;

　　V_i——第i辆车的地点车速,km/h;

　　n——单位时间内观测到车辆总数,辆。

(2)区间平均车速

在某一特定瞬间,行驶于道路某一特定长度内的全部车辆的车速分布的平均值,当观测长度为一定时,其数值为地点车速观测值的调和平均值,其计算公式为:

$$\overline{V}_s = \frac{1}{\frac{1}{n}\sum_{i=1}^{n}\frac{1}{V_i}} = \frac{ns}{\sum_{i=1}^{n} t_i} \tag{7.1.18}$$

式中:$\overline{V}_s$——区间平均车速,m/s;

　　s——路段长度,m;

　　t_i——第i辆车的行驶时间,s;

　　n——车辆行驶于路段长度s的次数;

　　V_i——第i辆车行驶速度,m/s。

(3)时间平均车速与区间平均车速之间的相互关系

由时间平均车速可以推算区间平均车速:

$$\overline{V}_s = \overline{V}_t - \frac{\sigma_t^2}{\overline{V}_t} \tag{7.1.19}$$

式中:σ_t——时间平均车速观测值的均方差。

由区间平均车速推算时间平均车速:

$$\overline{V}_t = \overline{V}_s + \frac{\sigma_s^2}{\overline{V}_s} \tag{7.1.20}$$

式中:σ_s——区间平均车速观测值的均方差。

显然,当等速行驶时,$\sigma_s = 0$,故$\overline{V}_s = \overline{V}_t$。

7.1.2.4 影响车速变化的因素

车速的变化特性是反映交通流特性的一个重要方面,它能说明车速在人、车、路和环境等因素影响和交通流作用下所产生的变化。主要因素有如下几项:

(1)驾驶员对车速的影响

汽车行驶速度除与驾驶员的技术水平、开车时间长短有关外,还与驾驶员的个性、性别、年龄和婚姻状况有关。一般开新车、长途旅行的人比本地出行的人开得快,车上无乘客时比有乘客时开得快,青年、男性、单身驾驶员要比中年、女性、已婚的驾驶员开得快。

(2)车辆对车速的影响

车型和车龄对地点车速有显著影响,小汽车快于专用大客车,货车最慢,新车快于旧车。运货汽车的平均车速按轻型车、中型车、中型组合车、重型单辆车的次序依次降低。单辆车和组合车的平均车速随总重的增加而降低。

(3)道路对车速的影响

驾驶员采用的实际车速不是根据街道的等级,而是根据街道的实际状况,如街道类型、平纵线形、坡长、车道数和路面类型等对汽车行驶的影响。另外,街道所处的地理位置、视距条件、车道位置、侧向净空、交通标准和交叉口间距等对车速也有很大的影响。

①街道类型及等级

在高速道路、城市快速干道和城际道路上,车辆一般都能按道路线形和交通设施所能容许的车速安全行驶。但在一般的街道上,车速会受到公共汽车停车站、行人过街道、交叉口、交通信号、高峰交通量、管理设施和城市环境等的限制。美国某州不同类型道路的平均车速为:高速道路 64~79km/h、无信号控制干道 51~64km/h、信号控制的边缘地带街道 35~51km/h、市中心的信号控制街道小于 35km/h,而且单向街道的车速总是高于双向街道的车速。

②平面线形

一般平曲线上车速比直线段上车速低,小半径平曲线上车速比大半径曲线上车速低。在设计车速很低的弯道上,平均车速接近设计车速;在设计车速高的弯道上,平均车速低于设计车速并接近于切线段上观测的平均车速。据国外的研究,道路上平均车速与弯道的曲度 D 有明显的线性关系,数值对应关系可用下式表示:

$$V_t = 70.04 - 1.2D \tag{7.1.21}$$

英国还提出一个曲率和坡度对速度的公式:

$$\Delta \bar{V} = 1.96D + 2.2G \tag{7.1.22}$$

式中:$\Delta \bar{V}$——平均车速降低值,km/h;

D——曲率度数(°);

G——坡道的平均纵坡,%。

③纵断面线形

道路纵断面线形对车速影响显著,对货车比对小汽车影响更大。下坡与平坡直线路段相比,对于货车行驶的纵坡大致为 5%,对于专用大客车和小汽车纵坡大致为 3% 时,平均车速都比平坡直线路段有所增加。当下坡的路段超过此值以及上坡时,各类汽车的车速都要降低。重型货车上坡时,车速随坡长与坡度的增大急剧降低,直至降到等于爬坡车速,并以此速度继续爬坡。

④车道数及车道位置

车道多于四车道时,车速与四车道相似,有分隔带的四车道要比双车道和三车道道路的平均车速明显提高,三车道上的车速略高于相类似的双车道道路。

在行近市区的道路上,入境车辆的平均车速一般比出境车辆的车速高于 3~6km/h,多车道的道路上,各车道的车速由中间向两侧逐渐降低。

⑤视距

在五分隔带的街道上,当实际能保证的视距小于超车视距路段的百分比增加时,车速显著降低。

⑥侧向净空

在双车道道路上,侧向净空受到限制时,平均车速要降低2~5km/h,城市街道上的地点车速,随单位长度内障碍物数量的增加而降低,这些障碍物包括道路交叉口、铁路平交口、行人过街道等。

⑦路面

路面由低级到高级时,车速逐渐增加,路况不良引起车速降低比视距不足引起车速的降低更为严重。一般货车在高级路面直线上行驶,车速可达60~80km/h,在次高级路面上行驶可达40~60km/h,在中级路面上行驶仅达30~40km/h。

(4)交通条件对车速的影响

①交通量

大量的调查已确切地表明,当其他条件相同且不超过临界密度时,交通量和平均速度为线性关系。美国的资料表明,双车道道路双向总交通量约为2 000辆(小汽车)/h,分隔行驶的四车道每条车道1 000辆(小汽车)/h,临界密度车速为48km/h,且平均车速随交通量增加而降低。

②交通组成

当有多种车辆混合时,互相干扰使车速降低,当机动车与非机动车分开行驶或用分隔带分开时,车速增高。城市街道的三块板断面比一块板断面的汽车速度要高。在机动车流中重型车增加和拖挂车增加,则行车速度降低,小汽车多则车速提高。

③超车条件

在具有良好超车条件的情况下车速上升,当交通量增加使超车受到限制时,平均车速随运货汽车的增加而迅速地下降。因为车速较快的车辆如不能转移车道超过慢行车辆,就无法提高车速。

④交通管理

严格的管理、良好的秩序能显著提高车速。近年来,城市实行快慢分流、各行其道之后车速显著提高。如北京前三门大街实行色灯信号线控后,小汽车速度比线控前提高了9.5%,卡车速度提高了40%。

⑤交通环境的影响

车速同时间、气候、地理环境等有密切的关系,在通往卫星工业城的干道上或市际干道上受地形因素的影响较大。

7.1.3 交通密度特性

7.1.3.1 交通密度定义

交通密度特性是指一条车道上车辆的密集程度,即在某一瞬时内单位长度一条车道上的车辆数,又称车流密度,常以K表示,其单位为辆/km(如为多车道,则应除以车道数换算成单车道的车辆数然后再计算),于是有:

$$K = \frac{N}{L} \tag{7.1.23}$$

式中:K——车流密度,辆/km;
N——单车道路段内的车辆数,辆;
L——路段长度,km。

交通密度还可以用式(7.1.24)计算：

$$K = \frac{Q}{\overline{V_s}} \tag{7.1.24}$$

式中：Q——单车道上交通量，辆/h；
$\overline{V_s}$——区间平均速度，km/h。

交通量由零逐渐增大，接近或达到道路通行能力时的车流密度称为临界密度，相应车速称为临界速度。临界密度反映交通流量最大时的密度，故又称为最佳车流密度，当密度继续增大，导致所有车辆无法通行时，速度趋近于零，交通流量也趋近于零，此时的密度称为阻塞密度。

7.1.3.2 车头间距与车头时距

在同向行驶的一列车队中，相邻两辆车的车头之间的距离称为车头间距（或间隔）路段中所有车头间距的平均值称为平均车头间距（h_s）。如果用时间表示车头之间的间隔，则称为车头时距或时间车头间隔，以h_t表示。道路上车流的车头间距也反映交通密度，根据定义，车头间距h_s和密度之间的关系为：

$$h_s = \frac{1\ 000}{K} \tag{7.1.25}$$

式中：K——车辆密度，辆/km。

车头时距和交通量的关系：

$$h_t = \frac{3\ 600}{Q} \tag{7.1.26}$$

式中：Q——道路交通量，辆/h；
h_t——平均车头时距，s/辆。

车头时距h_t、车头间距h_s及速度V之间的关系为：

$$h_s = \frac{V}{3.6} h_t \tag{7.1.27}$$

式中：V——汽车行驶速度，km/h。

从车头时距公式可知，车头时距与交通量有关，使车辆安全行驶的最短车头时距，称为极限车头时距和临界车头时距，此时距一般采用2s。根据美国资料，最小车头时距的允许值：支路来车不停即右转驶入主干道最小车头时距为3.0s，支路停车而后再右转进入主干道，最小车头时距为4.5~8.0s、左转弯驶入则为3.75~4.75s。

7.1.3.3 交通密度资料的应用

道路上交通量较小时，车头间距较大，交通密度小，驾驶员可以自由选择行驶车速；当交通量增大时，车头间距缩小，密度加大，车辆行驶时相互制约。随着交通密度进一步增大，车辆拥挤，车速下降，驾驶自由度极小，车辆停停走走，直到车辆趋于停驶状态。因此从车流密度的大小可以判定交通拥挤情况，从而决定应采取何种管理措施。

研究交叉口信号灯的配时，高速道路监测控制系统设计和服务水平分级等均需要交通密度资料。德国将交通密度K作为划分快速干道服务水平的标准，将交通密度划分五个区：Ⅰ区K为0~10辆/km、Ⅱ区K为10~20辆/km、Ⅲ区K为20~30辆/km、Ⅳ区K为30~40辆/km、Ⅴ区K大于40辆/km。交通密度在Ⅰ~Ⅲ区范围内，车流稳定，超出此区则车流不稳，故Ⅲ区作为设计范围。美国对服务水平划分亦提出密度指标：对于高速公路，Ⅰ级K≤19辆/km、Ⅱ级K≤32辆/km、Ⅲ级K≤48辆/km、Ⅳ级K≤67辆/km、Ⅴ级K≤107辆/km。

7.2 交通流调查

交通调查是用客观的手段,测定道路交通流以及与其有关现象的数据,并进行分析,从而了解与掌握交通流的规律。交通调查的对象主要是交通流现象,而与交通流有关的诸如国民经济发展、经济结构、运输状况、城乡规划、道路等交通设施、交通环境、汽车的行驶特性、地形、气候、气象及其他安全设施和措施等均可做专项调查。主要调查有交通量、行车速度、密度、延误、OD调查、停车、行人、自行车调查、交通事故、交通环境调查等。本节主要介绍交通流三参数即交通量、速度、密度的调查。

7.2.1 交通量调查

7.2.1.1 调查目的

交通量调查是为了获得车和(或)人在街道或公路系统的选定点处运动情况的真实数据。交通量数据用一定时间内通过的车辆数表示,时间单位的长度根据调查目的和用途而定。

(1)年交通量(辆/a)的用途
①确定某一地区的年出行量。
②预估从道路使用者处获得的年收益。
③计算事故率。
④分析交通量的趋势,尤其是对收费道路设施。
(2)日平均交通量(ADT)或年平均日交通量(AADT)(辆/d)的用途
①衡量当前对道路设施的需求。
②评价现况交通流量与道路系统是否适应。
③开发主要道路或城市干道系统。
④确定需要增加新设施或改善现有设施的地方。
⑤拟定主要的道路改造计划。
(3)小时交通量(辆/h)的用途
①确定高峰的持续时间和高峰交通量的大小。
②估算通行能力尚缺多少。
③对道路和交叉口进行几何设计或重新设计。
④由小时交通量可以得到交通密度(辆/km)。
⑤为制定以下交通管理措施提供依据。
A. 设置交通标志、信号和标线。
B. 确定直通街道、单向交通街道、不平衡交通流和交通路线。
C. 禁止车辆停放、停靠和转向。
(4)短时流量的主要用途
短时流量(有 5min、6min、10min 或 15min 的短时流量),通常扩展为小时交通量。主要用于分析:
①最大流率。
②高峰小时内的流量变化。
③通行能力对交通流的限制。

④高峰交通量的特性。

7.2.1.2 调查分类

就某一具体的交通量调查而言,收集哪类数据,取决于调查资料的用途。

(1)不分流向调查

用于研究日交通量、绘制交通流量图、确定交通量趋势等。

(2)分流向调查

用于分析通行能力、确定信号灯配时、为实行交通管理措施提供依据、制定道路改造规划。

(3)转向调查或交叉口调查

用于交通渠化设计、制定禁止转向措施、计算通行能力、分析多发事故交叉口、评价交通拥挤等。

(4)分车种调查(获得交通流中各车种的交通量)

用于确定结构设计和几何设计标准、预估从道路使用者处获得的年收益、计算通行能力(受货运车辆影响的)、确定机械计数法的修正系数等。

(5)车辆占用调查

用于确定每车乘客数的分布、某一区域内的累计人数、使用运输设施的人所占的比例等。

(6)行人交通调查

用于估算步行道和人行横道的需求量,为设置行人过街信号灯提供依据,确定交通信号配时等。

(7)境界出入调查

在圈定的区域(中心商业区、工业区等)上进行交通量调查。用于统计在一定时间内进入和离开该区域的车辆或人员的数量,得到该调查区域内聚集的车辆或人员的总数。

(8)分隔查核线调查

在穿过分隔查核线的所有道路上进行的分车种交通量调查。用于确定交通趋势、扩充城市出行数据、进行交通分配等。

7.2.1.3 调查方法

选择交通量调查方法主要取决于所能获得的设备、经费和技术条件、调查的目的以及要求提供的资料情况等。

(1)人工计数法

人口调查法只要有一个或几个调查人员,即能在指定的路段或交叉口引道一侧进行调查,组织工作简单,调配人员和变动地点灵活,使用的工具除必备的计时器(手表或秒表)外,一般只需手动(机械或电子)计数器和其他记录用的记录板(夹)、纸和笔。

①调查所得资料

A. 分类车辆交通量。可以根据公路部门、城建部门或其他需要对车辆分类、选择和记录,分类可以很细,调查内容甚至可区分空载或重载、车辆轴数多少、各种不同的分类车辆数、公交车辆的各种分类(如公共汽车或无轨电车、大型车或小型车、载客情况、公交路线区别)等。

B. 车辆在某一行驶方向、某一车道(内侧或外侧、快车道或慢车道)上的交通量,以及双向总交通量。

C. 交叉口各入口引道上的交通量及每一入口引道各流向(左转、直行和右转)交通量,各出口引道交通量和交叉口总交通量。对于环形交叉口,还可调查各交织段的交通量。

D. 非机动车交通量和行人交通量。

E. 车辆排队长度及车辆的时间和空间占有率等。

F. 车辆所属车主(单位或个人),车辆所属地区(外省、外地区、本地),车辆所属部门或系统(公务车辆、运输企业车辆、社会车辆、特种车辆)。

G. 驾驶员和骑车人对交通管理和控制的遵守情况。

以上所述各种资料中,有不少资料目前是无法用机械计数或其他手段获得的。

② 人工计数法的优缺点和适用范围

人工计数法适用于任何地点、任何情况的交通量调查,机动灵活,易于掌握,精度较高(当调查人员经过培训,比较熟练,又具有良好的责任心时),资料整理也很方便。但是这种方法需要大量的人力,劳动强度大,冬夏季室外工作辛苦。对工作人员要事先进行业务培训,在现场要进行预演调查和巡回指导、检查。另外,如需做长期连续的交通量调查,需要较多的费用。一般适用于:

A. 转向交通量调查。

B. 分车种交通量调。

C. 车辆占用调查。

D. 行人、非机动车交通量调查。

(2) 浮动车法

此法系由英国道路研究试验所的华德鲁勃(Wardrop)和查尔斯沃思(Charlesworth)于1954年提出,可同时获得某一路段的交通量、行驶时间和行驶车速,是一种较好的交通综合调查方法。

① 调查方法

需要有一辆测试车,轻型客车或工具车最好,越野车或小汽车也可以,尽量不要使用警车等有特殊标志的车。

调查人员(除开车的驾驶员以外)需要一人记录与测试车对向开来的车辆数;一人记录与测试车同向行驶的车辆中,被测试车超越的车辆数和超越测试车的车辆数;一人报告和记录时间及行驶时间。行程距离应已知或由里程碑、地图读取,或自有关单位获取,如不得已则应亲自实地丈量。调查过程中,测试车一般需在调查路线往返行驶12~16次(即6~8个来回)。

② 调查数据计算

根据所调查观测的数据,可分别按下列公式计算:

测定方向上的交通量 q_c:

$$q_c = \frac{X_a + Y_c}{t_a + t_c} \tag{7.2.1}$$

式中:q_c——路段待测定方向上的交通量(单向),辆/min;

X_a——测试车逆测定方向行驶时,测试车对向行驶(即顺测定方向)的来车数,辆;

Y_c——测试车在待测定方向上行驶时,超越测试车的车辆数减去被测试车超越的车辆数(即相对测试车顺测定方向上的交通量),辆;

t_a——测试车逆待测定车流方向反向行驶时的行驶时间,min;

t_c——测试车顺待测定车流方向行驶时的行驶时间,min。

平均行程时间 $\bar{t}_c$:

$$\bar{t}_c = t_c - \frac{Y_c}{q_c} \tag{7.2.2}$$

式中:$\bar{t}_c$——测定路段的平均行程时间,min。

平均车速 $\bar{v}_c$:

$$\bar{v}_c = \frac{l}{\bar{t}_c} \times 60 \tag{7.2.3}$$

式中:$\bar{v}_c$——测定路段的平均车速(单向),km/h;

l——观测路段长度,km。

在利用以上各公式进行计算时,式中所用各数值(如 X_a、Y_c、t_a、t_c 等)一般都取用其算术平均值。如果分次计算 q_c、$\bar{t}_c$ 和 $\bar{v}_c$ 后再计算各次的平均值亦可,但计算比较麻烦。

(3)机械计数法

根据调查的要求,可以选择所需的自动机械计数装置,进行连续性调查,可以得到1天24h交通量、1月累计交通量、1年累计交通量等各种数据。这种装置可以节省大量人力,使用方便,可以同时进行范围广泛的调查,精度也较高,特别适用于长期连续性交通量调查。但是这类装置也存在着一些不足,如一次性投资大,使用率往往不太高,特别是对调查项目的适应性较差,它们大部分无法区分车辆类型、车辆分流流向,对于行人交通量和自行车(非机动车)交通量调查往往无能为力。

自动机械计数装置一般由车辆检测器(传感器)和计数器两部分组成,分为便携式和永久式(或半固定型)两种,前者适用于临时、短期的交通量调查,后者适用于固定或长期的交通量调查。如果在某特定地点,搜集资料的时间从1天到1个星期,则大多数情况下将采用便携式自动计数装置。在连续式观测站做长期调查,则往往采用固定式自动计数装置。

如果调查的资料可用机械方法得到,那么对于需要超过12h的连续长期调查,就应当考虑自动机械计数装置。这种形式的计数装置在只需要车辆数量资料时(不分车辆类型、方向、交叉口或车道转向行驶以及车道使用等)具有广泛的应用。在有些情况下,再辅以人工调查抽样,确定交通流的车种构成和转向比例等。

(4)录像法

目前,常利用录像机(摄像机、电影摄影机或照相机)作为高级的便携式记录设备。可以通过一定时间的连续图像给出定时间隔的或实际上连续的交通流详细资料。在工作时,要求设备升高到工作位置(或合适的建筑物),以便能观测到所需的范围,将摄制到的录像(影片或相片)重新放映或显示出来,按照一定的时间间隔以人工来统计交通量。用这种方法搜集交通量或其他资料数据的优点是现场人员较少,资料可长期反复应用,也比较直观。其缺点是费用比较高,整理资料花费人工多。因此,目前一般多用于研究工作的调查中。

对于交叉口交通状况的调查,往往可采用录像法。通常,将摄像机(或摄影机或时距照相机)安装在交叉口附近的某制高点上,镜头对准交叉口,按一定的时间间隔(30s、45s 或60s)自动拍摄一次或连续摄像。根据不同时间间隔情况下每一辆车在交叉口内其位置的变化情况,数出不同流向的交通量。这种方法的优点是能够获取一组连续时间序列的画面,只要适当选择摄影的间隔时间,就可以得到最完全的交通资料,对于如自行车和行人交通量、分车种分流向的机动车交通量、车辆通过交叉口的速度及延误时间损失、车头时距、信号配时、交通堵塞原因、各种行人与车辆冲突情况等,均能提出令人信服的证据,并且资料可以长期保存。其缺点是费用大,内业整理工作量大,需要做大量图像上的量距和计算,并且在有繁密树木或其他遮挡物时,调查比较困难或会引起较大误差。

7.2.1.4　调查时间

交通量调查的时间和持续的时长应根据所要收集的数据类型及其用途而定。

(1)较常用的一些调查时间。

①24h 交通量调查

一般取星期一中午至星期五中午之间任何一个连续 24h 进行观测(通常星期一上午和星期五下午的交通状况不同于正常时间)。如果希望调查特定的某一天(如星期日或星期三)的交通量,则应从当日零时至 24 时进行观测。

②16h 交通量调查

通常从上午 6 时至下午 10 时。其间包括了含有晚间交通在内的大部分的交通量。

③12h 交通量调查

通常从上午 7 时至下午 7 时。其间包括了大部分的白天交通量,尤其对于商业区域或工业区。当在夜间也营业的购物中心或商业区进行这种调查时,通常将调查时间延长到下午 9 时以后。

④高峰交通量调查

调查时间视城市规模、与主要交通源(如中心商业区或工业区)的距离和交通设施的类型(高速公路、辐射干道等)而异。通常为上午 7—9 时和下午 4—6 时。

⑤周末交通量调查

从星期五中午(或最晚从下午 6 时)开始至星期一中午(或最早至上午 6 时)结束。

(2)除非调查目的旨在获得非正常情况的交通量数据,交通量调查应避开下面列举的特殊情况:

①特殊活动(节假日、体育比赛、演唱会等)。

②异常的气候条件。

③由于临时封闭道路而影响交通量模式的情况。

④运输行业罢工的情况。

(3)为了消除季节或其他因素对交通量的影响,得到一般情况下的交通量的真实估值或将某一次调查数据扩展为较长期间的交通量的近似值,必须用一些修正系数调整观测数据。这些系数借助于永久性观测站或靠已有的调查方案来确定。许多由专门调查得到的短时交通量都能用来作为原始数据。

7.2.1.5　交通调查实施

在进行交通量调查前,首先应根据调查目的和要求,制订调查计划,对调查工作的内容、方法、所需要的条件等进行系统周密的准备、选择和部署,使调查工作取得预期的成果。

交通调查实施的程序,一般包括:

(1)接受交通量调查任务,明确调查目的,确定应提交的成果内容。

(2)拟定交通量调查方案。

(3)确定具体调查内容、日期、时间、地点、方法、所需仪器等与实施调查有关的细节。

(4)组织人力、开展交通量调查。

(5)汇总、整理资料。

(6)对所获得数据进行归纳分析。

7.2.1.6 交叉口交通量调查

(1)交叉口的流向流量调查

交叉口是交通量调查的重点对象。交叉口的交通量资料主要用于交叉口通行能力设计和为交叉口管理控制提供依据。与路段相比,交叉口的交通状况非常复杂,因此,交叉口的交通量调查一般采用人工观测法进行观测,另外,交叉口附近的车辆检测器采集到的数据也可以利用。对交叉口交通量进行人工观测时,每个交叉口的进口至少需要一个观测人员,当交通量较大时,为了保证精度,每个路口最好安排三个以上的观测人员,分别观测直行和左转、右转车流,必要时甚至对不同车型也应分别观测。

这类观测应选择在高峰小时车流、人流最大的时刻进行。当机动车高峰、自行车高峰和行人高峰不重合时,可分别测定,找出它们之间的关系及其合成量最大的数值。

为了控制观测的精度和便于检查,可以采用同时观测各路的进口车辆数和出口的车辆数并进行比较,其误差以不超过5%为合格。要使观测的数据较为可靠,必须有一套检验的办法,对于原始资料一定要确实可靠,不能有含糊的数据。

(2)交叉口各观测点的布置

对于正常的十字交叉、T形交叉或道路断面的交通量观测,可用常规的方法进行,要求能定数量、定方向、定车型、定时段。

对于大型的环形交叉口,大于四路相交的多路交叉口及畸形交叉口,必须单独制定观测方案。如范围不太大的环形交叉口,其观测方案与十字交叉口略有不同,除在各相交道路进口道上设置测点并统计该断面人、车辆总数及右转车辆数外,还需在环道上设置四个观测断面,统计经过各断面的车辆数。根据以上所测数据即可计算出各进口道直行、左转的车辆数。测站布置如图 7.2.1 所示,图上的数字代表测点编号。

对于多路相交的交叉口或畸形交叉口,按照正常的观测方法一般难以测得车辆流向,因此最好用牌照法测定各进口道进入交叉口的车型及牌照号码,然后编制程序,用计算机算出各种车型的车辆通往各方向的流量。

确定各观测点的观测方案是一项十分仔细的工作,必须根据观测点的道路条件、交通情况确定观测断面及观测人员数,稍有疏忽,就会影响观测质量。

(3)交叉口交通量的表示法

各项调查所获得的交通资料,经过整理和数学处理,可列成

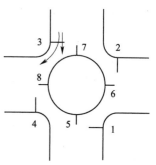

图 7.2.1 环形交叉口测点

总表,有时为了分析比较和一目了然,也绘成曲线图或柱状图(直方图)。这些图的绘法基本上与路段交通量调查的方法相同,可以参考使用。对于交叉口交通调查的结果多用流向流量图来表示,图 7.2.2 为分车种(小汽车、公共汽车、载货汽车和自行车以及行人)的流向流量示意图。

7.2.2 车速调查

车速调查分地点车速调查和区间车速(行程车速)调查两种。地点车速是交叉口交通设计的重要参数、是确定道路车速限制的依据。区间车速是评价道路服务水平的主要指标、是路线改善设计的依据、是衡量车辆运营经济性(时间和车辆耗油)的重要参数,也是确定交通

管理措施及联动交通信号配时的重要依据。

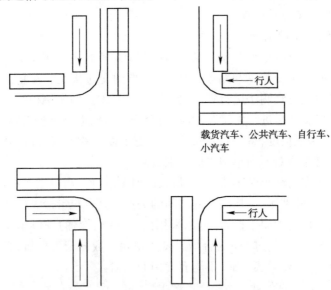

图7.2.2 交叉口交通流向流量示意图

7.2.2.1 地点车速调查

(1)观测地点的选择

地点车速是汽车通过某个地点的瞬间速度。因此,观测地点应选择在交叉口之间、地形平直、间距较大而又无干扰的路段,一般是无公共汽车站或临时停车站等侧旁停车影响,也不受行人过街道、支路出入口车辆和行人横向干扰影响的路段。

对于某些拟测的特定地点,如交通事故频发地点、拟限制行车速度地段、准备设置交通信号与交通标志地点的车速调查,可不受上述限制而于该处设站观测。对交通运营有重要影响而进行前后车速对比调查的地段和固定观测收集基本数据的地段,均应选择有代表性的地点进行观测。

为了观测正常车速,减少观测者与观测设备对行驶车速产生的影响,车速调查地点应选在较隐蔽处,尽可能不被行近车辆的驾驶员发觉,避免行人围观与干扰,使观测记录能反映真实情况。总之,观测地点的选择应服从于观测的目的,以取得实际正常车速为目标。

(2)调查时间的选择

通常,地点车速的调查应选择天气良好、交通和道路状况正常的日期进行,严寒、酷暑、大风雪等恶劣天气不宜进行观测。当有特殊需要时,才观测此特殊条件下的车速。

调查时间决定于调查的目的和用途,调查车速限制、收集基础资料等一般性的调查,应选择非高峰时段,国外常选用下列三个时段中一个小时:

①9:00—17:30。

②14:30—16:00。

③19:00—21:00。

究竟选择哪一个小时去调查,要视具体情况而定,应以反映正常情况、有充分代表性为原则。如做长期观测或对比调查,应尽可能使先后调查的交通状况保持大致相似的条件为宜。

(3)样本大小的选择

通常任一样本中,至少应测定50辆(最好为100辆以上)汽车的速度。交通量较低(高峰小时少于200辆或更少)时,观测员有可能测得其中90%或更多车辆的车速。交通量较大时,就不可能将每辆车的速度都测量下来,因而需要选择,即进行抽样。为了不致产生偏见,观测人员应从车流中进行随机取样。为减少偏见,应避免如下所述的一些常见错误做法:

①总是选择车队中的第一辆汽车

由于跟随的车辆速度至少同带头的车辆一样,甚至可能快些,但为头车所压,后车只好跟进,总是测头车就会使所得车速偏低,故应选单辆车或车队中不同位置上的车辆。

②选择某一车种的比例过大

某一车种的速度,不能代表样本的其余车辆,应调查实际存在于车流中的各车种的比例,并按此比例选择样本进行测定,争取反映实际状况。

③选取高速车辆比例大

未经训练或初次参与此项工作的观测者,常常会无视正常速度的车辆,而去寻找个别高速行驶的车辆,或测定所有较高速度的车辆,这样就会使观测结果高于实际车速,从而使观测资料失真。

(4)地点车速的测量方法

地点车速可采用人工量测和自动量测的方法来收集。这些方法的选择取决于可得到的仪器设备、人员和费用等。在人工量测方法中,单独车辆的地点车速是采用车辆经过一定长度路段的时间来测定的,只需要一些简单的设备,但误差较大,精度不高。机械量测需要一定的仪器设备,但误差小,精度高。其具体方法分述如下:

①人工量测方法

A. 在观测地点划线量测

首先,量测地点车速的路段长度,应根据交通流平均速度按表7.2.1所示速度的范围选用。一般要求选择的长度使得记录时间最小不少于1.5s,而计时平均值应在2~2.5s范围内。为了便于计算,其长度可在表7.2.1范围内取0.27778m(1/3.6m)的n倍,通过该量测路段的运行时间为t,则其地点车速可按n/t来计算,单位为km/h。

地点车速调查的测量长度建议值 表7.2.1

交通流平均速度(km/h)	选定测量路段长度(m)	变单位m/s为km/h的系数
<40	27.8	1.00
40~65	54	2.00
>65	83.1	3.00

该方法的具体布置,见图7.2.3。具体做法是,在选定的量测长度两端设置两个参考标记(可用色漆划横线或用行道树,布置参考标记时,要求能使观测员清晰地看到),然后观测员站在量测路段的末端,当车辆前轮经过前参考线时,观测员立即开动秒表;当车辆前轮经过路段末端的参考线时,观测员立即停止秒表。那么,地点车速$v = L/t$

图7.2.3 划线测定地点车速分布图

(m/s)，如果 L 取 0.277 78 的 n 倍，则 $v=n/t$(km/h)。

这种方法的显著缺点是，由于视差的影响而容易造成误差。为此，在观测时可采用特制的 L 形视车镜(或反射镜)来消除由视差而引起的误差。

B. 用反射镜观测

这种方法的具体布置，见图 7.2.4。在路线长度的始端或末端设置 L 形视车镜(或反射镜)，其量测路段长度值的选用和地点车速的计算式同划线量测法。

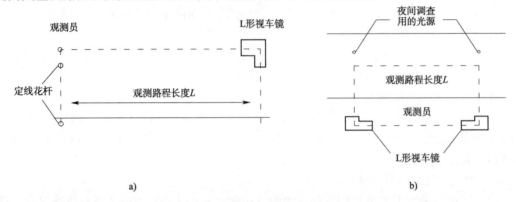

图 7.2.4 用反射镜测定地点车速布置图

②自动量测方法

A. 道路检测器法

这种方法通常是在道路一固定距离间隔的每端横越车道各设置一根充气橡皮管，当车辆通过第一根管子上面时，压到管子的瞬时产生了空气冲击波，从而触发了计时装置开始计时；当车辆的该轮通过第二根管子时，计时装置就自动停止。计时的数据可由观测员读记，也可借用自动数据记录器记下。由于距离 L 是已知的，记录下通过时间 t，则 $v=L/t$(m/s)或 $v=n/t$(km/h)。如果有双向车流，为了量测另一行驶方向的车辆，可安装一个调换开始和停止计时方向的装置。

B. 雷达速度计法

这是向车辆发射微波，根据其反射波的多普勒效应测定车速的方法。即用标定过的雷达仪瞄准运行的车辆，按与车辆行驶线约 20°的夹角发射高频微波，并接受从车辆反射回来的波，根据发射波与反射波频率变化与行车速度成正比的关系来测定行车速度。雷达速度计一般是安排在靠近车辆边缘约 1m 的地方，按与车辆行驶线约 20°发射微波，并从行驶车辆正面接收其反射波，否则，就很难取得准确的数据。所以在交通繁忙的路段，要鉴别所有车辆的速度是困难的。一般在交通量大于 500 辆/h 的双向道路上就无法有效地工作。

C. 用光电管方法

此法如图 7.2.5a)所示，将光源放在路侧的 A、B 两点，将光电管放在道路另一侧，分别接收由 A、B 两点来的光束。车辆通过时就会遮断光束，使接通的继电器移动电笔，在滚动纸上记下符号，如果从 A、B 两点记入的符号能平行于同一滚动纸上，如图 7.2.6b)所示，则通过 A 点的第一辆车在 A 线上记下 a_1，第二辆车记下 a_2，直至 n 辆车 a_n；通过 B 点也同样在 B 线上同样记下 b_1、b_2、…、b_n。于是，如果已知从 a_1 向 B 线的投影 a_1' 到 b_1 的长度 l，那么就可以知道从 A 到 B 所需的时间，而 A、B 的距离为已知，所以即可求得车速。某一车辆的记录应为 a_3b_3、a_4b_4，在有超车现象时，就容易在整理记录时错误地定为 a_3b_4 和 a_4b_3，因此，观测员在整理与观测时要注意超车情况。

D. 摄影量测法

在非常拥挤的城市街道上,可借助摄影机拍摄照片,并从照片上精确地分析时间与距离的关系,从而得到地点车速。这种观测方法本身比较简单,但观测后的整理工作时耗长,花费较大。然而,由于用照片可以将交通实际情况记录保存下来,并能消除观测时的误差,而且还能用于其他交通现象的分析,因此,也是一个较好的综合调查方法。摄影量测法根据选用的机型与拍摄方式,大致可分为电影摄影法、间断摄影法和航空摄影法。

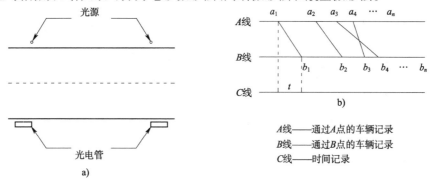

图 7.2.5 用光电管测地点车速

7.2.2.2 行驶速度与区间速度调查

行驶速度是指车辆行驶在某一区间时的运行车速,它等于区间距离除以在该区间运行所需要的时间(不包括停车时间)。

区间车速指的是车辆行驶在某一区间时根据道路交通状况而确定的综合车速,是用区间距离除以车辆行驶在该区间的总时间(包括停车时间)求得的。区间车速与行驶车速的区别在于停车时间,两者调查方法一样,只是前者需计入停车时间。

行驶车速和区间车速两者都是研究整条路线的畅通程度与发生延误的原因、分析整条道路通行能力的重要资料。若道路交通条件允许各个车辆自由选择行车速度时,则区间车速接近行驶车速。但是,由于路上有交叉口、停车和公交车辆停靠站的影响,区间车速与行驶车速一般总是相差较大。

行驶车速和区间车速都是通过测量车辆通过已知长度道路的行驶时间或行程时间来获得。通常要求拟调查路线的长度大于 1.5km。观测时间取决于调查目的,可选在高峰时段,也可选在非高峰时段。我国在公路上进行车速调查,选用路段长度为 30km 左右。

量测行驶时间和行程时间的方法很多,下面介绍常用的三种。

(1) 牌照法

在调查路段的起点、终点各设调查员 4~6 人,按上下行分为两组观测。当只需一个方向的资料时,起终点各需 2~3 人。一人读通过该点的汽车车牌号码的末三位数及车型,一人读通过该点的时间,一人记录。当交通量很小时,记录者可同时看表。如果交通量很大,则可以只记录末位数为特定数值的车牌号,例如 0 与 5(抽查 20%),或只读 0(抽查 10%)的车牌号。观测完后,将起终点同一车牌号码对起来,算出行驶时间,根据起终点之间的距离,算出车速。如能有 50 组数据,则可取得很准确的资料。

对于中途交叉口较多,有较大出入口或中途停车、存车多的区间,应当避免使用这种调查方法。这是因为,牌照法不能记录延误时间,只能测量通过起终点的时间,在这种情况下,无法分清总时间是行驶时间还是行程时间。

观测时要求起终点秒表必须同步,并且观测期间不得停表。若希望获得50组数据,则观测的车辆数必须大于50,据经验,回收率能保证80%即为不易。牌照法的另一个缺点是数据整理工作量较大,因此不是很理想的方法。

(2)流动车法

测定方法及要求与调查交通量时的浮动车法完全相同。即在已知区间内做往复行驶调查,并记录通过区间的时间、对面车道来车数及本车道超车与被超车数量。平均行程时间用式(7.2.2)计算,平均行驶速度用式(7.2.3)计算。

(3)跟车法

用图纸等方法量测路段全长及各交叉口间及特殊地点(如道路断面宽度变化点)间的长度,并在实地上做好标记。测速时,测试车辆必须跟踪道路上的车队行驶。车上需要两名观测人员,一人观测沿线交通情况,并用秒表读出经过各标记的时间、沿线停车时间及停车原因,另一人记录。

这种方法的主要优点是能量测全程各路段间的行程车速、行驶车速、停车延误时间及原因,便于综合分析与车速有关的因素;所需的观测人员少,劳动强度低,适用于交通量大、交叉口多的城市道路上。

缺点是测量次数受行程时间的影响,次数不可能很多,一般只能往返6~8次,有时还要受偶然因素的影响。当交通量大时,测量数据能代表道路上的实际行车速度,但当交通量小时,试验车较难跟踪到有代表性的车辆,所测车速受到试验车性能及驾驶员行车习惯的影响。

(4)基于GPS的车速调查法

在某一条待测道路上,将n辆试验车装上GPS,令试验车在道路上行驶。计算机终端时刻记录每辆车运行状态,根据记录可以算出每辆车的运行速度。

7.2.3 交通密度调查

交通密度调查的方法主要有出入量法和摄影法两种。摄影法又可分地面上(高处)摄影法和航空摄影观测法。

7.2.3.1 出入量法

所谓出入量法,是一种为了测定道路上两断面间无出入交通的路段内现有车辆数,以便计算该路段交通密度的方法。

(1)出入量法的基本原理

在某道路上选择A、B及两点间的路段为观测路段,车流从A驶向B(图7.2.6a)。观测开始($t=t_0$)时,AB路段内存在的初始车辆数为,t时刻内从A处驶入的车辆数为$Q_A(t)$,从B处驶出的车辆数为$Q_B(t)$,则t时刻AB路段内存在的现有车辆数应为初始车辆数与t时刻内AB路段的车辆数改变量之和,即$Q_A + E(t_0)$:

$$E(t) = E(t_0) + (Q_A(t) - Q_B(t)) = Q_A(t) + E(t_0) - Q_B(t) \tag{7.2.4}$$

t时刻AB路段内的交通密度为:

$$K(t) = \frac{E(t)}{L_{AB}} \tag{7.2.5}$$

式中:$E(t)$——t时刻AB路段内存在的现有车辆数;

$Q_A(t)$——从观测开始($t=t_0$)到t时刻内从A处驶入的累计车辆数;

$Q_B(t)$——从观测开始($t=t_0$)到t时刻内从B处驶出的累计车辆数；
$E(t_0)$——从观测开始($t=t_0$)时，AB路段存在的初始车辆数；
L_{AB}——AB路段长度，km。

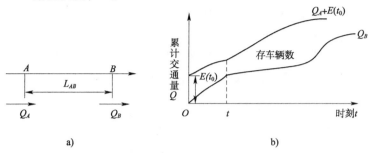

图 7.2.6 A、B路段的存车辆数与A、B点累计交通量的关系

从式(7.2.4)可知，只要知道AB路段内的初始车辆数和t时刻内路段车辆数的改变量，就可计算得到t时刻AB路段的现有车辆数(图7.2.6b)。从而由式(7.2.5)可计算得到t时刻该路段的交通密度。

初始车辆数$E(t_0)$的求法：

求初始车辆数$E(t_0)$的方法有试验车法、车牌号码法、照相观测法等。这里介绍一种最简易的方法即试验车法。

参见图7.2.7a)，设试验车在观测开始($t=t_0$)时从A驶向B，t_1时刻到达B。从$t_0 \sim t_1$时刻，通过B处的车辆数为q。若试验车在行驶期间没有超越别的车，也没有被别的车超越时，则q就是t_0时刻AB路段内的初始车辆数；如果试验车在行驶期间存在超车和被超车的现象时，则观测开始($t=t_0$)时在AB路段内的初始车辆数应为：

$$E(t_0) = q + a - b \tag{7.2.6}$$

式中：q——从$t_0 \sim t_1$时刻通过B处的车辆数；

a——被试验车超越的车辆数；

b——超越试验车的车辆数。

(2)测定方法

用出入量法测定交通密度，适用于高速公路上立交之间无出入交通的路段。由于实测密度均方差为实测时段和区间长度的减函数，为了保证有足够的精度，调查时选用路段的长度尽量大于800m，时段延续5min以上。

在测定路段的两端设置车辆情况示波器或动态录像机，从开始时刻(t_0)开始，测定通过这两端的车辆数，同时还要测定试验车在测定路段内的超车和被超车的车辆数。为了记取试验车通过AB路段两端的时刻，必须在试验车上标以特殊的记号。此时，若使用车辆情况示波器进行测定，当试验车通过两端时，要按动显示器把具有特殊记号的试验车记录在记录纸上；若使用动态录像机，也要对准试验车的记号摄影，以便整理资料时记取那个时刻。

(3)出入量法的优缺点

用出入量法测定路段交通密度的优点是方法简便，无须很多设备，适用于各种交通状况，既能保证精度又实用有效。

出入量法的缺点是，通过A、B两端车辆数的测量误差随时间而累加。为了防止误差的累加，除应增加试验车的观测次数外，要把试验车每次经过A端的时刻都作为开始时刻(t_0)，且该时刻AB路段内的现有车辆都作为每次的初始车辆数值。

7.2.3.2 地面上(高处)摄影观测法

(1)测定方法

航空拍摄观测要利用固定翼机(直升机)从空中向下拍摄。通常是用16mm的动态录像机在高处进行摄影。多用具有低速且在某种程度上能停在空中的旋转翼机,一般要求在1 000～1 500m高空中能停留30min。

进行航测时,一般都用测量用航空照相机。因为不要求像测量那样有太高的精度要求,所以这种相机的拍摄效果已经满足交通调查的需要。航空摄影的缩小比例尺一般可按式(7.2.7)求得:

$$投影缩小比例尺 = \frac{透镜的焦距}{投影高度(飞行高度)} \qquad (7.2.7)$$

如果比例尺与透镜焦距已知,则可根据上式求得摄影高度。

调查目的不同,使用的比例尺也不同,但考虑到放大照片的限制,一般取 1/10 000～1/12 000。

(2)交通密度的计算与分析

在摄影后的胶卷或是照片上读取观测路段内存在的车辆数后,可用式(7.2.4)求得平均交通密度。但是,采用航测方法时,其目的一般不仅限于观测交通密度,可同时对各种交通现象进行调查。

(3)航测法的优缺点

使用航空摄影观测法测定路段交通密度最为适宜,同时它也是能得到准确数值的唯一方法。航测法不适宜长时间观测。这不仅是因为航空摄影费用大,而且直升机在空中飞行时间有限,航空摄像机一次拍摄的胶卷张数也受到限制。另外,航测观测不到诸如隧道、路桥、跨线桥下建筑物的车辆。遇到这些场合,只能结合其他方法进行调查。

7.2.3.3 道路占有率的监测和调查

空间占有率为在一瞬间测得已知路段上所有车辆占用的长度占路段长度的百分比,即

$$R_s = \frac{\sum_{i=1}^{n} L_i}{L} \times 100\% \qquad (7.2.8)$$

式中:R_s——空间占有率,%;

L_i——第i辆车的长度,m;

L——观测路段总长度,m;

n——该路段内的车辆数,辆。

如果事先已获得各车型的车长资料时,根据密度调查现场统计的分车型交通量资料就可按式(7.2.8)计算空间占有率。如果事先没有各车型的车长资料,要在现场直接量测车长是很困难的,一般是在现场测定车辆的占用时间,按式(7.2.9)计算时间占有率:

$$R_t = \frac{\sum_{i=1}^{n} t_i}{t} \times 100\% \qquad (7.2.9)$$

式中:R_t——时间占有率,%;

t_i——第i辆车的占用时间,s;

t——总观测时间,s;

n——观测时间内通过的车辆数,辆。

车辆的占用时间是利用现场检测器(感应线圈、磁力计或超声波仪等)测定的。当车辆在检测器的有效地带范围内时,检测器就能保持接通状态,通过计时装置就可测计出车辆通过检测器的延续时间 t_i,然后用式(7.2.9)计算时间占有率。

如果在测计车辆占用时间的同时,测计车辆的地点车速 v_i,计算地点车速的平均值,即时间平均车速 v_t。车辆的占用时间 t_i 与该辆车的地点车速 v_i 的乘积为该辆车的占用长度 L_i。总观测时间 t 与总观测时间内所有车辆地点车速的平均值即时间平均车速 v_t 的乘积,为所有车辆占有长度之和 $\sum_{i=1}^{n}L_i$,可代入式(7.2.9)求得车辆的空间占有率 R_s。

7.2.4 现代交通流数据采集技术

随着交通科技的发展,人们研制出了各种交通流数据自动采集设备和技术,广泛应用于交通流参数的获取中。动态交通流数据自动采集技术可根据交通检测器的工作地点不同划分为固定型采集技术和移动型采集技术等。一般来说,固定采集技术可提供地点交通参数数据,移动型采集技术可提供路段交通参数数据。

固定型采集技术包括磁频检测器、波频检测器和视频检测器三类,其中磁频检测器包括感应线圈检测器、磁力计、磁力传感器;波频检测器有微波传感器、主动式红外线、被动式红外线、超声波、声学;视频检测器主要为视频图像处理器。

感应线圈检测器由埋在路面下的线圈和能够测量该线圈电感变化的电子设备组成,对通过线圈或存在于线圈上的车辆引起的电磁感应变化进行处理而达到检测的目的。

磁力传感器的工作原理是当车辆接近磁力传感器的探测区域时候,探测区域的磁力线受到挤压,当车辆将要通过探测区域时,磁力线沿中心辐合;当车辆正在通过探测区域时,磁力线沿中心辐散。在出现车辆正在检测的模式下,车辆出现造成的电压被一直保持着,高于预设的阈值,直到车辆离开探测区域为止。

微波传感器安装在单车道道路的正对路中央的半空中,以测量驶来或离去车流的交通参数,还可在路旁安装以测量多条车道上的交通流参数。当车辆从雷达覆盖区域穿过时,雷达波束由车辆反射回雷达天线,然后进入接收器,通过接收器完成车辆检测并计算出流量、速度及车身长度等数据。

主动式红外线检测器通常安装在车流上方以观测驶来或者离去的交通流,也可安装于路旁。发射低能红外线照射探测区域,并经车辆反射或散射返回传感器。

被动式红外线本身不发射红外线,而是接收来自两个来源的红外线,传感器监测范围内的车辆、路面以及其他物体自身散发的红外线和它们反射的来自太阳的红外线。

超声波检测器通常在高架安装俯视车流,或路旁安装侧视车流。探测区域由超声波发射器的波幅决定,通过测量由路面或车辆表面反射的脉冲超声波的波形,可确定由传感器到路面或车辆表面的距离。路上有车和路上无车时的传感器所测信号有差别,可借此确定车辆的出现。

声学检测器主要探测来自车辆内部和车辆轮胎与地面接触的声音,来测量车辆通过、车辆出现以及车速等交通参数。当车辆通过探测区域时,信号处理算法感知到声音能量的提高,并产生车辆出现信号。当车辆离开探测区域时,声音能量减少,低于传感器检测阈值时,车辆出现信号消失。视频图像处理器结合视频图像和模式识别的技术。通过闭路电视和数字化技术分析交通数据,在很短的时间内,由半导体电荷耦合器件摄像机连续摄得两幅图像,而这种图像本身就是数字图像,很容易对两幅图像的全部或部分区域进行比较,如差异超过一定的阈值,则说明有运动车辆。

移动采集技术包括基于 GPS 的动态交通数据采集技术、基于移动电子标签的动态交通数据采集技术、基于汽车牌照自动判别的动态交通数据采集技术三类。

基于 GPS 的动态交通数据采集技术,是由在车辆上配备 GPS 接收装置,以一定的采样间隔记录车辆的三维位置坐标和时间数据,这些数据传入计算机后与地理信息系统的电子地图相结合,经过重叠分析计算出车辆的瞬时车速及其通过特定路段的行程时间和平均行程速度。这种数据采集技术的数据检测连续性强,可以在全天候条件下工作,可提供大量交通管理信息;但是需要足够多的装有 GPS 的车辆运行在道路网中,检测数据通信容易受到电磁干扰。在城市中的检测精度与 GPS 的定位精度有很大关系,可直接检测到的数据有交通流量和瞬时车速等。

基于移动电子标签的动态交通数据采集技术,是在每个路段的特定位置设置信标,通过比较同一个电子标签通过相邻两个信标的时间,即可确定该车辆在该路段上的行程时间和行程速度,若在给定的时段有多辆车经过该路段,还可以得到该路段的平均行程时间和平均行程速度。这种数据采集技术的数据检测连续性强,可在全天候条件下工作,可以提供自动收费功能;但是车辆必须安装有电子标签,必须有足够的车辆安装有电子标签,必须有良好的滤波算法,消除个别车辆运行故障引发的数据误差,而且只能直接测量交通流量。

基于汽车牌照自动判别的动态交通数据采集技术,能够识别车辆牌照的数字、英文字母、中文汉字及其颜色。车辆通过两个相邻的检测点对同一辆车的车牌进行判别分析,可以获得车辆的行程时间等参数,若在给定时段有多辆车经过特定路段,还可以得到该路段的平均行程时间等参数。这种数据采集技术的数据检测连续性强,也可在全天候条件下工作,车辆不需安装其他设施,可以检测全路网所有车辆的信息,但是检测精度受天气和光源影响较大,检测精度受汽车牌照的清晰度影响,只能直接测量到交通流量。

7.3 交通流数据预处理

随着交通科技发展水平的提高,我国一些城市的快速路、主干路或车辆上安装了越来越多的交通流数据自动获取装置,获得海量的交通流数据已成为现实,为道路交通流预测提供了数据基础保障。从实际道路交通系统中采集动态数据,由于交通传感器硬件故障、噪声干扰和通信故障往往易引发异常数据和丢失数据,所以必须对异常数据和丢失数据进行处理。为了更有效地分析交通流数据的规律,保证建立的模型预测结果更为精确,针对交通流检测设备所采集到的数据可能出现的问题,有必要对数据进行预处理,对交通流数据故障进行识别和修复。为下一步交通流数据分析提供合理的数据来源,才能保证最终交通流预测的效果。

这样的数据分析包含两方面。一是直观判断,每个数据都有其内在的规律和交通特点,反映在数值上就是数据有正常、合理的变化范围,根据实际经验,可直观地判断出数据是否正常,对于明显异常的数据就需要进行处理或用相应的数学方法找到一个替代值,如数据预处理过程。二是交通运行状态分析,根据交通理论对现有数据序列进行相应的判断和必要的解释,比如交通量变化趋势、速度波动情况等,从而发现交通流数据自身规律或者异常现象,这也是保证正确预测的有效手段。

本节介绍一些常用的数据预处理方法。

7.3.1 数据融合

所谓"数据融合",也称为"信息融合",是对多个传感器和信息源所提供的关于某一环境特征的不同格式、不完整信息加以综合,以形成相同格式、相对完整一致的感知描述,从而实现更加准确的识别和判断功能。数据融合的基本原理和出发点是充分利用多个信息源,通过对这些信息源及其提供的信息的合理支配和使用,把多个信息源在空间或时间上的冗余或互补信息依据某种准则进行组合,以获得被测对象的一致性解释或描述,使该信息系统由此获得比它的各组成部分自身所构成的系统更优越的性能。信息融合技术的作用体现在以下几方面。

7.3.1.1 可以提高信息的可信度

利用多种传感器能够更加准确地获得环境目标的某一特征或一组相关特征,使整个系统所获得的综合信息具有更高的精度及可靠性。

7.3.1.2 增加目标特征矢量的维数

各传感器性能相互补充,收集到的信息中增加了不相关特征,整个系统可获得任何单一传感器不能获得的独立特征信息,使多个传感器系统不易受到自然现象的破坏或有意干扰和迷惑。

7.3.1.3 减少获取信息的代价

与传统的单一传感器系统相比,相同时间内能获得更多的信息,特别是在测量高速运动目标时更是如此,从而减少获得同样多的信息的代价。

7.3.1.4 信息获取时间短,处理速度快

传感器信息采用了并行处理,各单独传感器可简化其处理步骤。加之计算机技术在数据融合中的应用,许多需压缩的原始数据可直接作为数据融合系统中的输入,通过多组数据的相互关联,可最大限度地利用其信息,缩短系统信息处理的总时间。

7.3.1.5 提高系统容错能力

多传感器所采用的信息具有冗余性。当系统中一个或多个传感器故障时,尽管某些信息量少,但仍然可由其他传感器获得,故数据融合会使系统在利用信息时具有好的容错性能。

数据融合本身不是目的,而是某个控制系统或指挥控制系统的一个基本阶段,因此数据融合可直接用于控制或支持态势评定和决策过程。由于单个交通检测器获取数据的局限性,无法全面掌握整个路网的交通流信息,且有必要提高智能交通系统中多个子系统之间(中心与中心之间)数据交换以及中心与设备之间数据交换的效率,因此,通过数据融合技术在交通运输领域中的应用,可实现数据融合的远程控制和管理,提高整个交通运输管理系统的运营效率。交通流数据融合是整个交通流数据处理过程中的一个核心组件,它是通过对不同传感器数据的综合处理,以得到比任何单个数据源更全面、更准确的交通流状况的信息。

交通信息融合的原理如图 7.3.1 所示,被测对象的交通特征经多个传感器检测并通过输入接口转换为可由计算机处理的数字信号。经过预处理阶段,将数据采集过程中各种干扰和噪声滤除,根据所需提取的特征信号进行数据融合,做特征提取并输出最终结果。

现阶段,智能交通信息采集设备主要是各种交通流参数检测器,包括线圈检测器、超声波检测器、红外检测器、微波传感器、视频检测器和浮动车等,各种检测器能够检测到的交通

流参数种类和格式均不相同,各有优缺点。使用多个或多种传感器进行组合,完成信息采集任务,保证信息系统得到的交通信息是及时的、准确的和可靠的。应用信息融合技术,可以使各种交通状态信息得到更好的解释和利用。

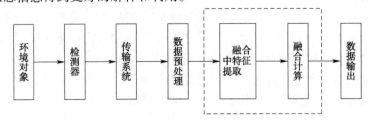

图 7.3.1 数据融合原理

7.3.2 交通流数据故障的识别

通过对动态交通流数据的采集和传输过程分析可知,交通流数据故障多数是由于交通检测器失灵或传输线路出现故障而引起的,将其分为两类,丢失数据和错误数据。

7.3.2.1 丢失数据的识别

固定型交通检测器都是按照一定的时间间隔采集数据的,但是在实际情况中,交通检测器扫描频率不固定、传输线路出现故障、车辆过度密集,造成交通检测器无法正确检测车辆等多种原因,会使得采集到的交通流数据无法严格地按照指定的时间间隔上传,经常会出现某个时段或连续几个时段内数据丢失。

为实现对丢失数据的识别,通常把一定时间内得到的数据定义成某一时段的数据,比如采集数据的时间间隔为 2min,则在 8:00—8:02 之间得到的数据视为 8:02 这一时刻的数据,然后对数据的采集时刻进行扫描和判断。如果在某一时刻没有数据,或者一个时刻有多于一组的数据,则认为该时刻存在问题,需要进行补充或者修复处理。

7.3.2.2 错误数据的识别

当交通检测器或者传输线路出现故障时,采集到的数据通常是错误的,不能反映真实的交通状况。错误数据的处理方法有两种,一种是剔除。适用于可以得到大量实测数据且有少量错误数据的情况。当错误数据较多时,完全剔除错误数据会导致可用的数据过少,无法准确描述交通流特征,对交通模型的运行效果造成影响。另一种是进行修复,将数据处理成没有偶然因素影响的、本应该表现出的数值或其近似值。在处理错误数据的时候通常采用阈值法。阈值法用于去除比较明显的错误,比如错误数据的数值通常表现为零或者超过可能出现的最大值,认为数值不在此范围内的数据是错误的数据。对交通流数据进行判断时,应根据不同道路等级、控制类型及相关的交通流参数,确定每类交通检测器数据的合理范围。

(1)流量

定义流量合理的范围为:

$$0 \leqslant q_d \leqslant f_c Ct/60 \quad (7.3.1)$$

式中:q_d——流量;

C——道路通行能力,辆/h;

t——数据采集的时间间隔,min;

f_c——修正系数,一般为 1.3~1.5。

由于车辆的计数是在一个相当短的时间内完成的,可能是几分钟,有时甚至几十秒,所以测得的交通流量可能会在短时间内大于道路的通行能力,因此用道路的通行能力与修正系数的乘积来确定流量的最大值。这里设定单车道通行能力为2000辆/h,则不在合理范围内的流量数据为异常数据。

（2）地点平均速度

定义速度的合理范围为：

$$0 \leqslant v_d \leqslant f_v v_1 \tag{7.3.2}$$

式中：v_d——速度；

v_1——道路的限制速度,不同道路等级的限制速度不同；

f_v——修正系数,一般取1.3~1.5。

一般车辆速度的检测是在一个极短的时间内完成的,由于检测中可能出现随机误差,有必要对限制速度进行修正,另一方面车辆在行驶过程中超过限制速度的情况比较常见,因此有必要对限制速度进行调整。对于城市快速路,最大限速一般为80km/h。这里设定其阈值为120km/h。

（3）占有率

交通检测器提供的占有率数据通常是时间占有率,其数值等于车辆占用交通检测器的时间与交通检测器全部工作时间的比值。其合理的范围是：

$$0 \leqslant O_d \leqslant 100\% \tag{7.3.3}$$

如果车道占有率大于1,则占有率数据为异常数据。

通过阈值法可以识别出交通流参数不在给定范围内的错误数据,而当数据为0时,不能正确判断数据的合理性,需要采用机理法,即同时对几个交通流参数进行联合判断,对实际交通流数据进行分析,发现比较隐蔽的错误。当交通流参数为0时有两种可能,一是数据是正确的,即这个时候没有车辆通过检测器;二是数据是错误的,交通检测器没有检测到这个时段内通过的车辆或传输线路故障导致数据为0。当某交通流参数的数据为0时,需要同时对同一时段的其他交通流参数进行判断,如果流量和占有率不同时为0,则这组数据一定是错误的。

上述对数据故障的识别方法属于经验法,目前,还有许多数据挖掘方法与模型应用于丢失和错误数据的识别和修复,感兴趣的读者可以查阅相关文献。

7.3.3 交通流故障数据的修复方法

经过数据筛选,时间序列数据中的异常值被剔除之后,由于数据缺失或者数据不完备就需要对数据进行修复,将这些不完备数据填充,以实时地应用于交通控制、交通诱导等系统。常用的数据修复方法有以下4种。

7.3.3.1 基于时间序列的数据修复

交通流数据从本质上来说属于时间序列数据,因此,基于时间序列的各种数据预测方法都适合数据的修复。

7.3.3.2 基于历史数据的数据修复

时间相关性是指交通流在时间上存在相似性。居民出行分布的规律特性,决定了不同天同时间段内的交通流的稳定性。因此,利用这一特点,采用相同时间段的历史数据对异常缺失数据进行修复。

7.3.3.3 基于空间位置的数据修复

空间相关性是指交通流数据在空间上存在相似特性,比如城市快速路或高速公路的不同车道之间、上下游之间存在一定的相关关系。该方法是利用不同车道之间历史上的参数比例关系,从而通过其他车道已知的交通流数据来推算未知车道的交通流参数。

7.3.3.4 基于时空相关性的数据修复

在数理统计中把变量之间具有密切关联而又不能用函数关系精确表达的关系,称为变量之间的相关关系,一般采用回归分析来研究这种相关关系。交通流在时间上和空间上都存在着明显的相关特性,这种特性主要表现在交通流参数之间存在数学上的相关关系。利用这种关系,就可以用已知的检测数据来估计未知的或者缺失检测器地点的数据。其中,需要考虑的主要问题是模型的稳定性及计算复杂程度。

7.3.4 交通流数据预处理案例

前述各种自动交通流参数检测装置均为实时动态检测,其获得的数据量庞大,在城市道路网中,大量检测装置的数据汇集在一起,其规模是海量的。从2002年开始,北京市在城市快速路断面安装了远程交通微波传感器(Remote Traffic Microwave Sensor,RTMS),一台RTMS可同时检测多达8个车道或检测区域内的流量、时间占用率、平均速度和大车流量。更重要的是它借助于公网传输检测数据,避免了传输线路铺设作业,减少了工程量。该设备在我国其他城市道路中的应用也比较普遍。因此,下文以RTMS为例阐述实际中数据预处理过程。

7.3.4.1 数据处理步骤

Step 1,提取每个检测器每天的数据。

Step 2,丢失数据的识别和修复。RTMS采集数据间隔为2min一次,一天的样本数据量应该是720个。通常,若检测数据量太少(如小于700),最好剔除这一天的样本;对于保留下来的样本,根据前述方法识别故障数据,并进行相应修复。可以采用相邻时段数据的平均值补齐丢失数据,如缺少相邻时段数据,则采用前若干时段的趋势平均值补齐。

Step 3,错误数据的识别。利用阈值法和机理法对错误的数据进行判断,并采用上述修复手段进行数据修复,也可参考相关文献选取其他方法。

Step 4,根据分析的需要进行数据整合。例如,把多车道数据进行合并用平均值代表该断面的交通状况,或者进行时间段、路段的合并等。

7.3.4.2 丢失数据的处理

判断是否有丢失数据,并对丢失的数据进行补充。RTMS每天应检测到720个样本但是由于多种因素的影响,数据并不是严格按照指定的时间间隔上传的,需要对丢失数据进行识别和补充。因此,以某天RTMS检测数据为例,按照丢失数据的识别方法,判断数据是否丢失,并进行修复,见图7.3.2和图7.3.3。

这里选取交通流量和速度的数据修复并进行补充数据前后对比。修复数据的方法采用相邻时段 $t-1$ 和 $t+1$ 时段的数据的平均值,来补充 t 时段的交通流参数数据。

当缺失数据数量较少时,实测数据对交通流状态的描述是比较可靠的。但是当缺失数据较多时,用现有的实测数据无法准确地描述实际的交通流状态,丢失数据的修复对于数据的后续使用具有重要意义。

7.3.4.3 错误数据的处理

通过对数据的前期分析,原始数据中有很多的系统检测误差,根据交通流理论,速度、流量、占有率之间应该是同有同无的,据此检测错误数据。以交通流量的检测结果为例,当交通检测器出现故障或传输设备出现故障时,采集到的交通流量通常表现为0或者远远超过路段容许的最大流量值,这里取道路的通行能力为每车道2000辆/h。当时间间隔为2min时,根据流量限制得到最大合理流量为100辆/2min,流量在[0,100]之间都认为是合理的。修复前流量数据中超过100辆/2min的错误数据,经过修复以后流量数据不再有超过限制范围的数据。流量错误数据较少,对比效果并不显著。

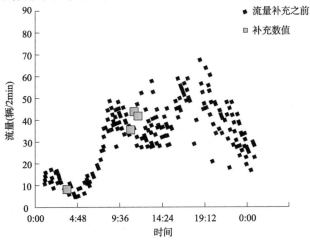

图7.3.2 补充流量数据前后对比

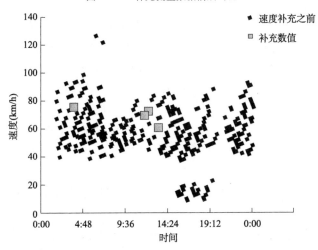

图7.3.3 补充速度数据前后对比

7.3.4.4 数据整合

道路中每一车道的流量和速度可以直接或者间接地从检测数据中获取,但一般城市快速路由三车道或四车道组成,这就需要在交通流数据预处理过程中把这些车道车速进行合并,得到代表此道路断面交通流运行状态的特征值。常用算术平均的方式把多车道进行合并,速度合并和流量合并的计算公式如下:

合并后的速度:

$$v = \frac{q_{车道1} \times v_{车道1} + q_{车道2} \times v_{车道2} + \cdots}{q_{车道1} + q_{车道2} + \cdots} \tag{7.3.4}$$

合并后的流量：

$$q = q_{车道1} + q_{车道2} + \cdots \tag{7.3.5}$$

通过这样的处理获得道路断面的加权车速和总流量，以此作为进一步研究道路网短时交通流预测的数据基础。

7.4 预测基本流程、特点及要求

道路交通流状态取决于交通参与者的交通行为，交通参与者的交通行为又取决于参与者的经验和交通信息服务水平，因此具有随机性和不确定性，基于实时数据分析的交通流预测考虑到交通流时间、空间的随机性，根据过去若干个时段的交通流数据的时间、空间变化情况，结合其他影响因素，预测未来若干个时段内的交通流估计值。

交通流变化过程是个实时、非线性、高维度、非平稳的随机过程，并具有变化的不确定性。交通流短时变化不仅与本路段过去几个时段的交通流有关，还受上下游的交通流及天气变化、交通事故和交通环境等因素的影响，交通流基本参数，流量、速度和占有率（密度）可以通过各种交通流信息采集设备获得。这些数据中，反映交通流时间变化的数据主要有本数据采集点过去若干个时段的交通流参数及历史平均值等；反映交通流空间变化的数据主要有本数据采集点上下游当前及过去各时段的交通流参数等，交通流预测要解决的问题是如何从具有随机性和不确定性的交通流变化中，根据来自各种交通流信息采集设备的交通流参数数据，结合其他影响因素，进行数据的系统分析，找出其中的规律性，建立相应的预测模型和方法，以预测未来几个时段的交通流变化，其基本流程如图 7.4.1 所示。

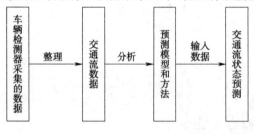

图 7.4.1　短时交通流预测流程

对于基于实时数据分析的短时交通流预测，其建立的模型、方法的要求和特点主要有：

（1）精确性。交通流的预测结果要满足精度要求，才能获得应用。

（2）实时性。计算复杂性要满足实时性要求，要能够在规定的时间（一个时段）内求出计算结果，才能及时地获得交通流预测结果并进行必要的交通组织。

（3）动态反馈性。交通流一旦发生异常情况，要能够根据实际情况，动态反馈到计算模型中进行调整。

（4）可移植性。建立的模型能够通过参数调整而具有时间和空间可移植性。

尽管科学的预测方法为认识和掌握未来发展趋势提供了工具，但预测是有局限性的。首先预测结果是在所采用的预测模型的假设前提下得出的结论，一旦实际偏离了假设，就会出现预测误差大到难以接受的程度。科学的预测方法能够将实际情况抽象，但对于偶然因素，无法全面考虑，因此应当考虑可能出现的状态。要提高预测的准确性，除了有科学的预测方法，还必须有足够丰富并准确的数据作为预测的基础。

8 交通流短时预测的基本方法

短时交通流预测方法的合理与否,是决定智能交通系统中交通信息、交通诱导与控制是否正确的关键因素,是能否取得较好的交通管理与控制实施效果的重要基础,其研究受到广泛关注。迄今为止,已经有许多理论和方法应用于短时交通预测。大体来说,可分成两类:一类是以数理统计和微积分等传统数学和物理方法为基础的预测模型;一类是以现代科学技术和方法(如模拟技术、神经网络、模糊控制)为主要研究手段而形成的预测模型,其特点是所采用的模型和方法不追求严格意义上的数学推导和明确的物理意义,而更重视对真实交通流现象的拟合效果。目前广泛应用的基本预测方法有回归分析预测方法和时间序列预测方法。

8.1 交通流短时预测原理

短期交通流预测就是根据已知的第 i 路段及 $i+j$ 路段在过去 p 个时刻的交通流参数值 $v_{i+j}(t-k)(k=1,2,\cdots,p)$,求出第 i 路段未来 k 个时间段内的交通流状态估计值 $v_i(t+k)$。常常把用于预测的历史数据 $v_{i+j}(t-k)$ 称为预测因子,其主要包括时间和空间两方面的数据。时间方面的数据是指 i 路段过去若干个时间间隔的交通流参数及历史平均值;空间方面的数据是指与 i 路段相邻的上下游路段 $i+j$ 当前及过去各时刻的交通流参数。这些数据由交通车辆检测器获得,经计算处理并存储在相应的数据库中。国内目前的研究多数都只考虑了时间因子的影响,建立单点单步预测模型。单点即只考虑预测点本身的历史数据,其他路段和交叉口均不考虑;单步是指 t 时刻只预测紧邻的下一时段 $t+1$ 的交通流,以此类推,形成滚动预测。常规交通流预测模型可以用以下公式描述:

$$\hat{z}_t = f(z_{t-1}, z_{t-2}, \cdots, z_{t-k}) + a_t \tag{8.1.1}$$

式中:$\hat{z}_t$——t 时刻的交通流参数预测值;

z_{t-k}——$t-k$ 时刻的交通流参数实际值;

a_t——t 时刻的白噪声。

把 $z_{t-1}, z_{t-2}, \cdots, z_{t-k}$ 作为输入,$\hat{z}_t$ 就表示预测输出。函数 f 的不同确定方法形成了不同的预测模型。

8.2 回归分析预测方法

8.2.1 模型概述

"回归"最初是遗传学中的一个名词,是由英国生物学家兼统计学家高尔顿(Galton,1822—1911)首先提出来的。他在研究人类的身高时,发现高个子父母的子女身高有低于其父母身高的趋势;而矮个子父母的子女身高往往有高于其父母身高的趋势。从整个发展趋势看,高个子回归于人口的平均身高,而矮个子则从另一个方向回归于人口的平均身高。"回归"一直为生物学和统计学所沿用。

现代含义的回归是研究自变量与因变量之间的定量关系的分析方法。它通过一组数据分析，建立相应的回归模型，进行参数估计，利用模型对所研究的对象进行预测和分析，从而为决策提供依据。回归分析模型可以从不同角度进行分类，常用的分类如下：

（1）根据自变量的多少，回归模型可以分为一元回归模型和多元回归模型。一元回归模型是根据某一因变量与一个自变量之间的相关关系建立的模型。多元回归模型则是根据某一因变量与两个或两个以上自变量之间的相关关系建立的模型。

（2）根据回归模型的形式是否线性，可以分为线性回归模型和非线性回归模型。在线性回归模型中，因变量与自变量之间呈线性关系，而在非线性回归模型中，因变量与自变量之间呈非线性关系。

（3）根据回归模型是否带有虚拟变量，回归模型可以分为普通回归模型和带虚拟变量的回归模型。普通回归模型的自变量都是数量变量，虚拟变量回归模型的自变量既有数量变量又有品质变量，品质变量通常无法用数量来衡量，例如政策影响等。

（4）此外，根据回归模型是否用之后的因变量作自变量，又可分为无自回归现象的回归模型和自回归模型。

下面将主要讨论常用的一元线性回归预测法和多元线性回归预测法。

8.2.2 一元线性回归预测法

一元线性回归预测法是对两个具有线性关系的变量，建立线性回归模型，根据自变量的变动来预测因变量平均发展趋势的方法。

8.2.2.1 一元线性回归模型

设 y 为因变量，x 为自变量，x 和 y 存在某种线性关系，则一元线性回归模型，如式（8.2.1）所示。

$$y_i = a + bx_i + \varepsilon_i, \quad i = 1, 2, \cdots, n \tag{8.2.1}$$

式中：a 和 b——回归系数；

ε_i——各随机因素对 y 的影响总和，根据中心极限定理，认为它服从正态分布，即 $\varepsilon_i \sim N(0, \sigma^2)$。因变量 y 是一个以回归直线上的对应值为中心的正态随机变量，即 $y \sim N(a + bx, \sigma^2)$。

设 $\hat{y}_i = a + bx_i$ 是由一组实测值 (x_i, y_i) $(i = 1, 2, \cdots, n)$ 得到的回归方程，$\hat{y}_i$ 为 y_i 估计值，对于每一个自变量 x_i 都可以得到一个估计值 $\hat{y}_i = a + bx_i$，其中 a 为直线 $\hat{y}_i$ 在 y 轴上的截距，它是 $x_i = 0$ 时 $\hat{y}_i$ 的估计值。b 为直线 $\hat{y}_i$ 的斜率，表明自变量增加（或减少）一个单位，因变量相应增加（或减少）多少，可以证明，当 $b > 0$ 时，x 和 y 为正相关，当 $b < 0$ 时，x 和 y 为负相关。

8.2.2.2 参数估计

估计模型的回归系数有许多方法，其中使用最广泛的是最小二乘（Ordinary Leas Square，OLS）法。用最小二乘法估计模型的回归系数，其中心思想是通过数学模型，配合一条较为理想的趋势线，这条趋势线必须满足两点要求，一是原数列的观测值与模型估计值的离差平方和最小，二是原数列的观测值与模型估计值的离差总和为 0。即：

$$\sum_{i=1}^{n}(y_i - \hat{y}_i)^2 \text{ 最小}$$

$$\sum_{i=1}^{n}(y_i - \hat{y}_i) = 0 \tag{8.2.2}$$

根据最小二乘法的要求：

$$Q = \sum_{i=1}^{n}(y_i - \hat{y}_i)^2 = \sum_{i=1}^{n}(y_i - a - bx_i)^2 \quad (8.2.3)$$

根据极值原理,取极小值的必要条件是 Q 对 a 和 b 的两个一阶偏导数为零。因此,有：

$$\frac{\partial Q}{\partial a} = -2\sum_{i=1}^{n}(y_i - a - bx_i) = 0$$

$$\frac{\partial Q}{\partial b} = -2\sum_{i=1}^{n}(y_i - a - bx_i)x_i = 0 \quad (8.2.4)$$

对上面两式联立求解,得到回归系数的估计值为：

$$\hat{b}_i = \frac{n\sum_{i=1}^{n}x_iy_i - \sum_{i=1}^{n}x_i\sum_{i=1}^{n}y_i}{n\sum_{i=1}^{n}x_i^2 - (\sum_{i=1}^{n}x_i)^2}$$

$$\hat{a}_i = \frac{\sum_{i=1}^{n}y_i}{n} - \hat{b}_i\frac{\sum_{i=1}^{n}x_i}{n} \quad (8.2.5)$$

8.2.2.3 显著性检验

一元线性回归模型是否符合变量之间的客观规律、两个变量之间是否具有显著的线性相关性,可通过显著性检验来判断。在一元线性回归模型中,常用的显著性检验方法有相关系数检验法、F 检验法和 t 检验法。

(1)相关系数检验法

相关系数是一元线性回归模型中衡量两个变量之间线性相关关系强弱程度的重要指标。相关系数越大说明两个变量之间的线性相关关系越强,相关系数的表达式见式(8.2.6)：

$$R = \frac{n\sum_{i=1}^{n}x_iy_i - \sum_{i=1}^{n}x_i\sum_{i=1}^{n}y_i}{\sqrt{n\sum_{i=1}^{n}x_i^2 - (\sum_{i=1}^{n}x_i)^2}\sqrt{n\sum_{i=1}^{n}y_i^2 - (\sum_{i=1}^{n}y_i)^2}} \quad (8.2.6)$$

相关系数检验法步骤如下：

第一步,计算相关系数；

第二步,根据回归模型的自由度 $n-2$ 和给定的显著性水平 α,从相关系数临界值表中查出临界值 $R_\alpha(n-2)$；

第三步,判别,若 $|R| \geq R_\alpha(n-2)$,表明两变量之间线性相关关系显著,检验通过,这时回归模型可以用来预测；否则,检验不通过,需对回归模型重新调整。

(2)F 检验法

构造式(8.2.7)所示的 F 统计量：

$$F = \frac{\sum_{i=1}^{n}(\hat{y}_i - \bar{y})^2}{\sum_{i=1}^{n}(y_i - \hat{y}_i)^2/(n-2)} \quad (8.2.7)$$

式中：$\bar{y} = \frac{\sum_{i=1}^{n}y_i}{n}$。

可以证明,F 服从第一自由度为 1、第二自由度为 $n-2$ 的 F 分布,对给定的显著性水平

α,查 F 分布表可得临界值 $F_\alpha(1, n-2)$。若 $F \geq F_\alpha$,则认为两变量之间线性相关关系显著,反之,不显著。

(3) t 检验法

t 检验法是检验 a 和 b 是否显著异于 0 的方法,构造式(8.2.8)所示统计量:

$$t = \frac{\hat{b}}{S_{\hat{b}}} \tag{8.2.8}$$

式中:$S_{\hat{b}}$——$\hat{b}$ 的样本标准差,对给定的显著性水平 α,查 t 分布表可得临界值 $t_{\alpha/2}(n-2)$,若 $t > t_{\alpha/2}(n-2)$,则认为 b 显著异于 0,反之,则认为 b 不显著异于 0。对于是否显著异于 0 的检验过程与此相同。

8.2.2.4 预测区间

回归模型通过显著性检验后,就可以用来预测。在一元线性回归模型中,对于自变量 x 的一个给定值 x_0,代入回归模型,就可以求出一个对应的预测值 $\hat{y}_0$,$\hat{y}_0$ 又称为点估计值。在实际工作中,受各种因素影响,预测目标的实际值和预测值之间总会产生或大或小的偏差。因此,在一定的显著水平下,预测往往依据数理统计方法计算出的包含预测目标未来真实值的某一区间范围。

设预测点为 (x_0, y_0),则预测值为 $\hat{y}_0 = \hat{a} + \hat{b}x_0$,其预测误差用式(9.3.9)表示。

$$e_0 = y_0 - \hat{y}_0 \tag{8.2.9}$$

可以证明,$y_0, \hat{y}_0$ 服从正态分布,所以误差也服从正态分布,其期望和方差分别为:

$$E(e_0) = E(y_0) - E(\hat{y}_0) = 0$$

$$D(e_0) = D(y_0) - D(\hat{y}_0) = \left[1 + \frac{1}{n} + \frac{(x_0 - \bar{x})^2}{\sum_{i=1}^{n}(x_i - \bar{x})^2}\right]\sigma^2 \tag{8.2.10}$$

式中:$\bar{x} = \frac{\sum_{i=1}^{n} x_i}{n}$。

考虑到总体方差 σ^2 往往是未知的,因此可以用总体方差的无偏估计量来代替,如式(8.2.11)所示。

$$S_y = \sqrt{\frac{\sum_{i=1}^{n}(y_i - \hat{y}_i)}{n-2}} \tag{8.2.11}$$

实际计算时,可用其简易公式代替,即 $S_y = \sqrt{\frac{\sum_{i=1}^{n} y_i^2 - \hat{a}\sum_{i=1}^{n} y_i - \hat{b}\sum_{i=1}^{n} x_i y_i}{n-2}}$。令 $S_0^2 = \left[1 + \frac{1}{n} + \frac{(x_0 - \bar{x})^2}{\sum_{i=1}^{n}(x_i - \bar{x})^2}\right]S_y^2$,$S_y^2$ 为 σ^2 的无偏估计量,因此,S_0^2 也为 $D(e_0)$ 的无偏估计量,且服从 χ^2 分布,有:

$$\frac{y_0 - \hat{y}_0}{S_0} \sim t(n-2) \tag{8.2.12}$$

在显著性水平为 α 时,预测值 $\hat{y}_0$ 的预测区间的上下限为 $\hat{y}_0 \pm t_{\alpha/2}(n-2)S_0$;当实际观测值较多时,$S_0$ 的取值近似等于 S,分布 $t_{\alpha/2}(n-2)$ 也近似趋于正态分布 $Z_{\alpha/2}$。因此,预测区间

的上下限为 $\hat{y}_0 \pm Z_{\alpha/2} \cdot S_y, n > 30$。

8.2.3 多元线性回归模型

多元回归分析预测法是指通过对两个或两个以上的自变量与一个因变量的相关分析,建立预测模型进行预测的方法。当自变量与因变量之间存在线性关系时,称为线性回归分析。

设变量 y 与变量 $x_1, x_2, \cdots, x_m$ 存在着线性回归关系,它的 n 个样本观测值为 $y_i, x_{i1}, x_{i2}, \cdots, x_{im}, i = 1, 2, \cdots, n$,于是多元线性回归的数学模型可以用式(8.2.13)表示。

$$\begin{bmatrix} y_1 \\ y_2 \\ \vdots \\ y_n \end{bmatrix} = \begin{bmatrix} 1 & x_{11} & \cdots & x_{1m} \\ 1 & x_{21} & \cdots & x_{2m} \\ \vdots & \vdots & & \vdots \\ 1 & x_{n1} & \cdots & x_{nm} \end{bmatrix} \begin{bmatrix} \beta_0 \\ \beta_1 \\ \vdots \\ \beta_m \end{bmatrix} \begin{bmatrix} \varepsilon_1 \\ \varepsilon_2 \\ \vdots \\ \varepsilon_n \end{bmatrix} \quad (8.2.13)$$

其中,$Y = \begin{bmatrix} y_1 \\ y_2 \\ \vdots \\ y_n \end{bmatrix}, X = \begin{bmatrix} 1 & x_{11} & \cdots & x_{1m} \\ 1 & x_{21} & \cdots & x_{2m} \\ \vdots & \vdots & & \vdots \\ 1 & x_{n1} & \cdots & x_{nm} \end{bmatrix}, B = \begin{bmatrix} \beta_0 \\ \beta_1 \\ \vdots \\ \beta_m \end{bmatrix}, \varepsilon = \begin{bmatrix} \varepsilon_1 \\ \varepsilon_2 \\ \vdots \\ \varepsilon_n \end{bmatrix}$

多元线性回归的矩阵形式为 $Y = XB + \varepsilon$。

采用最小二乘法可对上式中的待估计回归系数 $\beta_0, \beta_1, \cdots, \beta_m$ 进行估计,求得 B 值后,即可利用多元线性回归模型进行预测。

设观测值与模型估计值的残差向量为 E,则:

$$E = Y - \hat{Y} \quad (8.2.14)$$

式中:$\hat{Y} = XB$ 为估计值。根据最小二乘法要求,应满足:

$$E'E = (Y - \hat{Y})'(Y - \hat{Y}) \text{最小} \quad (8.2.15)$$

根据极值原理,可整理得回归系数向量 B 的估计值 $\hat{B}(X'X)^{-1}X'Y$。

计算了多元线性回归方程之后,为了将它用于解决实际预测问题,还必须进行数学检验。多元线性回归方程的检验方法有 R 检验法、F 检验法、t 检验法和 DW 检验法。与一元回归类似,可参考相关数理统计知识。多元线性回归分析的数学检验,包括回归方程和回归系数的显著性检验。

回归方程的显著性检验,采用统计量:

$$F = \frac{U/m}{Q/(n-m-1)} \quad (8.2.16)$$

式中:$U = \sum_{j=1}^{n}(\hat{Y}_j - \overline{Y})^2$ 为回归平方和,其自由度为 m,$Q = \sum(Y_j - \hat{Y}_j)^2$ 为剩余平方和,其自由度为 $(n-m-1)$。

利用上式计算出 F 值后,再利用 F 分布表进行检验。给定显著性水平 α,在 F 分布表中查出自由度为 m 和 $(n-m-1)$ 的值 F_α,如果 $F \geq F_\alpha$,则说明 y 与 $x_1, x_2, \cdots, x_m$ 的线性关系密切;反之,则说明两者线性关系不密切。

在回归方程的显著性检验中,认为回归方程有意义,则 $\beta_0 = \beta_1 = \cdots = \beta_m = 0$ 不成立,但并不否认某些系数可能为零,因此,需要对引进回归方程中的自变量进行逐个的显著性检验,即判断是否有某个自变量对因变量的影响不显著,即其系数为零。回归系数的显著性检验,采用式(8.2.17)所示统计量。

$$t_j = \frac{\hat{\beta}_j}{\sqrt{C_{jj}} \cdot S} \tag{8.2.17}$$

式中:$\hat{\beta}_j$——第j个自变量的回归系数;

C_{jj}——相关矩阵$(X'X)^{-1}$的对角线上的第j个元素;

剩余标准差$S = \sqrt{Q/(n-m-1)}$。

对于给定的置信水平α,查 t 分布表得$t_{\alpha/2}(n-m-1)$,若计算$t_{\alpha/2}(n-m-1)$,则拒绝原假设,即认为x_j为重要变量;反之,则认为变量x_j可以剔除。

多元线性回归模型的精度,可以利用剩余标准差$S = \sqrt{Q/(n-m-1)}$来衡量。S越小,则用回归方程预测Y越精确;反之亦然。

与一元回归模型相似,多元回归模型的预测值和预测区间计算步骤如下。

第一步,估计标准误差$S = \sqrt{Q/(n-m-1)}$。

第二步,设预测点为$X_0 = (x_{01}, x_{02}, \cdots, x_{0m})$,则预测值为$\hat{y}_0 = X_0 \hat{B}$,预测误差$e_0 = y_0 - \hat{y}_0$的样本方差为$S_0^2 = S^2[1 + X_0(X'X)^{-1}X'_0]$。

第三步,当预测值的显著性水平为α时,多元线性回归模型的预测区间的上下限为:

$$\hat{y}_0 \pm t_{\alpha/2}(n-m-1)S_0, n < 30$$
$$\hat{y}_0 \pm Z_{\alpha/2} \cdot S_y, n \geq 30$$

式中:n——样本数。

由于X_0是一个影响因素数据向量,S_0计算较复杂,实际预测中,可用S代替S_0近似地估计预测区间。

8.2.4 非线性回归预测法

前面所述回归模型,均假定自变量和因变量之间呈线性关系,但实际情况更为复杂,有时各因素之间的关系不一定是线性的,而可能是某种非线性关系,必须建立非线性回归模型。

常见的非线性回归模型有以下几种:

(1)双曲线模型

$$y_i = \beta_1 + \beta_2 \frac{1}{x_i} + \varepsilon_i \tag{8.2.18}$$

(2)二次曲线模型

$$y_i = \beta_1 + \beta_2 c x_i + \beta_3 x_i^2 + \varepsilon_i \tag{8.2.19}$$

(3)对数模型

$$y_i = \beta_1 + \beta_2 \ln x_i + \varepsilon_i \tag{8.2.20}$$

(4)三角函数模型

$$y_i = \beta_1 + \beta_2 \sin x_i + \varepsilon_i \tag{8.2.21}$$

(5)指数模型

$$y_i = ab^{x_i} + \varepsilon_i \tag{8.2.22}$$

(6)幂函数模型

$$y_i = ax_i^b + \varepsilon_i \tag{8.2.23}$$

对于非线性回归模型,其参数估计没有比较好的直接估计方法,通常采用将非线性模型及相应的数据进行变换,使其成为或接近线性回归模型,从而利用线性回归模型的方法估计,再将估计参数的结果进行相应的逆变换,还原回原来的非线性模型。一般有以下三类转换方法。

第一类为直接换元型。这类非线性回归模型通过简单的变量换元可直接化为线性回归模型,可直接采用最小二乘法估计参数并进行验证和预测。

(1)双曲线模型

$y_i = \beta_1 + \beta_2 \frac{1}{x_i} + \varepsilon_i$,作代换 $x'_i = \frac{1}{x_i}$,代换后模型变为 $y_i = \beta_1 + \beta_2 x'_i + \varepsilon_i$,可以通过一元线性回归模型的最小二乘法估计参数。

(2)二次曲线模型

$y_i = \beta_1 + \beta_2 x_i + \beta_3 x_i^2 + \varepsilon_i$ 作代换 $x'_i = x_i^2$,代换后模型变为 $y_i = \beta_1 + \beta_2 x_i + \beta_3 x'_i + \varepsilon_i$ 可以通过多元线性回归模型的最小二乘法估计参数。

(3)对数模型

$y_i = \beta_1 + \beta_2 \ln x_i + \varepsilon_i$,作代换 $x'_i = \ln x_i$,代换后模型变为 $y_i = \beta_1 + \beta_2 x'_i + \varepsilon_i$,可以通过一元线性回归模型的最小二乘法估计参数。

(4)三角函数模型

$y_i = \beta_1 + \beta_2 \sin x_i + \varepsilon_i$,作代换 $x'_i = \sin x_i$,代换后模型变为 $y_i = \beta_1 + \beta_2 x'_i + \varepsilon_i$,可以通过一元线性回归模型的最小二乘法估计参数。

第二类为间接代换型。通过对数变形间接地化为线性回归模型,这一过程改变了因变量的形态,使得变形后的模型的最小二乘法估计失去了原模型的意义,从而估计不到原模型的最佳回归参数。

第三类为非线性型,即属于不可以线性化的非线性模型。

8.3 确定型时间序列预测模型

回归分析预测法主要研究不同变量之间的相关关系,因此必须找到影响预测目标变化的主要因素,才能建立模型。但是预测中各种因素是错综复杂的,想要找到影响预测目标的主要因素相当困难,有时即使找到了某些主要因素,在缺乏必要的统计资料时,也不能应用回归分析预测法,这时可以用时间序列分析预测法。

8.3.1 时间序列分析预测法概述

时间序列,也叫时间数列、历史复数或动态数列。它是将某种统计指标的数值,按时间次序排列的随机变量序列,$X_1, X_2, \cdots, X_n$。例如:国内生产总值按年度顺序排列起来的数列;某种商品销售量按季度或月度排列起来的数列等,都是时间序列。如果用 $x_1, x_2, \cdots, x_n$ 分别表示随机变量 $X_1, X_2, \cdots, X_n$ 的观测值,就称 $x_1, x_2, \cdots, x_n$ 是时间序列 $X_1, X_2, \cdots, X_n$ 的 n 个观测样本。

实际数据的时间序列,表示研究对象在一定时间内的发展变化过程,可从中分析和寻找变化特征、趋势和发展规律的预测信息。预测对象与外部因素有着密切而复杂的联系,时间序列中的每一个数据都反映当时许多因素综合作用的结果。该时间序列则反映外部因素综合作用下预测对象的变化过程。利用数据序列的这个特点，运用相应的近似模型去逼近这些数据趋势，从而可达到预测、分析和控制的目的。

时间序列预测法是将预测目标的历史数据按时间的顺序排列成为时间序列，然后分析它随时间变化的发展趋势，外推预测目标的未来值。也就是说，时间序列预测法将影响预测目标的一切因素都由"时间"综合起来加以描述。因此，时间序列预测法主要用于分析影响事物的主要因素比较困难或相关变量资料难以得到的情况，预测时先要进行时间序列的模式分析。时间序列的模式，是指历史时间序列所反映的某种可以识别的事物变动趋势形态。时间序列的基本模式，可以归纳为水平型、趋势型、周期变动型和随机型四种类型。

水平型时间序列模式是指时间序列各个观测值呈现出围绕着某个定值上下波动的变动形态。趋势型时间序列模式是指时间序列在一定时期虽出现小范围的上下波动，但总体上呈现出持续上升或下降趋势的变动形态。趋势型时间序列模式依其特征不同又可分为线性和非线性趋势模式。周期变动型时间序列模式是指随着时间的推移，时间序列呈现出有规则的上升与下降循环变动的形态。按时间序列循环波动的周期不同，可分为季节变动型模式和循环变动型模式两类。常见的是季节变动型模式，这种模式往往是指以年为变动周期，按月或按季度编制的时间序列，如许多季节性消费品的按月、按季销售量等。随机型时间序列模式是指时间序列所呈现的变化趋势走向升降不定，没有一定规律可循的变动状态。这种现象往往是由某些偶然因素引起的，如经济现象中的不规则变动、政治变动以及自然气候的突变等因素所致。对于这类时间序列模式，很难运用时间序列预测方法作出预测，但有时也可通过某种统计处理，消除不规则因素影响，找出事物的固有变化规律，从而进行分析预测。

时间序列分析的主要任务就是对时间序列的观测样本建立尽可能合适的统计模型，合理的模型会对所关心的时间序列的预测、控制和诊断提供帮助。大量时间序列的观测样本都表现出趋势性、周期性和随机性，或者表现出三种中的某些模式，所以可以将每个时间序列或者经过适当的函数变化的时间序列，分解成三个部分的叠加，即：

$$X_t = T_t + C_t + R_t, \quad t = 1, 2, \cdots$$

式中：X_t——时间序列；

T_t——趋势项；

C_t——周期项；

R_t——随机项。

时间序列分析的首要任务是通过对观测样本的观察分析，把时间序列的趋势项、周期项和随机项分解出来。趋势项和周期项规律性直观，可以作为非随机的时间序列处理，它们的预测问题往往简单，采用确定型时间序列预测方法可以解决。

确定型时间序列分析的模型有很多，主要有线性模型、指数模型、二次型模型、多项式模型以及各种特殊的曲线模型等。最初将时间序列的分析方法应用于短时预测主要是基于线性统计分析的方法，例如移动平均算法、指数平滑算法等。

所谓移动平均，是指给定一组历史数据，计算这组历史数据的平均值，然后利用这一平均值作为下一期的预测值。移动平均方法具有简单、直观和容易理解等优点，同时容易从数据序列中排除季节分量。当时间序列的数值受周期变动和不规则变动的影响，起伏较大，使得序列总体发展趋势不明确时，可选用移动平均算法。然而也有其不足之处：其一，当预测项较多时,需要存储大量数据;其二,最新观测值应该较早期观测值包含更多的信息,则应该给予较大的权重,但是移动平均方法对每个观测值都给予相同的权重,预测精度较低。

指数平滑算法诞生于20世纪50年代末,是由Brown和Winters两位学者提出的,具有简单易懂的特点。其基本思想是兼容了全期平均和移动平均的优点,不舍弃过去的数据,但是仅给予逐渐减弱的影响程度,即随着数据的远离,赋予逐渐收敛为零的权数。实际预测中,经常使用低阶平滑模型,高阶平滑模型的使用则相对较少。平滑模型不是对应单一的模型,而是一组模型,在使用这些模型时,常常在一开始就要施加一个非常严格的先验限制。

8.3.2 移动平均法

移动平均法是一种简单平滑预测技术,它的基本思想是:根据时间序列资料,逐项推移,依次计算包含一定项数的序时平均值,以反映长期变动趋势的方法。因此,如上所述,当时间序列的数值由于受周期变动和随机波动的影响,起伏较大,不易显示出事件的发展趋势时,使用移动平均法可以消除这些因素的影响,显示出事物的发展方向与趋势(即趋势线),然后依趋势线分析预测序列的长期趋势。

移动平均法包括一次移动平均法、加权移动平均法和二次移动平均法等,现分别介绍如下。

8.3.2.1 一次移动平均法

所谓一次移动平均法,就是取时间序列的 N 个观测值予以平均,并依次滑动,直至数据处理完毕,得到一个平均值序列。

设有一时间序列 $x_1, x_2, \cdots x_t, \cdots, x_n$,$n$ 为样本容量,则移动平均法计算公式为式(8.3.1):

$$M_t^{(1)} = \frac{x_t + x_{t-1} + \cdots + x_{t-N+1}}{N}, \quad t \geq N \tag{8.3.1}$$

式中:N——每次移动平均包含的数据个数;

$M_t^{(1)}$——第 t 期的一次移动平均值。

由上式可以得到一个时间序列的移动平均数,移动平均的作用在于修匀数据,消除一些随机干扰,使长期趋势显露出来,从而可用于趋势分析及预测。

一般情况下,如果时间序列没有明显的周期变化和趋势变化,可用第 t 期的一次稳定平均值作为第 $t+1$ 期的预测值,即:

$$\hat{x}_{t+1} = M_t^{(1)} \tag{8.3.2}$$

式中:$\hat{x}_{t+1}$——第 $t+1$ 期的一次移动平均预测值。

为了运算方便,考虑到:

$$M_t^{(1)} = \frac{x_t + x_{t-1} + \cdots + x_{t-N+1} + x_{t-N} - x_{t-N}}{N}$$

$$= \frac{x_{t-1} + \cdots + x_{t-N+1} + x_{t-N}}{N} + \frac{x_t - x_{t-N}}{N}$$

$$= M_{t-1}^{(1)} + \frac{x_t - x_{t-N}}{N}$$

计算 $M_t^{(1)}$ 时可使用递推公式:

$$M_t^{(1)} = M_{t-1}^{(1)} + \frac{x_t - x_{t-N}}{N} \tag{8.3.3}$$

因此预测方程的递推公式为：

$$\hat{x}_{t+1} = \hat{x}_t + \frac{x_t - x_{t-N}}{N} \tag{8.3.4}$$

当 N 较大时,用递推公式可大大减少计算量。

可以看出,这里的所谓"移动",是因为总是对近期的历史数据取平均,随着时间推移,不断去除旧的数据,引进新的数据,而"平均"则起到了"滤波"的作用,"滤掉"了随机波动。

8.3.2.2 加权移动平均法

在一次移动平均法中,各期数据在移动平均值中的作用是同等的。但实际上,各期数据所包含的信息量并不相同,近期数据比远期数据包含更多的关于未来的信息。因此,在预测中更应该重视近期数据,给其以较大的权值,给远期数据以较小的权值,这就是加权移动平均法的基本思想。

加权移动平均法的计算公式为：

$$M_{tw} = \frac{\omega_1 x_t + \omega_2 x_{t-1} + \cdots + \omega_N x_{t-N+1}}{\omega_1 + \cdots + \omega_N}, \quad t \geq N \tag{8.3.5}$$

式中： M_{tw} ——第 t 期的加权移动平均值；

$\omega_i (i=1,2,\cdots,N)$ ——观测值 x_{t-i+1} 的权值。

权值体现了相应的观测值在加权平均中的重要程度。实际上常选 $\omega_1 \geq \omega_2 \geq \cdots \geq \omega_N$。

若以第 t 期的加权移动平均值作为第 $t+1$ 期的预测值,则预测方程为： $\hat{X}_{t+1} = M_{tw}$。

8.3.2.3 二次移动平均法

如果对一次移动平均值序列再进行一次移动平均,就得到二次移动平均值。用二次移动平均值进行预测的方法,就是二次移动平均法。二次移动平均法的计算公式为：

$$M_t^{(2)} = \frac{M_t^{(1)} + M_{t-1}^{(1)} + \cdots + M_{t-N+1}^{(1)}}{N} \tag{8.3.6}$$

它的递推公式为：

$$M_t^{(2)} = M_{t-1}^{(2)} + \frac{M_t^{(1)} - M_{t-N}^{(1)}}{N}$$

式中： $M_t^{(1)}, M_{t-1}^{(1)}, \cdots, M_{t-N+1}^{(1)}$ ——一次移动平均值序列；

$M_t^{(2)}$ ——第 t 期的二次移动平均值。

当时间序列具有线性增加或线性减少的发展趋势时,用一次移动平均法和加权移动平均法进行预测就会出现滞后偏差,表现为对于线性增加的时间序列,预测值偏低,而对于线性减少的时间序列,则预测值偏高。这种偏低或者偏高的误差统称为滞后偏差。为了消除滞后偏差对预测的影响,可在一次、二次移动平均值的基础上,利用滞后偏差的规律来建立线性趋势模型,利用线性趋势模型进行预测。

预测步骤如下：

(1) 对时间序列 $\{x_t\}$ 计算 $M_t^{(1)}$ 和 $M_t^{(2)}$。

(2) 利用 $M_t^{(1)}$ 和 $M_t^{(2)}$ 估计线性趋势模型的截距 $\hat{a}_t$ 和斜率 $\hat{b}_t$：

$$\begin{cases} \hat{a}_t = 2M_t^{(1)} - M_t^{(2)} \\ \hat{b}_t = \frac{2}{N-1}(M_t^{(1)} - M_t^{(2)}) \end{cases}$$

(3)建立线性趋势预测模型：

$$\hat{x}_{t+\tau} = \hat{a}_t + \hat{b}_t \tau$$

式中：t——当前期；

τ——由 t 至预测期的期数；

$\hat{x}_{t+\tau}$——第 $t+\tau$ 期的预测值。

(4)进行预测。

8.3.3 指数平滑法

如上所述，移动平均法虽然计算简单，但在计算移动平均值时，只使用近期的 N 个数据，没有充分利用时间序列的全部数据信息，同时，对参与运算的 N 个数据等权看待，往往不符合实际。一般情况下，越近期的数据越能反映当前情况，对今后的预测影响越大，越远期的数据影响越小。加权移动平均法考虑了该问题，但人为选取 N 个权值，仍然带进了许多主观因素。

指数平滑法是对时间序列由近及远采取具有逐步衰减性质的加权处理，是移动平均法的改进。指数平滑法，根据平滑次数的不同，可分为一次、二次、三次指数平滑法，分别适用于不同类型的时间序列预测。

8.3.3.1 一次指数平滑法

(1)模型分析

设时间序列 $x_1, x_2, \cdots, x_t, \cdots, x_N$，由移动平均法的递推公式可知：

$$M_t^{(1)} = M_{t-1}^{(1)} + \frac{x_t - x_{t-N}}{N} \tag{8.3.7}$$

式中：$M_{t-1}^{(1)}$——观测值 $x_{t-1}, x_{t-2}, \cdots, x_{t-N}$ 的一次移动平均值，进行变换，则有：

$$M_t^{(1)} = M_{t-1}^{(1)} + \frac{x_t - M_{t-1}^{(1)}}{N} = \frac{1}{N} x_t + \left(1 - \frac{1}{N}\right) M_{t-1}^{(1)} \tag{8.3.8}$$

令 $\alpha = \frac{1}{N}$，以 $S_t^{(1)}$ 替换 $M_t^{(1)}$，则可以得到一次指数平滑公式：

$$S_t^{(1)} = \alpha x_t + (1-\alpha) S_{t-1}^{(1)} \tag{8.3.9}$$

式中：$S_t^{(1)}$——一次指数平滑值；

α——加权系数，且 $0 < \alpha < 1$。

$$\begin{aligned} S_t^{(1)} &= \alpha x_t + (1-\alpha) S_{t-1}^{(1)} = \alpha x_t + (1-\alpha)\left[\alpha x_{t-1} + (1-\alpha) S_{t-2}^{(1)}\right] \\ &= \alpha x_t + \alpha(1-\alpha) x_{t-1} + (1-\alpha)^2 S_{t-2}^{(1)} = \cdots = \alpha x_t + \alpha(1-\alpha) x_{t-1} \\ &\quad + \alpha(1-\alpha)^2 x_{t-2} + \cdots + \alpha(1-\alpha)^{t-1} x_1 + (1-\alpha)^t S_0^{(1)} \\ &= \alpha \sum_{i=0}^{t-1} (1-\alpha)^i x_{t-i} + (1-\alpha)^t S_0^{(1)} \end{aligned}$$

由此可以看出，$S_t^{(1)}$ 的主要部分为 $x_t, x_{t-1}, \cdots, x_1$ 的加权平均，权数由近及远分别为 $\alpha, \alpha(1-\alpha), \alpha(1-\alpha)^2, \cdots$，按几何级数衰减，满足近期权值大，远期权值小的要求，而且利用了时间序列的全部数据信息，克服了移动平均法的不足。由于加权系数符合指数规律，又具有平滑数据的作用，故称指数平滑法。

(2)预测模型

如果时间序列的变化呈水平趋势,可用第 t 期的一次指数平滑值作为第 $t+1$ 期的预测值,其预测模型为:

$$\hat{x}_{t+1} = S_t^{(1)} = \alpha x_t + (1-\alpha)\hat{x}_t \qquad (8.3.10)$$

式中:$\hat{x}_{t+1}$——第 $t+1$ 期的预测值;

　　　x_t——第 t 期的观测值。

也可以写成 $\hat{x}_{t+1} = \hat{x}_t + \alpha(x_t - \hat{x}_t)$,如果说 x_t 代表新的数据信息、$\hat{x}_t$ 代表历史的数据信息,那么新的预测值是在原预测值的基础上,利用原预测误差进行修正得到的。α 的大小体现了修正的幅度,α 越大修正的幅度越大,α 越小修正的幅度也越小。由此可见,α 既代表了预测型对时间序列变化的反应速度,又决定了预测模型修匀误差的能力。因此,α 的选取十分重要,它直接影响着预测结果。

在实际应用中,α 值是根据时间序列的变化特性来选取的。若时间序列的波动不大,比较平稳,则 α 应取小一些,如 $0.1 \sim 0.3$;若时间序列具有迅速且明显的变动倾向,则 α 应取大一些,如 $0.6 \sim 0.9$。实质上,α 为一个经验数据,通过多个 α 值进行试算比较而定,哪个 α 值引起的预测误差小,就采用哪个。

用一次指数平滑法进行预测,需要给定初始值 $S_0^{(1)}$,当 $t \to +\infty$ 时,$S_0^{(1)}$ 的系数 $(1-\alpha)^t \to 0$,这说明随着 t 的增大,$S_0^{(1)}$ 对预测值的影响越来越小。因此,估计初始值时,可参考下列原则。

当时间序列样本容量 $n > 20$ 时,初始值对预测结果影响很小,可选取第一期观测值作为初始值。当时间序列样本容量行 $n \leq 20$ 时,初始值对预测结果影响很大,应选取最初几期观测值的均值作为初始值。

8.3.3.2　二次指数平滑法

一次指数平滑法只适用于水平型时间序列模式的预测,而不适用于呈斜坡形线性趋势历史数据的预测。因为对于明显呈斜坡形的历史数据,即使取值很大,仍会产生较大的系统误差。因此,对于此类数据变动趋势的预测,应对一次指数平滑法进行改进,可以用二次指数平滑法进行预测。

二次指数平滑法是在一次平滑的基础上,再进行一次平滑。其计算公式为:

$$S_t^{(2)} = \alpha S_t^{(1)} + (1-\alpha) S_{t-1}^{(2)} \qquad (8.3.11)$$

式中:$S_t^{(2)}$——第 t 期二次指数平滑值。

当时间序列的变动具有线性趋势时,用一次指数平滑进行预测,就会产生滞后偏差,消除滞后偏差的方法与二次移动平均法类似,即在一次、二次指数平滑的基础上,利用滞后偏差规律建立线性趋势模型,用线性趋势模型进行预测。其预测步骤如下:

(1)确定加权系数 α 和初始值 $S_0^{(1)}$、$S_0^{(2)}$。$S_0^{(2)}$ 的确定原则和方法与 $S_0^{(1)}$ 相同。

(2)对时间序列 $\{x_t\}$ 计算 $S_t^{(1)}$ 和 $S_t^{(2)}$。

(3)利用 $S_t^{(1)}$ 和 $S_t^{(2)}$ 估计线性趋势模型的截距 $\hat{a}_t$ 和 $\hat{b}_t$。

$$\begin{cases} \hat{a}_t = 2S_t^{(1)} - S_t^{(2)} \\ \hat{b}_t = \dfrac{\alpha}{1-\alpha}(S_t^{(1)} - S_t^{(2)}) \end{cases}$$

(4)建立线性趋势预测模型:

$$\hat{x}_{t+\tau} = \hat{a}_t + \hat{b}_t \tau$$

式中：t——当前期；

τ——由 t 至预期的期数；

$\hat{x}_{t+\tau}$——第 $t+\tau$ 期的预测值。

(5)预测。

同理，三次指数平滑法是在二次平滑的基础上，再进行一次平滑，其计算公式为：

$$S_t^{(3)} = \alpha S_t^{(2)} + (1-\alpha) S_{t-1}^{(3)} \tag{8.3.12}$$

式中：$S_t^{(3)}$——第 t 期三次指数平滑值。

三次指数平滑的预测模型为：

$$\hat{x}_{t+\tau} = \hat{a}_t + \hat{b}_t \tau + \hat{c}_t \tau^2$$

$$\begin{cases} \hat{a}_t = 3S_t^{(1)} - 3S_t^{(2)} + S_t^{(3)} \\ \hat{b}_t = \dfrac{\alpha}{2(1-\alpha)^2}[(6-5\alpha)S_t^{(1)} - 2(5-4\alpha)S_t^{(2)} + (4-3\alpha)S_t^{(3)}] \\ \hat{c}_t = \dfrac{\alpha^2}{2(1-\alpha)^2}[S_t^{(1)} - 2S_t^{(2)} + S_t^{(3)}] \end{cases} \tag{8.3.13}$$

8.3.4 差分—指数平滑法

当时间序列的变动具有直线趋势时，用一次指数平滑法会出现滞后偏差，其原因在于数据不满足模型要求。因此，从数据变化的角度改进，即在运用指数平滑法之前，先对数据做一些技术处理，使之能适合于一次指数平滑模型，再对输出结果做返回处理，使之恢复为原变量的形态，常用的是通过差分方法。

8.3.4.1 一阶差分—指数平滑模型

当时间序列线性增加时，可运用一阶差分—指数平滑模型来预测，首先对呈现直线增加的序列做一阶差分，构成一个平稳的新序列，然后把经过一阶差分处理后的新序列的指数平滑预测值与变量当前的实际值叠加，得到变量下一期的预测值。其模型如下：

$$\begin{cases} \nabla x_t = x_t - x_{t-1} \\ \nabla \hat{x}_{t+1} = \alpha \nabla x_t + (1-\alpha) \nabla \hat{x}_t \\ \hat{x}_{t+1} = \nabla \hat{x}_{t+1} + x_t \end{cases} \tag{8.3.14}$$

式中：∇——差分记号，其他同前。

8.3.4.2 二阶差分—指数平滑模型

当时间序列呈现二次曲线增长时，可用二阶差分—指数平滑模型来预测，其计算公式如下：

$$\begin{cases} \nabla x_t = x_t - x_{t-1} \\ \nabla^2 \hat{x}_t = \nabla x_t - \nabla x_{t-1} \\ \nabla^2 \hat{x}_{t+1} = \alpha^2 \nabla x_t + (1-\alpha) \nabla^2 \hat{x}_t \\ \hat{x}_{t+1} = \nabla^2 \hat{x}_{t+1} + \nabla x_t + x_t \end{cases} \tag{8.3.15}$$

差分方法和指数平滑法联合运用，除了能克服一次指数平滑法的滞后偏差之外，对初始值的问题也有显著改善。数据经过差分之后,所产生的新序列基本上是平稳的,初始值取新序列的第一期数据对于未来预测值不会有多大影响。差分方法拓展了指数平滑法的适用范围,使一些原来需要运用配合趋势线方法处理的情况可用这种组合模型来取代。但对于指数平滑法存在的加权系数的选择问题,以及只能逐期预测问题,差分—指数平滑法也没有改进。

8.3.5 自适应滤波算法

自适应滤波算法与移动平均法、指数平滑法一样,也是以时间序列的历史观测值进行某种加权平均来预测的。它要寻找一组"最佳"的权数,其办法是先用一组给定的权值来计算一个预测值,然后计算预测误差,再根据预测误差,调整权值以减小误差。这样反复进行,直至找出一组"最佳"权值,使误差减少到最低程度。由于这种调整权值的过程与通信工程中的传输噪声过滤过程极为接近,故称自适应滤波法。

基本公式为:

$$\hat{x}_{t+1} = \omega_1 x_t + \omega_2 x_{t-1} + \cdots + \omega_N x_{t-N+1} = \sum_{i=1}^{N} \omega_i x_{t-i+1} \quad (8.3.16)$$

式中:$\hat{x}_{t+1}$——第 $t+1$ 期的预测值;

ω_i——第 $t-i+1$ 期的观测值 x_{t-i+1} 的权值。

具体步骤如下:

(1)给定时间序列 $x_1, x_2, \cdots, x_t, \cdots, x_n$。

(2)确定权值的个数 N,确定初始权值,一般取 $\omega_1 = \omega_2 = \cdots = \omega_N = \dfrac{1}{N}$。

(3)按照公式计算预测值:

$$\hat{x}_{t+1} = \omega_1 x_t + \omega_2 x_{t-1} + \cdots + \omega_N x_{t-N+1} = \sum_{i=1}^{N} \omega_i x_{t-i+1}$$

(4)计算预测误差:

$$e_{t+1} = x_{t+1} - \hat{x}_{t+1}$$

(5)根据预测误差调整权值。权值调整公式为:

$$\omega'_i = \omega_i + 2k e_{t+1} x_{t-i+1}$$

式中:ω'_i——调整后的第 i 个权值;

k——调整常数。

(6)利用调整后的权值计算下一期的预测值:

$$\hat{x}_{t+2} = \omega'_1 x_{t+1} + \omega'_2 x_t + \cdots + \omega'_N x_{t-N+2}$$

(7)重复(4)、(5)、(6),一直计算到 $\hat{x}_n$、e_n 和相应的权值。这时一轮的调整就此结束。

(8)如果预测误差,即一轮预测的总误差已达到预测精度,且权值已无明显变化,则可用这组权值预测第 $n+1$ 期的值,否则,用所得到的权值作为初始权值,重新从头开始调整权值。

在开始调整权值时,要确定权值的个数 N。一般来说,当时间序列呈现季节变动时,N 应取季节长度值。当时间序列以一年为周期进行季节变动时,若序列的观测值是月度数据,则取 $N=12$;若是季度数据,则取 $N=4$;如果没有明显的周期波动则可用自相关系数法来确定 N,即以序列的最高自相关系数的滞后期作为 N。

调整常数的大小影响到权值调整的速度,k 值越大,调整得越快;k 值越小,调整得越慢。

但 k 值过大,有可能导致权值振动,不收敛于一组"最佳"权值。通常 k 值取 $1/N$,也可以用不同的值进行试算,以确定一个能使误差最小的值。

初始权值的确定一般取 $\omega_1 = \omega_2 = \cdots = \omega_N = 1/N$。在自适应滤波算法中,权值可以为负数,且权值之和一般不等于 1,因此不是严格意义上的加权平均。自适应滤波算法使用了全部的数据信息来寻求最佳权值,并随数据轨迹的变化而不断更新权值,从而不断提高预测精度,同时,技术上比较简单,便于计算机实现。

8.4 随机性时间序列预测方法

8.4.1 随机时间序列预测的基本概念

8.4.1.1 随机时间序列

时间序列预测法就是通过编制和分析时间序列,根据时间序列所反映出来的发展过程、方向和趋势,进行类推或延伸,借以预测下一段时间或以后若干年内可能达到的水平。随机型时间序列就是假设所要分析预测的变量是一个随机过程,其数据序列是由随机过程产生的。在社会生活这样一个偌大的系统中,有一系列的内在因素互相制约着,使得各种现象有一定内在发展规律,只是无法用一个确定的数学公式来描述,在这种情况下,借助概率论随机过程等时间序列可以有效地解决这问题。

时间序列的趋势项和周期项的预测比较简单,可以用非随机的函数刻画,方法可参考 8.3 节,分离出趋势项和周期项后的时间序列往往表现出某种平稳波动性,这样的时间序列称为平稳序列,平稳序列的波动和独立的时间序列的波动有所不同。对于独立时间序列 $\{x_t\}$, $X_1, X_2, X_3, \cdots, X_n$ 和 X_{n+1} 独立。从而不会包含有 X_{n+1} 的信息,而平稳时间序列 $X_1, X_2, X_3, \cdots, X_n$ 的历史中往往含有 X_{n+1} 的信息,因此利用历史样本 $x_1, x_2, \cdots, x_n$ 预测将来的 x_{n+1} 成为可能,如果时间序列 $\{X_t\} = \{X_t : t \in \varphi\}$ 满足以下条件,就称 $\{X\}$ 是平稳时间序列:

(1) 对任何 $t \in \varphi, EX_t^2 < \infty$。

(2) 对任何 $t \in \varphi, EX_t = \mu$。

(3) 对任何 $t, s \in \varphi, E[(X_t - \mu)(X_s - \mu)] = \gamma_{t-s}$。

实数列 $\{\gamma_{t-s}\}$ 为 $\{X_t\}$ 的自协方差函数。时间序列分析的重点是要分析平稳序列的统计特性,从而掌握其规律性,时间序列包含了很广泛的现象,其结构可以很复杂,因此建立的模型也大相径庭,从时间序列本身性质可以把时间序列模型分为以下几类。

(1) 按时间序列的统计特性分为平稳时间序列和非平稳时间序列,因此构成了平稳时间序列模型和非平稳时间序列模型。

(2) 按时间序列的元数分为一元时间序列 $\{Y_t\}$ 和多元时间序列 $\{Y_{1t}, Y_{2t}, \cdots, Y_{nt}\}$,相应的有一维时间序列模型和多维时间序列模型。

(3) 按时间序列的自变量数,有单变量时间序列模型和多变量时间序列模型。

另外,在交通系统中时间序列的研究又可按系统本身的性质分为线性时间序列模型和非线性时间序列模型。

早在 20 世纪 20 年代,Yule 就提出了自回归模型的概念,但直到 20 世纪 70 年代,Box 和 Jenkins 发表专著《时间序列分析:预测和控制》,才对平稳时间序列数据提出自回归滑动平均模型以及一整套的建模、估计和控制方法,该方法最大的优点在于其一般性能够处理各种数据模式,提出了一种正规的结构化的建模途径,其建模的基本思想是:将预测对象随时间推移而形成的数据序列视为一个随机序列,用一定的数学模型来近似描述这个序列,这个模型一旦被识别后就可以用时间序列的过去值及现在值来预测未来值。

8.4.1.2 交通状态预测时间序列模型

道路上的交通状态是随着时间不断变化的,直接的表现是在不同时间来自检测器的观测值构成了一组数值序列,按照时间的先后顺序排列而成,这组数据由于受到各种偶然因素影响,表现出随机性,但彼此之间又存在着统计上的依赖关系。

道路上检测到的交通状态参数按照时间次序排列成一组随机变量序列,例如$X_1,X_2,\cdots,X_N$,为按时间次序排列的随机变量序列,称为时间序列。如果用$x_1,x_2,\cdots,x_N$分别表示随机变量$X_1,X_2,\cdots,X_N$的观测值。就称$x_1,x_2,\cdots,x_N$为交通状态时间序列$X_1,X_2,\cdots,X_N$的N个观测样本。

交通状态构成的时间序列数据取值依赖于时间的变化,但不一定是时间的严格函数。每一时刻的取值具有随机性,不可能完全准确地用历史值预测,前后时刻的数值有一定的相关性。在实际问题中,所能得到的数据只是时间序列的有限观测样本$x_1,x_2,\cdots,x_N$。如果能根据观测数据的特点为数据建立尽可能合理的统计模型,然后利用模型的统计特性去解释数据的统计规律,就可以达到控制或预报的目。

8.4.2 交通流短时预测的时间序列方法

8.4.2.1 自回归模型

利用回归法进行预测的必要条件:因变量与自变量之间必须是密切相关的,即强相关,而各个自变量之间的关系,又必须是不密切的或不相关的;自变量的未来值必须比因变量的预测值精确,或容易求得。不具备这些必要条件的事物,不能利用回归法进行预测。当条件具备时,即可利用回归方程的形式,选定因变量与自变量的关系式,进行预测。

线性模型是一种最基本的时间序列模型,而自回归模型是最常用的时间序列线性模型,它能描述某时刻与之前若干时刻数据之间的线性相关性。

(1)模型的基本形式

设时间序列$\{x_t\}$,$t=1,2,\cdots,N$是平稳的、零均值的时间序列,并且:

$$x_t = \sum_{i=1}^{p} \varphi_i x_{t-i} + a_t \qquad (8.4.1)$$

式中:　　p——正整数;

$\varphi_1,\varphi_2,\cdots,\varphi_p$——参数;

$\{a_t\}$——零均值的白噪声序列,即满足:

$$Ea_t = 0, Ea_t a_s = \begin{cases} 1, t=s \\ 0, t \neq s \end{cases} \qquad (8.4.2)$$

上述模型中描述的是序列$\{x_t\}$自身某一时刻和前p个时刻之间的相互关系,因此当模型参数满足一定的条件时,称上述模型为p阶自回归模型,将$\{x_t\}$记作$AR(p)$。

$AR(p)$模型形式简单、直观,而且便于建模与预报,应用广泛。建模的主要内容是参数估计和阶数判定。参数估计的方法多样,但观测数据越多,所得到的估计结果越精确。可是数据增加,也增加了计算量和计算机的存空间,因此,为了减少计算量,加快参数估计速度,采用递推算法来解决。这样,每一步的计算量就会减小,同时不断提供时变参数系统的实时模型。

①参数估计

该模型参数$(\varphi_1,\varphi_2,\cdots,\varphi_p)$可由 Yule-Walker 方程进行估计和递推,具体如下:
设样本$\{x_t\}, t=1,2,\cdots,N$的自协方差函数为$\{\gamma_l\}$,则有:

$$\hat{\gamma} = \hat{\gamma}_{t-l} = \frac{1}{N}\sum_{t=l+1}^{N} x_1 x_{t-l}, \quad l=1,2,\cdots,M, M>p \tag{8.4.3}$$

因此,由 Yule-Walker 方程可得 AR(p)模型的参数$(\varphi_1,\varphi_2,\cdots,\varphi_p)$的估计:

$$\hat{\varphi} = \begin{bmatrix}\hat{\varphi}_1 \\ \hat{\varphi}_2 \\ \vdots \\ \hat{\varphi}_p\end{bmatrix} \begin{bmatrix} \hat{\gamma}_0 & \hat{\gamma}_2 & \cdots & \hat{\gamma}_{p-1} \\ \hat{\gamma}_1 & \hat{\gamma}_0 & \cdots & \hat{\gamma}_{p-2} \\ \vdots & \vdots & & \vdots \\ \hat{\gamma}_{p-1} & \hat{\gamma}_{p-2} & \cdots & \hat{\gamma}_0 \end{bmatrix}^{-1} \begin{bmatrix}\hat{\gamma}_1 \\ \hat{\gamma}_2 \\ \vdots \\ \hat{\gamma}_p\end{bmatrix} \tag{8.4.4}$$

由于自相关函数$\hat{\rho}_l = \hat{\gamma}_l/\hat{\gamma}_0$,且$\hat{\rho}_0 \equiv 0$,故上式可变为:

$$\hat{\varphi} = \begin{bmatrix}\hat{\varphi}_1 \\ \hat{\varphi}_2 \\ \vdots \\ \hat{\varphi}_p\end{bmatrix} \begin{bmatrix} 1 & \hat{\rho}_1 & \cdots & \hat{\rho}_{p-1} \\ \hat{\rho}_1 & 1 & \cdots & \hat{\rho}_{p-2} \\ \vdots & \vdots & & \vdots \\ \hat{\rho}_{p-1} & \hat{\rho}_{p-2} & \cdots & 1 \end{bmatrix}^{-1} \begin{bmatrix}\hat{\rho}_1 \\ \hat{\rho}_2 \\ \vdots \\ \hat{\rho}_p\end{bmatrix} \tag{8.4.5}$$

上式称为$\hat{\varphi}$的 Yule-Walker 估计。在时间序列分析中,通常用递推算法来求解模型参数,记$\hat{\varphi}_k = (\hat{\varphi}_{k1},\hat{\varphi}_{k2},\cdots,\hat{\varphi}_{kk})$为 AR($k$)模型参数,则随着阶数$k$的增加,由 AR($k$)得$\varphi_k$可递推 AR($k+1$)的$\varphi_{k+1}$,递推算法如下:

$$\begin{cases}\varphi_{11} = \rho_1 \\ \varphi_{k+1,k+1} = (\rho_{k+1} - \sum_{j=1}^{k}\rho_{k+1-j}\varphi_{kj})(1 - \sum_{j=1}^{k}\rho_j\varphi_{kj})^{-1} \\ \varphi_{k+1,j} = \varphi_{kj} - \varphi_{k+1,k+1}\varphi_{k,k+1-j}, \quad j=1,2,\cdots,k\end{cases} \tag{8.4.6}$$

前面是在假定系统的阶数已知的前提下讨论参数估计问题,系统阶数客观存在,但又未知,因此确定模型的阶数是系统建模的重要一环,只有当模型参数全部确定出来,才算建模完成。

②回溯系数的p确定

时间序列分析中,确定回溯系数p常用的判别准则有 F 检验准则、最小信息准则 AIC 和 BIC 准则等。这里主要有 Akaike(1973)提出的时间序列分析中的 AIC 准则,AIC 准则在模型参数极大似然估计的基础上,推导出的最佳模型的参数和回溯系数应该使式(8.4.7)中的统计量达到最小:

$$\text{AIC} = N\ln\hat{\sigma}_a^2 + 2s \tag{8.4.7}$$

式中:$\hat{\sigma}_a^2$——白噪声方差的估计;

s——独立参数个数。

对于零均值自回归模型,AR(p)的独立参数有$(\varphi_1,\varphi_2,\cdots,\varphi_p)$和$\hat{\sigma}_a^2$,因此$s=p+1$。

如果序列$\{x_t\}$的均值非零,则$s=p+2$。

所谓 AIC 准则就是当欲从一组可供选择的模型中选择一个最佳模型时,选取 AIC 为最小的模型是适宜的,即对事先给定的阶数上界n_h,若有$\text{AIC}(p_0) = \min\limits_{0 \leq p \leq n_h} \text{AIC}(p)$,则选取$p_0$为最佳参数。

在利用 AIC 准则定阶时,需从 1 开始,逐步增加回溯系数p的值,计算相应的 AIC 值,取其中最小的 AIC 值对应的p作为模型的回溯系数。其中,计算 AIC 值需要计算φ_k和$\hat{\sigma}_a^2$的值。φ_k可由上面的递推公式计算得到。$\hat{\sigma}_a^2$也可由式(8.4.8)递推计算得到:

$$\begin{cases} \hat{\sigma}_a^2(0) = \dfrac{1}{N}\sum\limits_{t=1}^{N}(x_t - \bar{x})^2 \\ \bar{x} = \dfrac{1}{N}\sum\limits_{t=1}^{N}x_t \\ \hat{\sigma}_a^2(k) = (1 - \hat{\varphi}_{kk}^2)\hat{\sigma}_a^2(k-1) = \prod\limits_{j=1}^{k}(1 - \hat{\sigma}_{jj}^2)\hat{\sigma}_a^2(0) \end{cases} \quad (8.4.8)$$

AIC 准则借助信息论提出一个完全客观的定阶准则,利用这个准则不要求建模人员再加入任何主观判断。

(2)自回归模型的稳定性

对于自回归模型 AR(1),当$p=1$时,模型的表达式转为简单:$X_t = \varphi X_{t-1} + \varepsilon_t$,方程两边平方再求数学期望,得到时间序列$\{X_t\}$的方差:

$$E(X_t^2) = \varphi^2 E(X_{t-1}^2) + E(\varepsilon_t^2) + 2E(X_{t-1}\varepsilon_t) \quad (8.4.9)$$

由于X_t仅与ε_t相关,因此,$E(X_{t-1}\varepsilon_t) = 0$。如果该模型稳定,则有$E(X_t^2) = E(X_{t-1}^2)$,从而式(8.4.9)可变换为:

$$\gamma_0 = \sigma_X^2 = \frac{\sigma_\varepsilon^2}{1 - \varphi^2} \quad (8.4.10)$$

在稳定条件下,该方差是一非负常数,从而有$|\varphi| < 1$。对高阶自回归模型 AR(p)来说,有一些有用的规则可用来检测高阶自回归模型的稳定性。AR(p)模型稳定的必要条件式:

$$\varphi_1 + \varphi_2 + \cdots + \varphi_p < 1$$

由于$\varphi_i(i=1,2,\cdots,p)$可正可负,AR($p$)模型稳定的充分条件是:

$$|\varphi_1| + |\varphi_2| + \cdots + |\varphi_p| < 1$$

8.4.2.2 滑动平均模型(简称 MA 模型)

时间序列分析考虑的只有序列$\{X_t\}$,要寻找变量之间的关系则资源有限。自回归模型 AR(p)寻找$\{X_t\}$彼此之间的关系,寻找X_t与白噪声ε_t之间的关系,那就是滑动平均模型,记作 MA(q),代表X_t与$q+1$各白噪声之间的关系,即ε_t与ε_{t-q}。

(1)MA(1)模型

MA(1)是最简单的模型,其基本公式为:

$$X_t = \varepsilon_t - \theta\varepsilon_{t-1} \quad (8.4.11)$$

式中:ε_t——服从均值为零,方差为σ_ε^2的正态分布。

它的自协方差系数为:

$$\gamma_0 = (1 + \theta^2)\sigma_\varepsilon^2, \gamma_1 = -\theta^2\sigma_\varepsilon^2, \gamma_2 = \gamma_3 = \cdots = 0 \quad (8.4.12)$$

于是,MA(1)过程的自相关函数为:

$$\rho_1 = \frac{-\theta}{1+\theta^2}, \rho_2 = \rho_3 = \cdots = \rho_0$$

X_t 与 X_{t-k} 不相关，MA(1) 自相关函数是截尾的。MA(1) 过程可以等价地写成 ε_t 关于无穷序列 $X_t, X_{t-1}, \cdots$ 的线性组合形式：

$$\varepsilon_t = X_t + \theta X_{t-1} + \theta^2 X_{t-2} + \cdots \tag{8.4.13}$$

该式是一个 AR(∞) 过程，它的偏自相关函数是非截尾但却趋于零，因此 MA(1) 的偏自相关函数是非截尾但却趋于零。该式只有当 $|\theta|<1$ 时才有意义，否则意味着距 X_t 越远的 X 值，对 X_t 的影响越大，显然不符合常理。因此，我们把 $|\theta|<1$ 称为 MA(1) 的可逆性条件。

(2) MA(q) 模型的一般形式

对于一般的滑动平均模型，MA(q) 的基本形式是：

$$X_t = \varepsilon_t - \theta_1 \varepsilon_{t-1} - \theta_2 \varepsilon_{t-2} - \cdots - \theta_q \varepsilon_{t-q} = \varepsilon_t - \sum_{j=1}^{q} \theta_j \varepsilon_{t-j} \tag{8.4.14}$$

式中：$\{\varepsilon_t\}$ ——白噪声，服从均值为零，方差为 σ_ε^2 的正态分布，即 $\varepsilon_t \sim N(0, \sigma^2)$，其自协方差系数为：

$$\gamma_k = E(X_t X_{t-k}) = \begin{cases} \sigma_\varepsilon^2 (1 + \theta_1^2 + \theta_2^2 + \cdots + \theta_q^2), & k=0 \\ \sigma_\varepsilon^2 (-\theta_k + \theta_1 \theta_{k+1} + \cdots + \theta_{q-k} \theta_q), & 1 \leq k \leq q \\ 0, & k > q \end{cases} \tag{8.4.15}$$

相应的自相关函数为：

$$\rho_k = \frac{\gamma_k}{\gamma_0} = \begin{cases} 1, & k=0 \\ (-\theta_k + \theta_1 \theta_{k+1} + \theta_{q-k} \theta_q)/(1 + \theta_1^2 + \omega_2^2 + \cdots + \theta_q^2), & 1 \leq k \leq q \\ 0, & k > q \end{cases} \tag{8.4.16}$$

可见，当 $k>q$ 时，X_t 与 X_{t-k} 不相关，即存在截尾现象，因此，当 $k>q$ 时，$\rho_k = 0$ 是 MA(q) 的一个特征。因此，可以根据自相关系数是否从某一点开始一直为 0 来判断 MA(q) 模型的阶。与 MA(1) 相仿，可以验证 MA(q) 过程的偏自相关函数是非截尾但趋于零。

MA(q) 模型的识别规则：若随机序列的自相关函数截尾，即自 q 以后，$\rho_k = 0 (k>q)$；而偏自相关函数是拖尾的，则此序列是滑动平均 MA(q) 序列。

同样需要注意的是：若随机序列的自相关函数截尾 γ_k 是总体自相关函数 ρ_k 的一个估计，由于样本的随机性，当 $k>q$ 时，γ_k 不会全为零，而是在 0 的上下波动。但可以证明，当 $k>q$ 时，γ_k 服从如下的渐近正态分布：

$$\gamma_k \to N(0, 1/n) \tag{8.4.17}$$

(3) MA(q) 模型的矩估计

将 MA(q) 模型的自协方差函数中的各个量用估计量代替，得到：

$$\hat{\gamma}_k = \begin{cases} \hat{\sigma}_\varepsilon^2 (1 + \hat{\theta}_1^2 + \hat{\theta}_2^2 + \cdots + \hat{\theta}_q^2), & k=0 \\ \hat{\sigma}_\varepsilon^2 (-\hat{\theta}_k + \hat{\theta}_1 \hat{\theta}_{k+1} + \hat{\theta}_2 \hat{\theta}_{k+2} + \cdots + \hat{\theta}_{q-k} \hat{\theta}_q), & 1 \leq k \leq q \\ 0, & k > q \end{cases} \tag{8.4.18}$$

首先求得自协方差函数的估计值，该式是一个包含 $q+1$ 个待估参数 $\hat{\theta}_1, \hat{\theta}_2, \cdots, \hat{\theta}_q, \sigma_\varepsilon^2$ 的非线性方程组，可以用直接法或迭代法求解。常用迭代法有线性迭代法和 Newton – Raphsan 迭代法。

①MA(1) 模型的直接算法

对于 MA(1)模型,式(8.4.18)相应写成:
$$\hat{\gamma}_0 = (1+\hat{\theta}^2)\hat{\sigma}_\varepsilon^2, \hat{\gamma}_1 = -\hat{\theta}\hat{\sigma}_\varepsilon^2 \tag{8.4.19}$$

于是 $\hat{\theta} = -\hat{\gamma}_1/\hat{\sigma}_\varepsilon^2$,有 $\hat{\sigma}_\varepsilon^4 - \hat{\gamma}_0\sigma_\varepsilon^2 + \hat{\gamma}_1^2 = 0$ 或 $\hat{\gamma}_0^{-1}\sigma_\varepsilon^4 - \sigma_\varepsilon^2 + \hat{\rho}_1^2 = 0$,于是有解:

$$\hat{\sigma}_\varepsilon = \frac{\hat{\gamma}_0}{2}(1 \pm \sqrt{1-4\hat{\rho}_1^2})$$

$$\hat{\theta} = -\hat{\gamma}_1/\hat{\sigma}_\varepsilon^2 = -2\hat{\rho}_1/(1+\pm\sqrt{1-4\hat{\rho}_1^2}) \tag{8.4.20}$$

由于参数估计有两组解,可根据可逆性条件 $|\theta|<1$ 来判断选取其中一组。

② MA(q)模型,一般用迭代算法估计参数,由协方差估计值得

$$\hat{\sigma}_\varepsilon^2 = \frac{\hat{\gamma}_0}{1+\hat{\theta}_1^2+\hat{\theta}_2^2+\cdots+\hat{\theta}_q^2}$$

$$\hat{\theta}_k = -\left(\frac{\hat{\gamma}_k}{\hat{\sigma}_\varepsilon^2} - \hat{\theta}_1\hat{\theta}_{k+1} - \cdots - \hat{\theta}_{q-k}\hat{\theta}_q\right)$$

第一步,给出 $\hat{\theta}_1, \hat{\theta}_2, \cdots, \hat{\theta}_q, \hat{\sigma}_\varepsilon$ 的一组初值,比如:$\hat{\sigma}_\varepsilon(0) = \hat{\gamma}_0, \hat{\theta}_1(0) = \hat{\theta}_2(0) = \cdots = \hat{\theta}_k(0) = 0$ 代入上式,计算出第一次迭代值,$\hat{\sigma}_\varepsilon^2(1) = \hat{\gamma}_0, \hat{\theta}_k(1) = -\hat{\gamma}_k/\hat{\gamma}_0$。

第二步,将第一次迭代值代入式中,计算第二次迭代值:

$$\begin{cases} \hat{\sigma}_\varepsilon^2(2) = \dfrac{\hat{\gamma}_0}{1+\hat{\theta}_1^2(1)+\cdots+\hat{\theta}_q^2(1)} \\ \hat{\theta}_k(2) = -\left(\dfrac{\hat{\gamma}_k}{\hat{\sigma}_\varepsilon^2} - \hat{\theta}_1(1)\hat{\theta}_{k+1}(1) - \cdots - \hat{\theta}_{q-k}(1)\hat{\theta}_q(1)\right) \end{cases} \tag{8.4.21}$$

如此反复迭代下去,直到第 m 步的迭代值与第 $m-1$ 步的迭代值相差不大时(满足一定精度要求),便停止迭代,并用第 m 步的迭代结果作为问题近似解。

(4) MA(q)模型的平稳性

对于滑动平均模型 MA(q):

$$X_t = \varepsilon_t - \theta_1\varepsilon_{t-1} - \theta_2\varepsilon_{t-2} - \cdots - \theta_q\varepsilon_{t-q} = \varepsilon_t - \sum_{j=1}^{q}\theta_j\varepsilon_{t-j} \tag{8.4.22}$$

有:

$$\begin{cases} E(X_t) = E(\varepsilon_t) - \theta_1 E(\varepsilon_{t-1}) - \theta_2 E(\varepsilon_{t-2}) - \cdots - \theta_q E(\varepsilon_{t-q}) = 0 \\ \gamma_0 = \text{var}(X_t) = \sigma_\varepsilon^2(1+\theta_1^2+\theta_2^2+\cdots+\theta_q^2) \\ \gamma_1 = \text{cov}(X_t, X_{t-1}) = \sigma_\varepsilon^2(-\theta_k + \theta_1\theta_{k+1} + \cdots + \theta_{q-k}\theta_q) \\ \vdots \\ \gamma_{q-1} = \text{cov}(X_t, X_{t-q+1}) = \sigma_\varepsilon^2(-\theta_{q-k} + \theta_1\theta_q) \\ \gamma_q = \text{cov}(X_t, X_{t-q}) = -\theta_q\sigma_\varepsilon^2 \end{cases} \tag{8.4.23}$$

当滞后大于 q 时,X_t 的自协方差系数为 0。因此,有限阶滑动平均模型总是平稳的。

8.4.2.3 自回归滑动平均模型(简称 ARMA 模型)

自回归滑动平均模型(ARMA)是随机时间序列分析模型的普遍形式,自回归模型(AR)和滑动平均模型(MA)是它的特殊情况。ARMA(p,q)的自相关函数,可以看作 MA(q)的自相关函数和 AR(p)的自相关函数的混合物。AR(p)模型反映时序变量与白噪声之间的关系

模型,而自回归滑动模型讨论时序变量同时与自身和白噪声有关系。

其表达式为:

$$X_t = \sum_{j=1}^{p}\rho_j X_{t-j} + \sum_{j=0}^{q}\lambda_j \varepsilon_{t-j} \tag{8.4.24}$$

满足该式的平稳序列$\{X_t\}$为平稳解,或 ARMA(p,q)序列,ρ_j,λ_j为参数。

(1) ARMA(p,q)模型的平稳解

对其表达是变形:

$$X_t - \sum_{j=1}^{p}\rho_j X_{t-j} = \sum_{j=0}^{q}\lambda_j \varepsilon_{t-j} \tag{8.4.25}$$

可以推导出X_t与$\{\varepsilon_t\}$之间的关系:

$$X_t = \sum_{j=0}^{\infty}\phi_j \varepsilon_{t-j} \tag{8.4.26}$$

式中:$\{\phi_j\}$——X_t的 Word 系数。

该模型解的平稳性,类似于 AR(p)模型的估计情况,可利用白噪声$\{\varepsilon_t\}$和模型系数,递推产生 ARMA(p,q)序列,取初值$Y_0 = Y_1 = \cdots = Y_{P-1} = 0$,然后利用模型地推出序列$\{Y_t\}$:

$$Y_t = \sum_{j=1}^{p}\rho_j Y_{t-j} + \sum_{j=1}^{p}\lambda_j \varepsilon_{t-j}, \quad t = p, p+1, \cdots, m+n \tag{8.4.27}$$

式中:m,n——选取的数值,取适当的m,令$X_t = Y_{m+t}$,$t = 1,2,\cdots n$,则可以将$\{X_t\}$视为所需要的 ARMA(p,q)序列。

(2) ARMA(p,q)的自协方差函数

从 Word 系数表示式知道,ARMA(p,q)序列的自协方差函数与序列初值无关,只与模型参数有关,并且可以由 Word 系数$\{\phi_j\}$表示:

$$\gamma_k = \sigma^2 \sum_{j=0}^{\infty}\phi_j \phi_{j+k}, \quad k \geq 0 \tag{8.4.28}$$

利用 ARMA(p,q)模型的参数$\{\rho_j\}$、$\{\lambda_j\}$计算 Word 系数$\{\phi_j\}$时,可以采用递推方法。首先取$\phi_0 = 1$,然后逐步递推:

$$\phi_j = \lambda_j + \sum_{k=1}^{p}\rho_k \phi_{j-k}, \quad j = 1,2,\cdots \tag{8.4.29}$$

并且规定$j > q$时,$\lambda_j = 0$;当$j < q$时,$\phi_j = 0$。

(3) ARMA(p,q)模型的平稳性

由于 ARMA(p,q)模型是 AR(p)模型和 MA(q)模型的组合,而 MA(q)模型总是平稳的,因此 ARMA(p,q)模型的平稳性取决于 AR(p)部分的平稳性。

当 AR(p)部分平稳时,则 ARMA(p,q)模型是平稳的;否则,是不平稳的。

9 交通流短时预测其他方法

前文讲述了短时交通流预测的基本方法:基于回归分析预测方法、时间序列预测模型等,这些方法和模型在短时交通预测中发挥着重要的作用,其模型简单、便于预测,且预测结果也较准确。然而,由于模型本身的局限性、精确性和短时交通预测的需要,除这些常用方法之外,人们还开发了其他许多预测方法,这些预测方法有较好的发展前景。本章主要介绍卡尔曼滤波模型、短时交通流支持向量机回归预测模型、基于神经网络的路网短时交通流预测等其他预测方法,以及在短时交通预测中的一些简单应用。

9.1 卡尔曼滤波模型(Kalman Filtering Model)

卡尔曼滤波是一种先进的控制方法,是以 20 世纪 60 年代卡尔曼提出的滤波理论为基础。在应用短时交通流量预测之前,已成功应用在交通需求预测领域,预测精度较高。卡尔曼滤波法是一种基于线性回归分析的成熟预测方法,首先根据现有数据形成对下一个观测值的最佳预测模型,然后再将最新的观测值用更新方程加入预测向量中。

9.1.1 卡尔曼滤波的基本原理

卡尔曼滤波是针对时变随机信号的一种滤波方法,实际就是对状态的线性最小方差估计,其原理可由一组滤波递推公式表示。假设系统分别由下列线性离散方程所描述:

$$\left. \begin{array}{l} X(k+1) = \Phi(k+1,k)X(k) + \Gamma(k+1,k)\omega(k) \\ z(k+1) = H(k+1)x(k+1) + v(k+1) \end{array} \right\} \quad (9.1.1)$$

式中:$X(k+1)$——n 维随机序列;
   $\omega(k)$——p 维系统噪声序列;
   $z(k+1)$——m 维观测序列;
   $v(k+1)$——m 维观测噪声序列,且系统噪声 $\omega(k)$ 和观测噪声 $v(k+1)$ 为零均值白噪声序列;
   Φ,H——系数矩阵。

即对所有 k、j 有:

$$\left. \begin{array}{l} E[\omega(k)] = 0 \\ E[v(k)] = 0 \\ E[\omega(k)\omega^T(j)] = Q(k)\delta_{k,j} \\ E[v(k)v^T(j)] = R(k)\delta_{k,j} \\ E[\omega(k)v^T(j)] = 0 \end{array} \right\} \quad (9.1.2)$$

假定初始状态有下列统计特性:

$$\left. \begin{array}{l} E[X(0)] = m_x(0) \\ E[(X(0) - m_x(0))(X(0) - m_x(0))^T] = P_x(0) \end{array} \right\} \quad (9.1.3)$$

$X(0)$ 与 $\omega(k)$、$v(k)$ 都不相关,即:

$$E[X(0) \times \omega^T(k)] = 0$$
$$E[X(0) \times v^T(k)] = 0$$
(9.1.4)

根据递推关系,推导后可得:

$$\overline{X}(k|k) = \Phi(k, k-1)\overline{X}(k-1|k-1) + P(k|k-1)H^T(k)$$
$$[H(k)P(k|k-1)H^T(k) + R(k)]^{-1}[z(k) - H(k)\Phi(k,k-1)\overline{X}(k-1|k-1)]$$
(9.1.5)

式(9.1.5)表示在 k 时刻获得观测值 $z(k)$ 后,$X(k)$ 的最优估计值的计算式。它是用 k 时刻的观测值来修正递推值 $\overline{X}(k|k-1)$ 后得到的,因而是一种递推估计,通常称该式为卡尔曼滤波方程。

令:

$$P(k|k-1)H^T(k)[H(k)P(k|k-1)H^T(k) + R(k)]^{-1} = K(k) \quad (9.1.6)$$

则 $K(k)$ 称为卡尔曼滤波增益矩阵,$P(k|k-1)$ 为预测误差协方差矩阵,它可以由下式求得:

$$P(k|k-1) = E[\widetilde{X}(k|k-1)\widetilde{X}^T(k|k-1)]$$
$$= E\{[\Phi(k,k-1)\widetilde{X}(k-1,k-1) + \Gamma(k,k-1)\omega(k,k-1)][\Phi(k,k-1)\widetilde{X}(k-1,k-1) + \Gamma(k,k-1)\omega(k,k-1)]^T\}$$
$$= \Phi(k,k-1)P(k-1|k-1)\Phi^T(k,k-1) + \Gamma(k,k-1)Q(k-1)\Gamma^T(k,k-1)$$
(9.1.7)

现在求滤波误差协方差矩阵的表达式,由于

$$\widetilde{X}(k|k-1) = X(k) - \Phi(k,k-1)X(k-1|k-1)$$
$$\widetilde{X}(k|k) = X(k) - \overline{X}(k|k)$$
$$\overline{X}(k|k) = \overline{X}(k-1|k-1) + K(k)\widetilde{z}(k|k-1)$$
(9.1.8)

故:

$$\widetilde{X}(k|k) = \widetilde{X}(k|k-1) - K(k)[H(k) - \widetilde{X}(k|k-1) + v(k)]$$
$$= [I - K(k)H(X)]\widetilde{X}(k|k-1) - K(k)v(k)$$
(9.1.9)

因为

$$P(k|k) = E[\widetilde{X}(k|k)\widetilde{X}^T(k|k)]$$
$$= E\{[(I - K(k)H(k))\widetilde{X}(k|k-1) - K(k)v(k)] \times [I - K(k)H(k)\widetilde{X}(k|k-1) - K(k)v(k)]^T\}$$
$$= [I - K(k)H(k)]P(k|k-1)[I - K(k)H(k)]^T + K(k)R(k)K^T(k)$$
$$= P(k|k-1) - K(k)H(k)P(k|k-1) - P(k|k-1)H^T(k)K^T(k) + K(k)H(k)P(k|k-1)H^T(k)K(k) + K(k)R(k)K^T(k)$$

$$= P(k|k-1) - K(k)H(k)P(k|k-1) - P(k|k-1)H^T(k)K^T(k) +$$
$$K(k)[H(k)P(k|k-1)H^T(k) + R(k)]K^T(k)$$

将 $K(k) = P(k|k-1)H^T(k)[H(k)P(k|k-1)H^T(k) + R(k)]^{-1}$ 代入上式得

$$P(k|k) = [I - K(k)H(k)]P(k|k-1) \tag{9.1.10}$$

综上所述,最优滤波估计 $\overline{X}(k|k)$ 由以下递推关系式给出:

$$\left.\begin{array}{l}(1)\overline{X}(k|k) = \Phi(k,k-1)\overline{X}(k-1|k-1) + K(k) \times [z(k) - H(k)\Phi(k,k-1)\overline{X}(k-1|k-1)]\\(2)K(k) = P(k|k-1)H^T(k)[H(k)P(k|k-1)H^T(k) + R(k)]^{-1}\\(3)P(k|k-1) = \Phi(k,k-1)P(k-1|k-1)Q^T(k,k-1) + \Gamma(k,k-1)Q(k-1)\Gamma^T(k,k-1)\\(4)P(k|k) = [I - K(k)H(k)]P(k|k-1)\\k = 0,1,2,\cdots\end{array}\right\} \tag{9.1.11}$$

以上的递推滤波方程首先由卡尔曼证明,所以通常把上式所表达的递推滤波算法称为卡尔曼滤波器。

卡尔曼滤波(KF)是卡尔曼于 1960 年提出的,是采用由状态方程和观测方程组成的线性随机系统的状态空间模型来描述滤波器,并利用状态方程的递推性,按线性无偏最小均方误差估计准则,采用一套递推算法对滤波器的状态变量做最佳估计,从而求得滤掉噪声的有用信号的最佳估计。由于卡尔曼滤波不仅可用于信号的滤波和估计,而且还可用于模型参数的估计,所以它适用于交通状况的预测。

9.1.2 卡尔曼滤波估计的方法

卡尔曼滤波估计的基本计算过程可以归结为预测和滤波、卡尔曼中增益和估计误差方差矩阵的计算,现归纳如下。

首先递推计算总是在已有前一步状态基础上进行的,因此,根据前一次滤波值 $\overline{X}(k-1|k-1)$ 计算预测值:

$$\overline{X}(k-1|k-1) = \phi(k,k-1)\overline{X}(k-1|k-1)$$

根据新的观测值 $z(k)$ 计算滤波估计:

$$\overline{X}(k|k) = \overline{X}(k|k-1) + \overline{X}(k)[z(k) - H(x)\overline{X}(k|k-1)]$$

将滤波估计存入计算机,等到下一时刻得到新的观测值 $z(k+1)$ 时重复上述计算过程。其中计算滤波估计流程图,如图 9.1.1 所示。

其中,$v(k) = z(k) - H(x)\overline{X}(k|k-1)$。

可以看出,滤波过程是以不断地"预测—修正"的递推方式进行计算,先进行预测值计算,再根据观测值得到新信息和卡尔曼增益(加权项),对预测值进行修正。由滤波可以得到预测,又由预测可以得到滤波,其滤波和预测相互作用,并不要求储存任何观测数据,可以进行实时处理。

已知系统噪声的方差矩阵 $Q(k)$ 和测量噪声方差矩阵 $R(k)$,根据前次得到的滤波误差方差矩阵 $P(k-1|k-1)$(或初值 $P(0|0)$),计算预测误差方差矩阵:

$$P(k|k-1) = \phi(k|k-1)P(k-1|k-1)\phi^T(k,k-1) + \Gamma(k,k-1)Q(k-1)\Gamma^T(k,k-1)$$

再计算卡尔曼增益为:

$$K(k) = P(k|k-1)H^T(k)[H(k)P(k|k-1)H^T(k) + R(k)]^{-1}$$

计算滤波误差方差矩阵为:

$$P(k|k) = [I - K(k)H(k)]P(k|k-1)$$

其中计算卡尔曼增益的流程图,如图9.1.2所示。

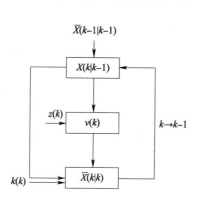
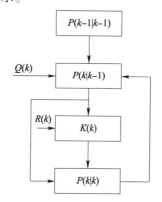

图9.1.1 计算滤波估计流程图　　图9.1.2 卡尔曼滤波增益和误差方差矩阵流程图

9.1.3 求解状态空间模型步骤

按照叙述的卡尔曼滤波算法,求解状态空间模型的过程主要有以下几个步骤。
(1)确定系数矩阵、初始化系统状态初值x_0和方差矩阵V_0。
(2)系统状态递推计算。

$$x_{n|n-1} = F_n x_{n-1|n-1} \tag{9.1.12}$$

$$V_{n|n-1} = F_n V_{n-1|n-1} F_n^T + G_n Q_n G_n^T \tag{9.1.13}$$

式中:$x_{n-1|n-1}$——$n-1$时段的系统状态滤波值;

$x_{n|n-1}$——n时段的系统状态滤波值;

$V_{n-1|n-1}$——$n-1$时段的系统状态方差矩阵;

$V_{n|n-1}$——n时段的系统状态方差矩阵。

(3)根据观测向量滤波,修正系统状态。

$$K_n = V_{n|n-1} H_n^T (H_n V_{n|n-1} H_n^T + R_n)^{-1} \tag{9.1.14}$$

$$x_{n|n} = x_{n|n-1} + K_n (y_n - H_n x_{n|n-1}) \tag{9.1.15}$$

$$V_{n|n} = (I - K_n H_n) V_{n|n-1} \tag{9.1.16}$$

式中:K_n——卡尔曼增益矩阵;

$x_{n|n}$——n时段的系统状态滤波矩阵;

$V_{n|n}$——n时段的系统状态方差矩阵修正值。

具体的计算过程如下:

已知系统状态初值x_0和方差矩阵V_0,$V_0 = D(x_0)$,对于$n=1$,将x_0代入式(9.1.12)可得$x_{1|0}$,将V_0代入式(9.1.13)可得$V_{1|0}$,由式(9.1.14)可得K_1,将K_1代入式(9.1.15)可得$x_{1|1}$,这样由x_0和$n=1$时刻的观测值y_1可以利用式(9.1.15)得到$n=1$时刻系统的最有估计值$x_{1|1}$。

可进行以下递推,将K_1代入式(9.1.16)得到$V_{1|1}$,这样就得到了$x_{1|1}$和$V_{1|1}$。对于$n=2$,又可以按照上面所述的方法计算出$x_{2|2}$和$V_{2|2}$,对于$n=3,4,5,\cdots$,可以按照这样的计算过程类推。

9.2 支持向量机回归预测模型

支持向量机是以研究小样本数据的机器学习规律的统计学习理论为理论基础,通过结构风险最小化较好地解决了"小样本""非线性和维数灾难""过学习"和"局部极小点"等问题,已经成为机器学习领域的研究热点,在许多领域得到应用。由于交通流变化过程是一个实时、非线性、高维、非平稳随机过程,随着统计时段的缩短,交通流变化的随机性和不确定性越来越强。交通流短时变化不仅与本路段过去几个时段的交通流有关,还受上下游交通流的影响。短时交通流的支持向量机回归预测方法,是支持向量机回归理论在短时交通流预测中的一种应用,从带有随机性和不确定性的交通状态变化中,根据车辆检测器得到的交通流状态参数,结合其他影响因素,找出其中的规律性,建立支持向量机回归预测模型和方法,以预测未来几个时段的交通流变化情况。

应用支持向量机预测交通流,先根据历史数据来训练支持向量机,得到输入和输出数据内在的相互依赖关系,预测时给定相应的输入就可以得到预测结果。目前,国内外已经有不少专家和学者应用支持向量机理论研究短时交通流预测,但是主要是某个单一断面的交通流预测,而且其中参数选择方面也还需要进一步的深入探讨。本节将利用支持向量机回归预测模型实现道路网多断面交通流预测,同时对参数选择方面也进行进一步研究。

根据 Anthony Stathopoulos 和 Matthew G. Karlaftis(2001)等人的研究,同一道路网中不同断面的交通流量存在时间上和空间上的相互联系。因而同一道路网中交通流量参数自动获取装置所在位置的各个道路断面存在着某种相关性,这种相关性不仅体现在时间上,而且体现在空间分布上。以往的时间序列预测建模只注重各个断面本身数据的时间序列自相关分析上,很少考虑同一道路网中其他断面的信息。仅运用单一断面预测方法独立预测出道路网的所有断面交通流量,则无法体现出各个断面交通流量在空间分布上的相关性。本节以一个道路网中的多个断面交通流量为研究对象,同时考虑多个断面流量的预测,利用支持向量机理论建立多断面短时交通流预测模型和方法,利用遗传算法优化模型的参数,以期实现从道路断面的角度预测道路网交通流量。

9.2.1 模型的建立

本节建模选取支持向量机类型为最小二乘支持向量机。最小二乘支持向量机建立道路网多断面交通流量预测模型的过程有如下几个步骤。

(1)通过相关性分析选择道路网的研究范围。假设考虑的是道路网中 n 个交通流参数检测器对应的道路断面交通流数据,如果每个检测器检测的交通流参数含有交通流量、地点平均速度、时间平均占有率,则有 $n \times 3$ 维时间序列数据。本节假设只考虑道路网上断面交通流量的同时预测(速度和占有率的预测可参照交通流量的预测过程和方法),假设在研究范围内有 n 个交通流量数据统计点,则有 n 断面需要预测,数据的长度为 m。设 q_{it} 为第 i 点时段的交通流量,就有矩阵:

$$\begin{bmatrix} q_{11} & q_{12} & \cdots & q_{1m} \\ q_{21} & q_{22} & \cdots & q_{2m} \\ \vdots & \vdots & & \vdots \\ q_{n1} & q_{n2} & \cdots & q_{nm} \end{bmatrix} \qquad (9.2.1)$$

则有 n 维交通流量时间序列 $\{Z_t\}$:

$$Z_t = \begin{bmatrix} q_{1t} & q_{2t} & \cdots & q_{nt} \end{bmatrix}^T \tag{9.2.2}$$

式中: $t = 1, 2, \cdots, m$。

(2) 通过分析选取回溯系数 P, 利用 n 维交通流量时间序列 $\{Z_t\}$, 建立训练集 $\{(x_1, y_1), \cdots, (x_l, y_l)\} \in (X \times Y)^l$, l 为训练集中输入输出数据对的个数, 以作为最小二乘支持向量机回归的训练数据。

其中, 预测因子为:

$$x_i = \begin{bmatrix} Z_{t-1} & Z_{t-2} & \cdots & Z_{t-p+1} \end{bmatrix} = \begin{bmatrix} q_{1(t-1)} & q_{1(t-2)} & \cdots & q_{1(t-p+1)} \\ q_{2(t-1)} & q_{2(t-2)} & \cdots & q_{2(t-p+1)} \\ \vdots & \vdots & & \vdots \\ q_{n(t-1)} & q_{n(t-2)} & \cdots & q_{n(t-p+1)} \end{bmatrix} \tag{9.2.3}$$

式中: $i = 1, 2, \cdots, l$。

预测对象为:

$$y_i = Z_t = \begin{bmatrix} q_{1t} & q_{2t} & \cdots & q_{nt} \end{bmatrix}^T \tag{9.2.4}$$

式中: $i = 1, 2, \cdots, l$。

(3) 通过已知数据的分析, 选择适当的参数和核函数, 根据最小二乘支持向量机回归的算法, 构造并求解下列问题。

$$\left.\begin{aligned} \max_{w,b,e} J(w,e) &= \frac{1}{2}(W^T W + \gamma \sum_{i=1}^{l} e_i^2) \\ \text{s. t. } y_i &= W^T \varphi(x_i) + b + e_i, i = 1, 2, \cdots, l \end{aligned}\right\} \tag{9.2.5}$$

式中: $\varphi(\bullet): R^n \to R_h^n$ ——核函数;
　　　$w \in R_h^n$ ——权矢量;
　　　$e_i \in R$ ——误差变量;
　　　b ——偏差量;
　　　J ——损失函数;
　　　γ ——可调常数。

可构造拉格朗日函数:

$$L(w,b,e,\alpha) = J(w,e) - \sum \alpha_i \{W^T \varphi(x_i) + b + e_i - y_i\} \tag{9.2.6}$$

式中: $\alpha_i \in R$ ——拉格朗日乘子。

分别求式 (9.2.6) 对 e_i、α_i、w、b 的偏导, 再消去 w、e_i 可得如下方程:

$$\begin{bmatrix} 0 & 1_{u \times 1} \\ 1_{1 \times u} & \varphi(x_i)^T \varphi(x_j) + \frac{1}{\gamma} I \end{bmatrix} \begin{bmatrix} b \\ \alpha \end{bmatrix} = \begin{bmatrix} 0 \\ y \end{bmatrix} \tag{9.2.7}$$

式中: $1_{1 \times u} = [1; \cdots ; 1] = 1_{u \times 1}^T$;
　　　$\alpha = [\alpha_1; \cdots ; \alpha_l]$;
　　　$i, j = 1, 2, \cdots, l$。

由式 (9.2.7) 可解出 α_i 和 b。

(4) 构造决策函数:

$$f(x) = \sum_{i=1}^{l} \alpha_i \varphi(x)^T \varphi(x_i) + b \tag{9.2.8}$$

即为问题的回归估计,可作为最后的预测函数,其中,$\varphi(x)^T\varphi(x_i)$为核函数部分。预测模型的结构图,如图9.2.1所示。

(5)将要预测的输入变量构造成上述训练集中输入变量的形式,代入决策函数得到交通流量的预测结果。

如此不断地输入新的数据进行滚动预测,直到整个预测过程结束为止。

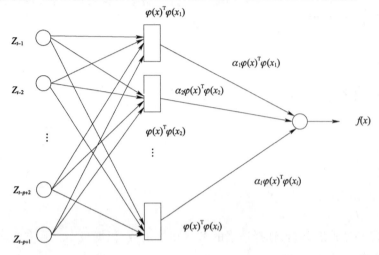

图9.2.1 多断面交通流量短时预测模型结构图

9.2.2 参数选取的讨论

9.2.2.1 模型中参数

上文叙述了利用最小二乘支持向量机建立道路网多断面交通流量预测模型的过程,下面将要讨论模型含有参数的选取问题。预测模型需要选择的参数主要包括确回溯系数、最小二乘支持向量机参数和核函数。

(1)回溯系数的选择

回溯系数P通过计算预测误差大小来确定,即从已知的数据中选择出一部分作为训练数据,一部分作为检验数据,利用训练数据和给定的参数组合来训练最小二乘支持向量机回归模型并用于预测检验数据,计算出各个断面预测结果的平均平方误差(Mean Square Error,MSE,表示预测值与实测值的实际偏差的平方和取平均值),再对各个断面预测结果的平均平方误差求和,以此来衡量总体的预测误差。从1开始,逐步增加P的值,计算相应的总体预测误差。随着回溯系数的增大,总体预测误差刚开始一般呈下降趋势,当总体预测误差不再随着回溯系数的增大而变小时,则选取这时所对应的回溯系数值作为模型的回溯系数P。

(2)最小二乘支持向量机参数和核函数的选择

Gauss径向基(RBF)函数在支持向量机中应用最广,因而本节选择了Gauss径向基(RBF)函数作为核函数,这样就有两个重要参数需要确定,即最小二乘支持向量机模型目标函数中的γ和核函数中的σ^2,下面将利用遗传算法对这两个参数进行优化。

9.2.2.2 利用遗传算法优化γ和σ^2

在预测模型中,面临着参数选择问题,即怎样选择γ和σ^2才能使得预测结果的效果较好的问题。一般支持向量机模型参数的选择是从已知的数据中挑选出建模数据和检验数据,利用选择参数结合建模数据计算出检验数据,判别计算结果和实际结果的差异,从而判别参数选择的好坏。在上述模型参数选择的过程中,只能通过数值计算方式来判别参数好坏,难以用一个明确具体的解析式表示目标函数,不适用于传统的优化算法。遗传算法是一种数值求解方法,对目标函数的性质几乎没有要求,适合求解那些多参数、多变量、多目标的通过解析式难以表达或求解的优化问题,因而本节采用遗传算法对 γ 和 σ^2 的选择进行优化。

在参数的选取过程中,给定 γ 和 σ^2 参数的二维组合,从已知的数据中挑选出建模数据和检验数据,利用建模数据和给定的 γ 和 σ^2 参数组合来训练最小二乘支持向量机回归模型并用于预测检验数据,计算出各个断面预测结果的平均平方误差,再对各个断面的平均平方误差求和,以这个和作为遗传算法的适应度。这样,就以各个断面的平均平方误差求和作为适应度函数值,γ 和 σ^2 作为适应度函数的两个变量,利用遗传算法进行问题的优化求解,经过多次迭代最终获得 γ 和 σ^2 参数的优化结果。

利用遗传算法优化 γ 和 σ^2 具有以下几个主要步骤。

(1)将 γ 和 σ^2 看成两个变量组合,编写出遗传算法的适应度函数。这里的适应度函数没有明确的解析式,只有一个数值计算过程,即给定 γ 和 σ^2 可以得到各个断面的平均平方误差求和的值。

(2)选择遗传算法的参数。如选择规则、交叉和变异的概率、种群个数、算法终止条件等。

(3)开始运行遗传算法,编码和生成初始种群。

(4)计算种群的个体适应度函数值,经过选择、交叉、变异操作生成下一代种群。

(5)根据算法终止条件判别是否终止,如果满足条件转向(6);不满足条件则转向(4)。

(6)终止算法,输出参数优化的结果,得到最终的 γ 和 σ^2。

9.2.2.3 回溯系数 P 以及 γ、σ^2 的组合优化过程

在上述回溯系数 P 的选择过程以及利用遗传算法优化 γ 和 σ^2 参数的过程是相互影响的。回溯系数 P 的选择过程需要确定 γ 和 σ^2 参数;同样,在利用遗传算法优化 γ 和 σ^2 参数的过程中需要确定回溯系数 P。因而本文采取两个过程交替组合优化的方法,如图9.2.2所示,即首先选取 γ 和 σ^2 参数,根据参数确定回溯系数 P,再根据回溯系数 P 利用遗传算法优化 γ 和 σ^2 参数,再计算回溯系数 P,重复这个过程,直到上一次回溯系数 P 与下一次回溯系数 P 相

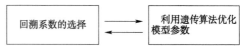

图9.2.2 交替组合优化过程图

等或者相差不大为止。这样,就得到最后的 P、γ 和 σ^2,作为预测模型的参数。

9.3 基于神经网络的路网短时交通流预测

神经网络(Neural Network,NN),主要是利用工程技术手段来模拟人脑神经系统的结构和功能,具有识别复杂非线性系统的特性。该方法能从已有数据中自动地归纳规则,获得这些数据的内在规律,即使不清楚预测问题的内部机理,只要有大量的输入、输出样本,经神经网络"黑箱"内部自动调整后,可建立良好的输入、输出映射模型,从而实现预测功能。本节内容将借助神经网络,以交通路网中相关性较强的局部路网、某条线路相关性较强的断面为研究对象,建立基于神经网络的路网短时交通流预测模型,进而分析短时交通流预测效果。

9.3.1 神经网络基本知识

9.3.1.1 神经元的数学模型

神经网络的基本组成单元是神经元。神经元是一个多输入单输出的信息处理单元,工程上用的人工神经元模型如图 9.3.1 所示。

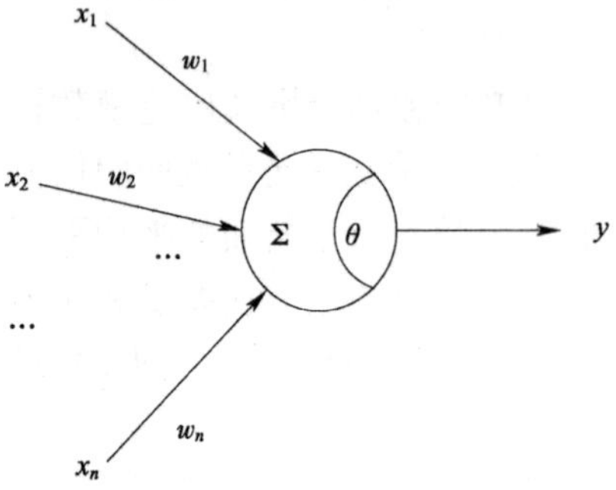

其中,$x_1,x_2,\cdots,x_n$ 为神经元的 n 个输入信号量;$w_1,w_2,\cdots,w_n$ 为对应输入的权值,它表示各信号源神经元与该神经元的连接强度;A 为神经元的输入总和,它相应于生物神经细胞的膜电位,称为激活函数;y 为神经元的输出;θ 为神经元的阈值,当神经元的时空整合产生的膜电位超过阈值电位时,神经元处于兴奋状态,产生兴奋性电脉冲。于是,人工神经元的输入、输出关系可描述为:

$$y = f(A) \tag{9.3.1}$$

$$A = \sum_{i=1}^{n} w_i x_i - \theta \tag{9.3.2}$$

图 9.3.1 神经元的数学模型

函数 $y = f(A)$ 称为特性函数,亦称作用函数或传递函数。特性函数可以看作是神经元的数学模型,选取不同的输出函数 f,y 的取值范围也不同,常用的函数有线性函数、符号函数、Sigmoid 函数和双曲函数等。

(1)线性函数

$$f(x) = ax \tag{9.3.3}$$

式中:x——自变量。

(2)符号函数

$$f(x) = \text{sgn}(x) = \begin{cases} 1, x \geq 0 \\ -1, x < 0 \end{cases} \tag{9.3.4}$$

(3)Sigmoid 函数

$$f(x) = \frac{1}{1 + e^{-x}} \tag{9.3.5}$$

(4)双曲函数

$$f(x) = \frac{1 - e^{-x}}{1 + e^{-x}} \tag{9.3.6}$$

这里假设采用 Sigmoid 函数。

神经元和神经网络的关系是元素与整体的关系,大量的形式相同的神经元连接在一起就组成了神经网络。神经网络是一个高度非线性动力学系统,具有自学习和自适应的能力,可以通过预先准备的大量相互对应的输入、输出数据,分析掌握两者之间潜在的规律,最终根据这些规律,用新的输入数据来推算输出结果,这种学习分析的过程被称为"训练"。

神经网络具有如下特性:
①神经网络是一种能够逼近任意非线性映射的有效方法。
②神经网络拥有学习能力,即它们可以用样本数据训练。
③神经网络具有泛化能力,即一个训练好的神经网络可以对任意的输入产生正确的响应。

④神经网络可以同时运行定性的和定量的数据。

⑤神经网络可以很容易地应用于多变量系统。

⑥神经网络具有高度的并行实现能力,比传统的方法具有更高的容错能力。

9.3.1.2 神经网络的拓扑结构

将神经元连接起来的方式就是网络的拓扑结构,按照连接方式分,神经网络主要有以下两种。

(1)前向型网络

构成前向型网络的各神经元接收前一层输入,并输出到下一层,无反馈,可用一个有向无环图表示。节点分为两类,即输入单元和计算单元。每个计算单元可以有任意个输入,但只有一个输出,输出可耦合到任意多个其他节点的输入。前向型网络通常分为不同的层,第 i 层的输入只与第 $i-1$ 层的输出相连,输入和输出节点由于与外界相连,称为可见层,而其他的中间层则称为隐层。

(2)反馈型网络

所有节点都是计算单元,同时可以接收输入,并向外界输出,它可以画成一个无向图,其中每个连接线都是双向的。

从作用效果看,前向网络主要是函数映射,可用于模式识别和函数逼近。反馈网络可用于求解优化问题。

9.3.1.3 神经网络的学习方法

学习是神经网络研究中一个非常重要的问题,比较常见的学习方法有下面几种。

(1)有监督学习(有教师学习)

在这种学习中,网络的输出有一个评价标准,网络将实际输出和评价标准进行比较,根据已知输出和实际输出之间的差值(误差信号)决定权值调整,评价标准是由外界提示给网络的,相当于有一位知道正确答案的教师指导网络学习。

(2)无监督学习(无教师学习)

无监督学习不存在外部教师,学习系统完全按照环境提供数据的某些统计规律来调节自身参数或结构,这是一种自组织学习。网络根据某种规则反复地调整连接权值以适应输入模式的激励,指导网络最后形成某种有序状态。

(3)混合学习方法

有监督学习具有分类精细、准确的优点,但学习过程慢。无监督学习具有分类灵活、算法简练等优点,但学习精度较差。如果将两者结合起来,发挥各自的优点,就可以成为一种有效的学习方法。混合学习过程一般事先用无监督学习抽取输入数据的特征,然后将这种内部表示提供给有监督学习进行处理,以达到输入输出的某种映射。由于对输入数据进行了预处理,将会使有监督学习以及整个学习过程加快。

9.3.1.4 神经网络模型种类

神经网络理论发展迅猛,目前已有数十种神经网络模型,这里介绍主要几种模型。

(1)BP神经网络——误差反传神经网络模型(Back-Propagation Network Model)

BP模型是研究最为成熟、应用最为广泛的一种神经网络模型,其基本思想为:整个学习过程由信号的正向传播和误差的反向传播两个过程组成。这两个过程周而复始,权值不断得到修改,一直进行到网络输出的误差逐渐减少到可接受的程度,或达到设定的学习次数为止。本模型提供了迅速实时预测交通流状况的一种很好的方法。

(2) 双隐层 BP 神经网络模型

双隐层 BP 神经网络即在单隐层 BP 网络的基础上再添加一个隐层。虽然单隐层的 BP 网络就足以实现输入到输出的任意映射，但是鉴于交通流的强非线性，为了提高预测模型的预测精度，利用两个隐层的 BP 网络建立模型。

(3) 基于谱分析人工神经网络模型(Spectral Basis Artificial Neural Network, SNN)

SNN 模型利用正弦曲线特性，使输入信息变成线性的、可分离的信息，目标是把复杂的非单调函数转化成单调函数。其性能优于传统神经网络模型，与多层神经网络(Multilayer Neural Network, MNN)模型的输出结果相似，但 SNN 模型相比 MNN 模型，算法实现简单得多。

(4) 高阶广义神经网络模型(High-Order Generalized Neural Network Model)

普通神经网络的神经元只有简单的外部权值处理能力而不具备复杂的内部转移函数处理能力，因而存在着局部极小、收敛速度慢等不足。而高阶广义神经网络具有两类结构：一是网络级的宏观层次结构；二是神经元级的微观层次结构。这种结构能极大地提高标准 BP 算法的收敛速度，可满足实时动态分配的要求，为将神经网络技术应用于复杂的非线性系统的实时处理提供了基础。高阶神经网络属于 BP 神经网络的一种，与传统 BP 神经网络的不同在于构成高阶神经网络的神经元是智能神经元，即这种神经元具有"思考"的能力，它能根据自身外部网络的变化调整内部的转移函数，在内外双调的情况下，达到更好的学习效果。

(5) 模糊神经网络模型(Fuzzy Neural Network Model, FNN)

FNN 相比 NN 具有很多优点：算法在使用时，设定的参数基本上都无须精心设计，误差较小，算法的收敛速度非常迅速。尽管预测模型是基于模糊理论的，但是使用起来并不需要进行规则设计，仅仅需要设定模糊聚类空间的划分，这提高了预测算法的适应性，收敛过程比较平稳。

(6) 基于径向基神经网络模型(Radial Basis Function, RBF)

RBF 神经网络的基本思想是用径向基函数作为隐单元的"基"，构成隐含层空间，隐含层对输入矢量进行变换，将低维的模式输入数据变换到高维空间内，使得在低维空间内的线性不可分问题在高维空间内可分。它的网络结构简单，训练简洁而且学习收敛速度快，有逼近任意非线性函数的能力，因此可以处理内在的、难以解析的各种复杂系统的规律性。

9.3.1.5　BP 神经网络模型

基于 BP 神经网络的预测模型由数据处理器和 BP 网组成。如图 9.3.2 所示，数据处理器将数据进行处理构成输入样本，BP 网由三层组成，它们是输入层、隐层和输出层。输入层单元数由数据处理器构造的样本维数决定；输出层有一个神经元，它的训练用输出值由数据处理器提供。输出的结果与目标不一致时，通过对权值与阈值的调整，使其达到误差要求，最后得出输出结果。

利用 BP 神经网络预测一般分为三大步骤，第一步为训练样本的准备和归一化，第二步为神经网络的训练，第三步为利用训练后的神经网络进行预测。BP 神经网络的学习过程是由模式的正向传播和误差的反向传播所组成。在正向传播过程中，输出入信息经隐含单元逐层处理并传向输出层，若不能得到所期望的输出，则转入反向传播过程，将实际值与网络输出之间的误差沿原来的连接通路返回。通过修改各层神经元的连接权重使误差减少，再转入正向传播过程，如此反复计算，直至满足收敛要求为止，如误差小于设定值，停止计算。

BP 神经网络的正向传播原理如下：

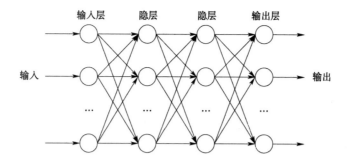

图 9.3.2　BP 神经网络结构图

输入变量设为：

$$X_k = (x_1, x_2, \cdots, x_n), \quad k = 1, 2, \cdots, m$$

式中：m——训练样本个数；
　　　n——输入层单元个数。

对应输入模式的输出向量为：

$$Y_k = (y_1, y_2, \cdots, y_q)$$

式中：q——输出层单元数。

隐层各单元的输入为：

$$S_j = \sum_{i=1}^{n} W_{ij} X_j - \theta_j, \quad j = 1, 2, \cdots, p \tag{9.3.7}$$

式中：W_{ij}——输入层至隐层的连接权重；
　　　θ_j——隐层单元的阈值；
　　　p——隐层单元个数。

传递函数采用 sigmoid 函数，$f(x) = 1/(1 + e^{-x})$，则隐层单元的输出为：

$$b_j = \frac{1}{[1 + \exp(-\sum_{i=1}^{n} W_{ij} X_j + \theta_j)]} \tag{9.3.8}$$

同理，输出层单元的输入和输出分别为：

$$L_t = \sum_{j=1}^{p} V_{jt} b_j - \gamma_t, \quad t = 1, 2, \cdots, q \tag{9.3.9}$$

$$C_t = \frac{1}{[1 + \exp(\sum_{j=1}^{p} V_{jt} b_j + r_t)]}, \quad t = 1, 2, \cdots, q \tag{9.3.10}$$

式中：V_{jt}——隐层到输出层的连接权重；
　　　γ_t——输出层单元阈值。

至此完成一个前传过程。

BP 神经网络的反向传播原理如下：

首先进行误差计算，设第 k 个学习训练样本期望输出与实际输出的误差为：

$$E_k = \sum_{t=1}^{q} (y_t^k - C_t^k)^2 / 2 \tag{9.3.11}$$

则全局总误差为：

$$E = \sum_{k=1}^{m} \sum_{t=1}^{q} (y_t^k - C_t^k)^2 / 2 \tag{9.3.12}$$

为使 E_k 不断按梯度原理减小，$\Delta V_{jt} = -\alpha \partial E_k / \partial V_{jt}$ 可以推导出调整量为：$\Delta V_{jt} = \alpha d_t^k b_j, t = $

$1,2,\cdots,n; j=1,2,\cdots,p; k=1,2,\cdots,m$。其中，$\alpha$ 为学习率，$d_k^t=(y_j^k-C_j^k)t(1-C_t^k)$。

输出层阈值调整量为：

$$\Delta\gamma = \alpha d_t^k$$

同理，隐层的权重和阈值调整量为：

$$\Delta W_{ij} = \beta e_j^k x_i, \quad i=1,2,\cdots,n; j=1,2,\cdots,p; k=1,2,\cdots,m$$

$$\Delta\theta_j = \beta e_j^k, \quad j=1,2,\cdots,p; k=1,2,\cdots,m$$

式中：$e_j^k (\sum_{t=1}^{q} d_t^k V_{jt}) b_j (1-b_j)$。

按推导出的调整值对输出层和隐层的权值和阈值作出调整。至此完成一个反向传播过程，整个模型完成一次学习。如果预测值与实测值的偏差仍不能满足精度要求，则重新修改权值，直到满足要求为止。当然，在超过了规定的预算次数之后，仍无法满足要求，须通过增加样本量或者调整隐层数等方法重新建模。网络训练完毕之后，通过模型进行预测。

9.3.2 广义回归神经网络

广义回归神经网络(General Regression Neural Network，GRNN)是由 Specht 在 1991 年提出的，是径向基神经网络的一种变化形式。

9.3.2.1 模型特点

BP 神经网络是近似非线性函数的常用方法，它能逼近非线性函数，但是 BP 神经网络的训练时间非常长，收敛性能不理想。径向基函数 RBF 神经网络是目前用于混沌时序重构的一种简单有效的方法，它克服了 BP 神经网络耗时长的缺点，但是，RBF 神经网络结构的确定和隐层节点中心的选取对 RBF 神经网络鲁棒性影响很大。广义回归神经网络 GRNN 是近似平滑函数的一种常用方法，它既具有 RBF 神经网络的优点，同时又减少了需人工确定网络结构不稳定因素的个数。

其主要优点如下：

(1) 良好的非线性映射能力

广义回归神经网络是径向神经网络的一种变化形式，继承了人工神经网络模型非线性映射的优点。由于交通流变化受多种因素影响，具有较强的时变性和非线性特征，很难用线性模型描述其变化规律。运用人工神经网络模型可以在不用考虑交通流具体函数形式的情况下，更好地反映出交通流的非线性特征。

(2) 训练时间短

由于短时交通流预测对时间要求较高，训练时间过长往往会影响预测结果的时效性。由已有对实际交通流数据预测结果的研究可知，GRNN 网络不仅具有良好的推广能力，而且避免了像反向传播那样繁琐、冗长的计算，学习速度比通常的 BP 神经网络方法快。

(3) 人为确定的参数少

与 RBF 网络不同，广义回归神经网络的学习算法在训练过程中不调整神经元之间的连接权值，网络的学习完全取决于数据样本，只需要确定平滑参数。特别是广义回归神经网络不需要对传递函数、隐层神经元个数等对模型预测能力可能产生较大影响的网络结构参数进行人为确定，这个特点决定了广义回归神经网络预测模型能最大限度地避免人为主观假定对预测结果的影响。

9.3.2.2 网络结构

广义回归神经网络结构如图 9.3.3 所示，包括输入层、模式层、求和层与输出层 4 层神经元。对应网络输入 $X = [x_1, x_2, \cdots, x_m]^T$，其输出为 $Y = [y_1, y_2, \cdots, y_k]^T$。

（1）输入层

输入层中的神经元数目等于学习样本中输入向量的维数 m，各神经元是简单的分布单元，直接将输入变量传递给模式层。

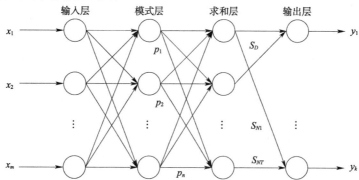

图 9.3.3　广义回归神经网络结构图

（2）模式层

模式层的神经元数目等于学习样本的数目 n，各神经元各自对应不同的样本，神经元 i 的传递函数为：

$$p_i = \exp\left[-\frac{(X-X_i)^T(X-X_i)}{2\sigma^2}\right], \quad i=1,2,\cdots,n \tag{9.3.13}$$

也就是说，神经元 i 的输出为输入变量 x 与其对应的样本 X_i 之间的欧几里德距离平方 $D_i^2 = (X-X_i)^T(X-X_i)$ 的指数形式。其中，X 为网络输入变量；X_i 为第 i 个神经元对应的学习样本。

（3）求和层

求和层中使用两种类型神经元进行求和，有两种求和方式。

第一种计算公式：

$$\sum_{i=1}^{n} \exp\left[-\frac{(X-X_i)^T(X-X_i)}{2\sigma^2}\right], \quad i=1,2,3,\cdots,n \tag{9.3.14}$$

它对所有模式层神经元的输出进行算术求和，其与模式层各神经元的连接权值为 1，其传递函数为：

$$S_D = \sum_{i=1}^{n} p_i \tag{9.3.15}$$

第二种计算公式：

$$\sum_{i=1}^{n} Y_i \exp\left[-\frac{(X-X_i)^T(X-X_i)}{2\sigma^2}\right], \quad i=1,2,3,\cdots,n \tag{9.3.16}$$

它对所有模式层神经元的输出进行加权求和，模式层中第 i 个神经元与求和层中第 j 个分子求和神经元之间的连接权值为第 i 个输出样本 Y_i 中的第 j 个元素 y_{ij}，传递函数为：

$$S_{Nj} = \sum_{i=1}^{n} y_{ij} p_i, \quad j=1,2,\cdots,k \tag{9.3.17}$$

（4）输出层

输出层中的神经元数目等于学习样本中输出向量的维数 k，各神经元将求和层的输出相除，可得估计结果，神经元 j 的输出对应估计结果 $\hat{Y}(X)$ 的第 j 个元素，即：

$$y_j = \frac{S_{Nj}}{S_D}, \quad j = 1, 2, \cdots k \tag{9.3.18}$$

9.3.2.3 预测模型的步骤

Matlab 7 中的神经网络工具箱可以实现 GRNN 网络短时交通流预测模型。newgrnn 函数可以在 Matlab 神经网络工具箱中实现 GRNN 网络功能。具体步骤如下:

(1)归一化处理。

为了加快训练网络的收敛性,需要对输入输出数据进行归一化处理。使用 premnmx、postmnmx、tramnmx 函数分别对输入、输出函数进行归一化和反归一化处理。

(2)构造神经网络结构。构造输入为 x,输出为 y 的 GRNN 网络,格式为 net = newgrnn(X,y,spread)。

(3)选择训练数据,对神经网络结构进行训练。

(4)预测。

在预测输入给定的前提下,通过 sim 函数利用训练好的 GRNN 网络进行预测,其格式为 Y_{new} = sim(net,X_{new})。

图 9.3.4 基于 GRNN 网络的短时交通流量模型示意图

由此可以看出,利用 GRNN 方法进行交通状态短时预测时,需要确定三个参数,即输入向量、目标值以及散步常数 spread,如图 9.3.4 所示。根据过去时段的交通流状态 $X(i)$,$1 \leq i \leq n$,采用 GRNN 方法预测未来时段的实际交通流状态,使得预测状态 $X(n+1)$ 逼近实际交通流状态。

①输入向量的确定

模型的输入向量可表示为:

$$X = [X(1),X(2),\cdots,X(n)] \tag{9.3.19}$$

式中:$X(i)(1 \leq i \leq n)$——所研究断面第 i 时段的交通流量值。

②目标值的确定

目标值可表示为:

$$Y = X(n+1) \tag{9.3.20}$$

式中:$X(n+1)$——所研究断面第 $n+1$ 时段对应的交通流量值。

③散步常数的确定

利用 Matlab 的 GRNN 网络工具箱进行预测时,还需要设定网路参数径向基函数的散步密度 spread。通常,spread 越小,网络的逼近效果越好,因此在网络构造过程中可以调整 spread 的值,直到达到比较理想的预测精度为止。

10 短时交通流预测方法综合评价

短时交通流预测方法和技术从不同的角度出发建立模型,每种模型都有一定的适应范围和应用条件,且在预测精度、预测实时性、模型的可移植性等方面各有所长。因此,短时交通流预测的评判需要考虑多种因素。本章采用了工程技术领域应用较为广泛的模糊综合评判法,建立了二级综合评价模型,对常用短时交通预测方法进行评价。

10.1 交通流短时预测方法定性评价

第8、9章介绍了几种基本的短时交通流预测方法和近年来研究比较多的短时交通流预测模型,随着预测技术和相关学科的发展,有许多新的交通流短时预测方法产生,目前已有的交通流短时预测方法可归纳为基于线性系统理论的预测方法、基于知识发现的智能模型的预测方法、基于非线性系统理论的预测方法、基于组合模型的预测方法、基于交通模拟的预测方法几大类型。

10.1.1 基于线性系统理论的预测方法

基于线性系统理论的预测方法主要包括线性统计回归、历史趋势法、时间序列预测方法、卡尔曼滤波预测方法、指数平滑预测方法和自适应权重预测模型方法等。

多元线性回归模型是通过研究一个随机变量和多个可控变量之间的相关关系的一种统计方法。通过对历史数据的统计分析,找出自变量与因变量之间的数学函数关系模型,然后代入实测的自变量值,输出预测值。多元线性回归模型是一种简单实用的模型,易于应用于大规模路网交通流量预测中。但是对于没有历史数据或者历史数据稀缺的路段,多元线性回归模型预测精度较低。

历史趋势法的前提是认为某地点的交通流量始终遵循一定规律,通常以天为周期重复再现,具有严格的周期性。它是以简单的平均历史时段t的流量作为当前时段t的流量预测值,是一种静态的方法。该方法的优点是计算简单,但是由于其静态性的本质,无法反映交通流过程的不确定性和非线性特征,无法克服随机干扰因素对交通流的影响,因此若有突发事件发生,该预测方法则不能作出正确的预测。

时间序列预测方法,是将预测目标的历史数据,按照时间的顺序排列起来成为时间序列,然后分析它随时间变化的趋势,外推预测目标的未来值。时间序列预测方法的基本思想是通过对时间序列的分析研究,找出预测现象的变化特征及发展规律,并以此进行外推预测。时间序列方法是一种统计方法,主要包括自回归(Autoreg Ression,AR)法、滑动平均(Moving Average,MA)法、自回归滑动平均(Autoreg Ressive Moving Average,ARMA)法、差分自回归滑动平均模型(Autoreg Ressive—Integrated Moving Average,ARIMA)法。

卡尔曼滤波(Kalman Filtering)预测方法,是将现代控制理论应用于交通流的预测。利用由状态方程和观测方程组成的状态空间模型来描述交通系统,分别利用状态方程和观测方程以及卡尔曼滤波递推算法来预测交通流。卡尔曼滤波递推算法是针对线性回归分析模型的一种矩阵迭代式的参数估计方法,具有预测因子选择灵活、精度较高的优点,且模型的预测精度不依赖预测时间间隔。但是,由于模型的基础是线性估计模型,所以当预测间隔小于 5min,交通流量变化的随机性和非线性较强时,模型的性能便随之下降。

指数平滑模型主要是在预测过程中不断考虑最新观测值对预测的纠正,从而综合前面预测的误差,加入到下一次的预测中,经反复迭代,得到一个对所有前面观测值的线性组合,最终形成的预测结果。其权重是不断衰减的指数权值,而且相对来说观测值越近,其在预测偏差的纠正上所占的权重值越大,这也正是指数平滑得名的由来。指数平滑模型采用递推式计算,对数据的存储要求较低,只需存储前一个估计值和过滤参数;计算比较简单,不需要训练,因此早期应用较多。

自适应模型选取可以实时检测到的路况指标,比如预测间隔时间、突发事件、与天气有关的因素、道路占有率、平均路网行驶时间等来动态地改变各个预测因子在回归模型中所占的比重,从而加强模型的自适应能力,以克服普通线性回归模型不能反映出交通流的非线性变化和不确定性的缺点。此方法以线性回归模型为基础,计算简单,易于实现,便于大规模应用,且采集路况指标用以改变权重也简单易行,实时性好。但是模型的参数估计中,路况指标对各权重的影响从理论上分析或凭经验推测,缺乏更为科学的选择机制。

10.1.2 基于知识发现的智能模型预测方法

这类方法主要包括神经网络预测方法、非参数回归预测方法、支持向量机回归预测方法等。神经网络预测方法,是利用大量的历史数据来训练神经网络模型,得到输出对输入的一种映射关系,如果给定相应的输入,利用这种映射关系就可以得到相关预测结果。根据神经网络模型的不同,应用于交通流预测的有 BP 神经网络、径向基函数递归神经网络、广义回归神经网络、模糊神经网络、小波神经网络等。

非参数回归预测方法,根据历史数据中因变量和自变量的关系建立案例数据库,预测时把当前要预测的交通流状态,看成是过去状态的近邻状态,根据模式识别的原理,寻找出案例数据库中与当前的输入状态相类似的近邻状态,并且根据这些近邻状态来预测交通流。它不需要先验知识,只需要有足够的历史数据,并且随着案例数据库中案例的增加,能够考虑更多情况下的交通流变化趋势。

支持向量机回归预测方法,是支持向量机理论在交通流预测中的应用。相比于神经网络,支持向量机以研究小样本数据的机器学习规律的统计学习理论为基础,通过结构风险最小化,较好地解决了"小样本""非线性和维数灾难""过学习"和"局部极小点"等问题,已经成为机器学习领域的研究热点,在许多领域得到应用。与神经网络类似,应用支持向量机预测交通流,也是先根据历史数据来训练支持向量机,得到输入和输出数据内在的相互依赖关系,预测时给定相应的输入就可以得到预测结果。根据算法的不同,应用于交通流预测的有 ε-支持向量机、v-支持向量机和最小二乘支持向量机(Least Squares Support Vector Machine,LS – SVM)等。

10.1.3 基于非线性系统理论的预测方法

这类方法主要包括基于小波分析的预测方法、基于突变理论的预测方法、基于混沌理论的预测方法等。

基于小波分析的预测方法,利用小波分析理论将交通流的时间序列数据进行分解,得到不同分辨率的分解信号,分别对各个分解信号采用预测算法进行预测,得到各个分解信号的预测结果,最后将各个分解信号合成就可得到交通流的最终预测结果。

基于突变理论的预测方法,应用突变理论来解释交通流特性,把交通系统看成是一个具有突变特性的系统,由实测的观测数据来标定突变理论模型,通过标定了的突变理论模型分析和预测交通流。按照理论模型的不同,有尖点突变理论、燕尾突变理论等。

基于混沌理论的预测方法,将混沌理论应用于交通流分析,利用混沌理论判别交通系统是否为混沌系统。如果判别交通系统是混沌系统,则它具有混沌特性,不能对其进行长期预测,但是可以对其进行短期预测。利用相空间重构技术预测交通流的一般过程是首先对交通流时间序列数据进行相空间重构,确定嵌入维数和时间延迟参数,接着找出相空间中最后一个已知点,以该已知点为中心,在相空间中找出离中心点最近的若干个相关点,以这些相关点为基础拟合函数,并用来预测下一个点,最后根据所预测的点分离出所要的预测值。

10.1.4　基于组合模型的预测方法

这类方法把两种或两种以上预测方法组合起来进行预测,目的是为了发挥各种预测方法各自的优点、克服各自的缺陷,以求得到更加理想的预测效果。例如,小波分析和时间序列分析相结合的方法、模糊推理结合神经网络的预测方法、多种预测方法与人工智能技术相结合的智能预测方法等。

10.1.5　基于交通模拟的预测方法

这类方法主要包括利用交通模拟的预测方法、利用动态交通分配的预测方法、利用元胞自动机的预测方法等。

基于交通模拟的预测方法是把车辆当作实体,用相关模型与算法来描述道路网基础设施和驾驶员在道路网中的交通行为,结合交通流模型,利用计算机微观仿真技术,模拟出道路网上车辆的动态交通运行状态,从而预测出道路交通流的相关信息。交通流微观模拟技术是人们研究交通的另外一种思路,并且随着计算机技术的发展有了全新的提高,开发出了VISSIM(德国)、PARAMICS(英国)、TISIS(美国)、AIMSUN(西班牙)、INTEGRATION 以及TRANSIMS 等一系列交通流微观模拟软件。

上述交通流预测的模型和方法,在精确性、实时性、动态反馈性和可移植性等方面各有优缺点。基于线性系统理论的预测方法,整体的计算复杂性相对低、操作相对简单,但是对于路况比较复杂的交通系统满足不了预测结果的精确性和动态反馈性的要求。基于知识发现的智能模型预测方法有较强的数据拟合能力,若数据充分,在发生交通事件情况下预测结果相对令人满意,但计算复杂性相对较高,参数选择困难,推广能力也有待研究。基于非线性系统理论的预测方法体现了交通系统的非线性特征,精确性相对较高,但计算复杂性高,理论基础有待深入研究。基于组合模型的预测方法可以充分发挥各个模型的优点,相互弥补缺陷,但是模型之间的组合方法需要深入探讨,因为一旦组合方法不当,预测效果可能会变差。基于交通模拟的预测方法的理论分析基础比较充分,能够考虑交通系统的一些复杂影响因素,但计算复杂性高,难以适应大规模的交通系统,实用性有待研究。

10.2　二级模糊综合评判法原理

二级模糊综合评判法将参与评判的所有因素分为两个层次,先按底层次(第二层)因素评判,然后按高层次(第一层)因素评判。设评判因素集为 U、评判备择集为 V,其评判的一

一般方法如下:

(1) 根据因素属性对 U 中所要因素做划分。设划分后 $U = \{u_1, u_2, \cdots, u_m\}$，其中 $u_i = \{u_{i1}, u_{i2}, \cdots, u_{ip}\}$。

根据因素侧重点和重要性确定因素权重。设第一层因素权重 $\theta = \{\theta_1, \theta_2, \cdots, \theta_m\}$，第二层因素权重 $\omega_i = \{\omega_1, \omega_2, \cdots, \omega_p\}$ $(i = 1, 2, \cdots, m)$。权重集满足归一性和非负性条件，即有 $\sum_{i=1}^{m}\theta_i = 1$，其中 $\theta_i \geq 0$；$\sum_{j=1}^{p}\omega_{ij} = 1$，其中 $\omega_{ij} \geq 0$。

(2) 一级评判：设评判备择集 $V = \{v_1, v_2, \cdots, v_n\}$，第二层次因素 u_{ij} 对备择集元素 v_k 的隶属度为 r_{ijk} $(i = 1, 2, \cdots, m; j = 1, 2, \cdots, p; k = 1, 2, \cdots, n)$，则 $\widetilde{R}_i = \omega_i \circ [r_{ijk}] = \{r_{i1}, r_{i2}, \cdots, r_{in}\}$ 为 u_i 的单因素评判，$\widetilde{R} = (\widetilde{R}_1, \widetilde{R}_2, \cdots, \widetilde{R}_m)'$ 为一级评判集。

(3) 二级评判：通过模糊变换 $\widetilde{B} = \theta \circ \widetilde{R} = (b_1, b_2, \cdots, b_5)$，得二级评判集 $\widetilde{B}$，其中 $b_j = \bigvee_{i=1}^{m}(a_{ii} \wedge r_{ij})$ $(j = 1, 2, \cdots, p)$。

(4) 根据 b_j 确定评判结果。

10.2.1 建立因素集

在短期交通流预测中常用到的评价指标有绝对误差、相对误差、均方误差和相似度四种，每种指标又可再细分，如图 10.2.1 所示。

绝对误差反映预测值与观测值之间误差的绝对数。相对误差反映预测偏离观测的程度，在进行不同观测序列预测效果的比较时，这一指标比绝对误差要好。均方误差不仅能反映误差大小，还能描述误差分布的集中与离散程度，均方误差越大，误差序列越离散，预测效果越不好。

相似度从观测曲线与预测曲线的几何特征方面考虑，主要反映预测曲线是否跟踪了观测曲线的走向趋势。其中，均等系数描述观测曲线与预测曲线的对应点是否靠近；线性度是通过对观测值与预测值进行线性拟合 $x = b\hat{x}$，以 b 表示线性度大小。这两个指标都是越接近 1 越好。

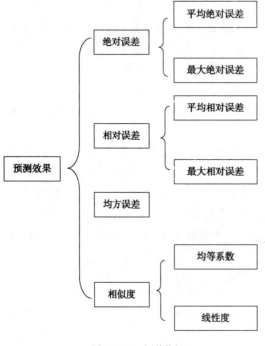

图 10.2.1 评价指标

这些分类因素都可以通过表 10.2.1 中的对应公式直接计算出数值。

相 关 公 式　　　　　　　　　表 10.2.1

序号	指标名称	计算方法
1	平均绝对误差	$\frac{1}{n}\sum_{i=1}^{n}\lvert \hat{x}_i - x_i \rvert$
2	最大绝对误差	$\max\{\lvert \hat{x}_i - x_i \rvert \mid i = 1, 2, \cdots, n\}$
3	平均相对误差	$\frac{1}{n}\sum_{i=1}^{n}\frac{\hat{x}_i - x_i}{x_i} \times 100\%$

续上表

序号	指标名称	计算方法
4	最大相对误差	$\max\left\{\dfrac{\|\hat{x}_i - x_i\|}{x_i} \times 100\% \mid i = 1,2,3,\cdots,n\right\}$
5	均方误差	$\sqrt{\sum_{i=1}^{n}(\hat{x}_i - x_i)^2}$
6	均等系数	$1 - \dfrac{\sqrt{\sum_{i=1}^{n}(\hat{x}_i - x_i)^2}}{\sqrt{\sum_{i=1}^{n} x_i^2} + \sqrt{\sum_{i=1}^{n} \hat{x}_i^2}}$
7	线性度	$1 - \dfrac{\sum_{i=1}^{n}(\hat{x}_i - x_i)^2}{\sum_{i=1}^{n}(x_i - \bar{x})^2}$

注：x_i 表示交通流参数实测值，$\hat{x}_i$ 表示交通流参数预测值，n 是样本量。

10.2.2 建立权重集

因素集中各因素的性能和侧重点不同，对每一因素的影响引入加权系数予以衡量，本书采用标准离差法确定权重。标准离差法认为：如果某个因素的标准差越大，就表明其值的变异程度越大，提供的信息量越大，在综合评价中所起的作用越大应赋予较大的权重，反之则反。这一原理正适合预测效果的评判，即当评价指标值的差别越大时越具有可比性，应赋予较大的权系数。考虑到各个指标的取值范围不一样，采用相对标准离差法更合理一些。设确定权重的样本总数为 N，第 q 个样本的第 i 项因素值为 u_{iq}，则权重可根据式（10.2.1）和式（10.2.2）来确定，其中 δ_i 表示第 i 项因素的样本相对离差，θ_i 即为权重。

$$\delta_i = \frac{\sqrt{\dfrac{1}{N-1}\sum_{q=1}^{N}(u_{iq} - \bar{u}_i)^2}}{\left(\dfrac{1}{N}\sum_{q=1}^{N} u_{iq}\right)} \tag{10.2.1}$$

$$\theta_i = \frac{\delta_i}{\sum_{i=1}^{N} \delta_i} \tag{10.2.2}$$

10.2.3 建立备择集

考虑到预测效果本身具有模糊性，预测效果好与坏的分界线不清晰，将短期交通流预测分为五个等级，即很好、较好、一般、较差、很差，用符号 $v_k(k=1,2,\cdots,5)$ 表示，构成备择集 $V = \{v_1, v_2, v_3, v_4, v_5\}$。

10.2.4 确定隶属函数

结合评价因素的特点，隶属函数还可分为成本型（绝对误差、相对误差、均方误差）和适度型（相似度）两种情况考虑。成本型因素值越小，则隶属度越大；适度型因素值越接近某个特定常数，则隶属度越大。

（1）成本型因素隶属度

首先确定各因素隶属于备择集元素的临界值 x_5, x_4, x_3, x_2, x_1，再按公式（10.2.3）~式

(10.2.5) 计算因素 u_{ij} 属于等级 v_k 的隶属度 r_{ijk}。

$$r_{ij1} = \begin{cases} 1, u_{ij} \leqslant x_5 \\ \dfrac{x_4 - u_{ij}}{d}, x_5 \leqslant u_{ij} \leqslant x_4 \end{cases} \quad (10.2.3)$$

$$r_{ijk} = \begin{cases} \dfrac{u_{ij} - x_{6-k+1}}{d}, x_{6-k+1} \leqslant u_{ij} \leqslant x_{6-k} \\ \dfrac{x_{6-k-1} - u_{ij}}{d}, x_{6-k} \leqslant u_{ij} \leqslant x_{6-k-1} \end{cases} \quad (10.2.4)$$

$$r_{ij5} = \begin{cases} \dfrac{u_{ij} - x_2}{d}, x_2 \leqslant u_{ij} \leqslant x_1 \\ 1, u_{ij} \geqslant x_1 \end{cases} \quad (10.2.5)$$

式中：$k = 2, 3, 4$；

$$d = \frac{x_1 - x_2}{4}。$$

(2) 适度型因素隶属度

适度型因素可用式(10.2.6)转换为成本型因素集计算隶属度，其中 a 为常数，由于均等系数和线性度都越接近 1 越好，本书取 $a = 1$。

$$u'_{ij} = |u_{ij} - a| \quad (10.2.6)$$

10.2.5 模糊综合评价

首先对第二层因素集 u_i 进行单因素评判。设因素 u_{ij} 对备择集元素 v_k 的隶属度为 r_{ijk}，则：

$$\widetilde{R}_i = \begin{bmatrix} r_{i11} & r_{i112} & r_{i13} & r_{i14} & r_{i15} \\ r_{i21} & r_{i22} & r_{i23} & r_{i24} & r_{i25} \\ \vdots & \vdots & \vdots & \vdots & \vdots \\ r_{ip1} & r_{ip2} & r_{ip3} & r_{ip4} & r_{ip5} \end{bmatrix}$$

根据式(10.2.7)~式(10.2.9)计算一级模糊综合评判矩阵 $\widetilde{A}$。

$$a_{ik} = \bigvee_{i=1}^{p} (\omega_{ij} \wedge r_{ijk}), k = 1, 2, 3, 4, 5 \quad (10.2.7)$$

$$\widetilde{A} = \omega_i \cdot \widetilde{R}_i = \{a_{i1}, a_{i2}, \cdots, a_{i5}\} \quad (10.2.8)$$

$$\widetilde{A} = (\widetilde{A}_1, \widetilde{A}_2, \widetilde{A}_3, \widetilde{A}_4)' \quad (10.2.9)$$

一级模糊综合评判反映了 U 中一个元素对评判对象的影响，得到的评判矩阵 $\widetilde{A}$ 为二级模糊综合评判矩阵。在此基础上按式(10.2.10)对所有因素进行评判便得到二级模糊综合评判集 $\widetilde{B}$。

$$\widetilde{B} = \theta \circ \widetilde{A} = (\theta_1, \theta_2, \theta_3, \theta_4) \circ \begin{bmatrix} a_{11} & a_{12} & a_{13} & a_{14} & a_{15} \\ a_{21} & a_{22} & a_{23} & a_{24} & a_{25} \\ a_{31} & a_{32} & a_{33} & a_{34} & a_{35} \\ a_{41} & a_{42} & a_{43} & a_{44} & a_{45} \end{bmatrix} \quad (10.2.10)$$

$$= \{b_1, b_2, b_3, b_4, b_5\}$$

式中：$b_j = \bigvee_{i=1}^{4}(\theta_i \wedge a_{ij})$。

得到二级模糊综合评判集 $\tilde{B}$ 后，采用最大隶属度法评判结果。即取评判结果最大值 $\max_j b_j(j=1,2,3,4,5)$ 相对应的备择集元素 v_l 作为评判结果，有：

$$V = \{v_l / v_l \to \max_j b_j\} \tag{10.2.11}$$

10.3 预测方法或模型的评价

交通流具有高度非线性和随机性特征，这给短期交通流预测带来困难。用不同方法建立的预测模型，其预测效果往往不同。如有些模型预测的绝对误差比较小，但可能相对误差比较大，有些模型把平均误差（平均绝对误差、平均相对误差、均方误差）控制到较低的水平，但又有可能出现较高的极限误差（最大绝对误差、最大相对误差）。这些都是实际应用中选择模型必须考虑的因素。

本节对6种常规、非常规模型的预测效果进行了评判，常规模型包括历史平均法 ARIMA 模型、神经网络模型、非常规模型包括小波分析法、分形法、控制论法。历史平均法是最早被用于短期交通流预测的方法模型，比较简单。ARIMA 模型和神经网络模型是目前研究和应用较广泛的方法，但是建模过程比较复杂，序列中的白噪声对其影响较大。神经网络法预测时需要先用部分数据训练模型，预测过程中可以不断补充训练数据，边训练边预测。小波分析法可以对序列中的白噪声进行定处理，再进行预测，减小了白噪声。若将小波与支持向量机结合，则预测效果更优。分形法则是近几年被用于这一领域的新方法，源于自组织理论。控制论预测法把工业过程控制中的反馈控制思想引入交通流领域，提高了预测精度。设计自适应控制器还能使算法具有自适应性，使预测真正实现动态化。

本节运用各种预测方法对某路段同一组交通流观测数据进行了预测，取得了不同的预测结果，计算各自对应的评价指标，结果如表 10.3.1 所示。

各预测方法评价指标值　　　　表 10.3.1

指标名称 预测模型	平均绝对误差	最大绝对误差	平均相对误差	最大相对误差	均方误差	均等系数	线性度
历史平均法	7.73	18.0	7.95%	31.7%	10.20	0.908	0.952
ARIMA 模型	7.01	24.0	7.15%	37.2%	9.30	0.972	0.940
神经网络模型	6.55	25.0	6.25%	34.0%	9.47	0.958	0.996
小波分析法	5.19	22.0	6.0%	34.0%	9.5	0.980	0.976
分形法	7.03	27.0	6.73%	31.9%	9.14	0.965	0.942
控制论法	6.75	21.0	6.41%	41%	9.81	0.955	0.947

从模型各项指标值上大体上能发现，常规的预测方法准确性较为一般，神经网络模型精确度较好。非常规预测模型准确性相对好一些，其中小波分析法各项因素的指标值都比较好。

由于各种预测方法在实际建模的细节上会有所差异，其实际性能的优劣可能与上述评价结果有所偏差。

第3篇　交通影响预测与评价

> 作为区域经济系统的重要组成部分，交通系统对土地利用模式、土地价格、土地开发强度以及区域经济发展和区域环境均具有重要影响，其中有正面促进影响，也有负面影响，本篇内容将从多角度分析交通对土地利用、经济发展及环境影响机理，介绍影响程度预测评价方法。

11　交通发展土地利用影响预测与评估

　　城市交通与城市土地利用相互联系，相互影响，相互促进。从交通需求方面来看，城市土地利用是城市交通需求的根源，决定着交通需求特性，包括交通发生量、交通吸引量、交通方式选择和交通分布形态，在一定程度上也决定了交通结构。不同的城市土地利用状况要求不同的城市交通模式与之对应，如高密度的土地利用就要求高运载能力的公共交通方式与之适应，反之低密度的土地利用方式则产生以个体交通工具为主导的交通模式。

　　从土地利用方面来看，交通规划与建设对土地利用和城市发展具有导向作用，交通设施沿线的土地开发利用异常活跃，各种社会基础设施大都集中在地铁和干道周围。大容量轨道交通系统可引导城市功能合理布局、城市空间合理拓展。

　　鉴于城市交通与城市土地利用的相互作用关系，本章就交通对土地利用结构、土地价格、土地利用模式影响预测与评价进行详细介绍，并以大城市—卫星城市间交通对土地利用强度的影响为例，探讨交通对城市空间扩展的影响。

11.1　土地利用相关概念

　　土地利用这一术语最初来自农业经济学，是指在特定的社会生产方式下，人类依据土地的自然和社会属性，进行有目的的开发、利用、整治和保护的活动过程。城市规划领域中，"土地利用"的一般意义是城市功能范畴（如居民区、工业、商业区、零售区、政府机关空间及休闲区）中的空间分布或地理类型。城市土地利用，又称城市用地，是指用于建设和城市机能运转所需要的土地，包括已经建设利用的土地和已列入城市规划区范围尚待开发使用的土地。我国《城市用地分类与规划建设用地标准》（GB 50137—2011），将城市用地分为8大类，如表11.1.1所示。

　　表征城市土地利用的相关概念主要包括城市土地利用结构、土地利用形态、土地混合利用程度、土地价格、人口密度、容积率等。其中，土地利用结构是指某一地区各种利用性质土地面积的比例构成；土地利用形态则是指土地利用结构在时空上的布局形式；土地混合利用是指某一地区具有多种性质的土地利用；土地价格是指土地价值（有时用房产价值代替）的货币表现;人口密度是指单位面积的人口数,它是土地利用强度的重要表征指标;容积率是指一定地块内总建筑面积与建筑用地面积的比值,它亦是土地利用强度的重要表征指标。

我国城市用地分类表　　　　　　　　　　　　　　　　　　表 11.1.1

序号	1	2	3	4	5	6	7	8
用地名称	居住用地	公共管理与公共服务用地	商业服务业用地	工业用地	物流仓储用地	交通设施用地	公共设施用地	绿地

11.2 城市轨道交通沿线土地利用结构影响预测

把握轨道交通建设条件下土地利用性质分布的变化特征与演化趋势,是构建 TOD 开发模式、实现轨道交通与土地利用良性互动的重要前提。然而在我国,由于轨道交通建设起步晚,周边土地利用的原始数据有限,难以采用概率统计及数理方法预测其发展趋势。同时,交通与土地利用互动过程中大量不确定因素的存在,进一步增加了轨道交通沿线土地利用结构变化的预测难度。

本节内容将以基于灰色系统云与马尔科夫链的组合预测模型为例,预测城市轨道交通沿线土地利用性质的空间分布的变化情况。首先采用灰色系统云模型,使用较少量的样本数据完成城市轨道交通沿线各种性质土地利用面积演化曲线的粗略拟合,在此基础上借助马尔科夫链缩小预测区间,提高预测精度,以解决贫信息条件下的随机预测问题,为定量分析轨道交通建设影响下土地利用性质的空间分布提供理论依据。

11.2.1 基于灰色系统云模型的动态基准曲线拟合

灰色系统云模型是以系统云为背景,按趋势关联分析原理构造而成的一种灰色模型,具有建模所需信息少、计算简便等特点,能够充分挖掘样本数据中的有用信息,探求其内在规律。

11.2.1.1 数据处理

为弱化原始序列的随机性,需采用一定的方法对原始数据进行生成处理。这里采用累加生成方式,即对原始序列中各时刻的数据一次累加,从而生成新的序列。

设原始序列为:

$$X^{(0)} = \{X^{(0)}(t) \mid X^{(0)}(t) \geq 0, t=1,2,\cdots,n\} \quad (11.2.1)$$

对 $X^{(0)}$ 作一次累加生成,有:

$$X^{(1)} = \{X^{(1)}(t) \mid X^{(1)}(t) \geq 0, t=1,2,\cdots,n\} \quad X^{(1)}(t) = \sum_{k=1}^{t} X^{(0)}(k) \quad (11.2.2)$$

11.2.1.2 建立一次响应函数

设 $X^{(1)}(t)$ 和 $f_r(t) = be^{a(t-1)} - c$ 满足趋势关联,即 $f_r(t)$ 潜伏于 $X^{(1)}(t)$,用 $X^{(1)}(t)$ 的数据拟合于 $f_r(t)$,解得:

$$\hat{a} = \ln \frac{\sum_{t=2}^{n} X^{(0)}(t-1) X^{(0)}(t)}{\sum_{t=2}^{n} (X^{(0)}(t-1))^2} \quad (11.2.3)$$

$$\hat{b} = \frac{n\sum_{t=1}^{n}\mathrm{e}^{\hat{a}(t-1)}X^{(1)}(t) - (\sum_{t=1}^{n}\mathrm{e}^{\hat{a}(t-1)}\sum_{t=1}^{n}X^{(0)}(t))}{n\sum_{t=1}^{n}\mathrm{e}^{2\hat{a}(t-1)} - (\sum_{t=2}^{n}\mathrm{e}^{\hat{a}(t-1)})^2} \tag{11.2.4}$$

$$\hat{c} = \frac{1}{n}[\sum_{t=1}^{n}\mathrm{e}^{2\hat{a}(t-1)}\hat{b} - \sum_{t=1}^{n}X^{(1)}(t)] \tag{11.2.5}$$

设 $\hat{U} = \hat{a} \cdot \hat{c}, X^{(1)}(t) = \hat{b} - \hat{c}$，则有灰微分方程：

$$\frac{\mathrm{d}X^{(1)}(t)}{\mathrm{d}t} = \hat{a}X^{(1)}(t) + \hat{U} \tag{11.2.6}$$

解得

$$\hat{X}^{(1)}(t) = \left(X^{(1)}(0) + \frac{\hat{U}}{\hat{a}}\right) \cdot \mathrm{e}^{\hat{a}t} - \frac{\hat{U}}{\hat{a}} \tag{11.2.7}$$

11.2.1.3　还原生成

对 $X^{(1)}(t)$ 进行累加逆运算，得原始数据的灰色系统云模型预测值：

$$\hat{X}^{(0)}(t) = \hat{b} \cdot (1 - \mathrm{e}^{\hat{a}}) \cdot \mathrm{e}^{\hat{a}(t-1)} \tag{11.2.8}$$

令 $\hat{Y}(t) = \hat{X}^{(0)}(t)$，$\hat{Y}(t)$ 即为原始数据序列的动态基准线，反映了原始数据序列总的变化趋势。

11.2.2　灰色系统云与马尔科夫链的组合预测模型

马尔科夫过程在过去很长时间已经被大量地应用于土地利用，应用的前提假设是每一个范围内土地利用变化都是随机过程，都可以视作一个独立的状态，其价值取决于该状态在先前时间点的状态。卡方检验表明，马尔科夫链也可以直接用于预测，但是有两个问题存在：第一，一些具体的转移矩阵合理性缺乏验证；第二，马尔科夫链无法充分解释转移原理和过程。因此，马尔科夫链作为一种校正工具需要与其他模型结合。

根据上述可知，灰色模型的本质是对随机性较大的数据样本进行曲线拟合，预测精确度较低且预测曲线较为平滑，无法说明变化的过程。而马尔科夫链能够利用减少随机性误差的特性来提高预测结果的准确性，让预测曲线更加趋于真实。因此在灰色模型的基础之上，通过马尔科夫链进行系统的矫正，确定连续状态下的转移概率矩阵，能够有效地、真实地预测未来土地利用变化趋势。

11.2.2.1　状态划分

分析状态转移规律是运用马尔科夫链预测系统未来发展变化的关键。为构造状态转移概率矩阵，需对数据序列进行状态划分，即对符合马尔科夫链特点的非平稳随机序列 $\hat{\gamma}(t)$，将其划分为 m 个状态。任一状态可表示为：

$$E_i \in [\otimes_{1i}, \otimes_{2i}], i = 1, 2, \cdots, m \tag{11.2.9}$$

其中：

$$\otimes_{1i} = \hat{Y}(t) + A_i, \otimes_{2i} = \hat{Y}(t) + B_i \tag{11.2.10}$$

式中：　E_i——第 i 种状态；

灰元 $\otimes_{1i}$ 和 $\otimes_{2i}$——第 i 种状态的上下界；

A_i 和 B_i——根据待预测数据而定的常数。

状态个数应根据实际情况确定。一般而言,原始数据较少时,划分状态宜少,以增加各状态间的转移次数,从而更加客观地反映各状态间的转移规律;原始数据较多时,则应划分较多的状态区间,以便从原始数据中挖掘更多信息,提高预测精度。

11.2.2.2 构造状态转移概率矩阵

由状态 E_i,经过 k 步转移到状态 E_j 的原始数据样本数记为 $N_{ij}(k)$,状态 E_i 出现的次数记为 N_i,则由状态 E_i 经过 k 步转移到状态 E_j 的概率为:

$$P_{ij}(k) = \frac{N_{ij}}{N_i}, \quad i,j = 1, 2, \cdots, m \tag{11.2.11}$$

那么,得 $m \times m$ 阶状态转移概率矩阵:

$$P(k) = \begin{bmatrix} P_{11}(k) & P_{12}(k) & \cdots & P_{1m}(k) \\ P_{21}(k) & P_{22}(k) & \cdots & P_{2m}(k) \\ \vdots & \vdots & & \vdots \\ P_{m1}(k) & P_{m2}(k) & \cdots & P_{mm}(k) \end{bmatrix} \tag{11.2.12}$$

状态转移概率矩阵 $P(k)$ 反映了系统各状态之间的转移规律,考察 $P(k)$ 可以预测系统未来状态的转向。实际预测中,一般只考察一步转移概率矩阵 $P(1)$。设预测对象处于 E_k 状态,则考察 $P(1)$ 中的第 k 行,有:

(1)若 $\max_{j} P_{kj} = P_{ki}$,则认为下一时刻系统最有可能从状态 E_k 转移到状态 E_i。

(2)若矩阵 $P(1)$ 中第 k 行有两个或两个以上概率相同或相近时,则状态的未来转向难以确定,此时需考察第 2 步或 k 步状态转移概率矩阵 $P(2)$ 或 $P(m)(m \geq 3)$。

11.2.2.3 确定预测值

考察状态转移概率矩阵,确定系统未来的转移状态后,即确定了未来时刻预测值的变动灰区间 $[\otimes_{1i}, \otimes_{2i}]$,可以用区间中位数作为未来时刻的预测值 $\hat{Y}'(t)$:

$$\hat{Y}'(t) = \frac{1}{2}(\otimes_{1i} + \otimes_{2i}) = \hat{Y}(t) + \frac{1}{2}(A_i + B_i) \tag{11.2.13}$$

【例 11.2.1】 实例分析。

以南京市轨道交通 1 号线为例,检验灰色系统云和马尔科夫组合预测模型的可靠性,并对 1 号线沿线土地利用性质空间分布的演化趋势进行预测分析。

南京市轨道交通 1 号线始建于 2000 年底,2005 年正式通车,现已成为南京市主城区中轴线的快速交通走廊,如图 11.2.1 所示。

为方便研究,并考虑到原始数据的可获取性,以距轨道交通站点 2 000m 的区域为研究范围,选取居住用地(R)、公共设施用地(C)、工业用地(M)3 种主要城市功能用地进行预测分析。1997—2002 年南京轨道交通 1 号线主要吸引范围内各类性质用地面积变化情况,如表 11.2.1 所示。

1997—2002 年南京轨道交通 1 号线主要吸引范围内各类用地面积　　表 11.2.1

年　份	吸引范围(m)	居住用地(hm²)	公共设施用地(hm²)	工业用地(hm²)
1997	0～2 000	1 944.9	912.5	1 946.0
1998	0～2 000	2 010.4	990.8	1 778.8
1999	0～2 000	1 988.4	927.4	1 625.9
2000	0～2 000	2 250.4	1 109.1	1 486.2
2001	0～2 000	2 641.5	1 167.9	1 358.5
2002	0～2 000	2 718.1	1 111.0	1 241.7

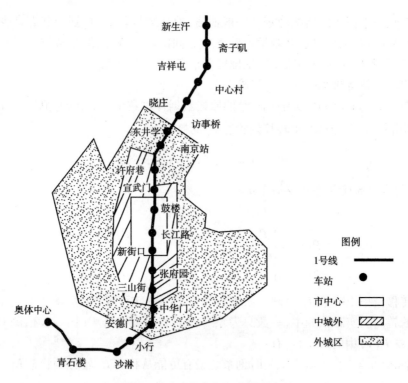

图 11.2.1 南京轨道交通 1 号线示意图

(1)基于灰色系统云模型的土地利用面积动态基准曲线拟合

根据式(11.2.8),建立居住用地面积变化的灰色系统云预测模型:

$$\hat{X}_1^{(0)}(t) = \hat{b}_1 \cdot (1 - e^{\hat{a}_1}) \cdot e^{\hat{a}_1(t-1)} \quad (11.2.14)$$

由式(11.2.3)、式(11.2.4)以及表 11.2.1 中居住用地面积数据计算得:

$$\hat{a}_1 = 0.069, \hat{b}_1 = 28\,387.95 \quad (11.2.15)$$

同理,建立公建用地面积变化的灰色系统云预测模型:

$$\hat{X}_2^{(0)}(t) = \hat{b}_2 \cdot (1 - e^{\hat{a}_2}) \cdot e^{\hat{a}_2(t-1)}, \quad \hat{a}_1 = 0.033, \hat{b}_1 = 29\,843.92 \quad (11.2.16)$$

建立工业用地面积变化的灰色系统云预测模型:

$$\hat{X}_3^{(0)}(t) = \hat{b}_3 \cdot (1 - e^{\hat{a}_3}) \cdot e^{\hat{a}_3(t-1)}, \quad \hat{a}_3 = -0.088, \hat{b}_3 = -22\,418.86 \quad (11.2.17)$$

利用式(11.2.14)~式(11.2.17),得到 1997—2002 年南京轨道交通 2 号线主要吸引范围内居住、公建与工业用地面积的灰色系统云预测拟合值,如表 11.2.2 所示。

1997—2002 年南京轨道交通 1 号线吸引范围内各类用地面积的灰色拟合结果　　表 11.2.2

年份	居住用地面积				公共设施用地面积				工业用地面积			
	实际值(hm²)	拟合值(hm²)	绝对误差(hm²)	相对误差(%)	实际值(hm²)	拟合值(hm²)	绝对误差(hm²)	相对误差(%)	实际值(hm²)	拟合值(hm²)	绝对误差(hm²)	相对误差(%)
1997	1 944.9	1 878.0	66.9	3.4	912.5	964.0	-51.5	-5.6	1 946.0	2 051.5	-105.5	-5.4
1998	2 010.4	2 011.1	-0.7	-0.0	990.8	996.2	-5.4	-0.5	1 778.8	1 879.5	199.3	9.6
1999	1 988.4	2 153.5	-165.1	-0.8	927.4	1 029.4	-102.1	-11.0	1 625.9	1 721.9	-96.0	-5.9
2000	2 250.4	2 306.1	-55.7	-2.5	1 109.1	1 063.8	45.3	4.1	1 486.2	1 577.6	88.6	5.3
2001	2 641.4	2 469.5	172.0	6.5	1 167.9	1 099.3	68.6	5.9	1 358.5	1 445.3	-86.8	-6.4
2002	2 718.1	2 644.4	73.8	2.7	1 111.0	1 136.0	-25.0	-2.3	1 241.7	1 324.2	-82.4	-6.6

从表 11.2.2 中可以看出,居住用地面积拟合值的平均误差约为 3.9%,最大误差为 6.5%;公建用地面积拟合值的平均误差约为 4.5%,最大误差为 -11.0%;工业用地面积拟合值的平均误差约为 6.5%,最大误差为 9.6%。

(2)基于马尔科夫链的用地面积预测结果修正

① 状态划分

根据表 11.2.2 中各类用地面积拟合值的相对误差(即绝对误差占实际值的百分比),将居住用地面积变化序列划分为 E_1、E_2、E_3、E_4 四种状态,将公共设施用地面积变化序列划分为 E'_1、E'_2、E'_3、E'_4 四种状态,将工业用地面积变化序列划分 E''_1、E''_2、E''_3、E''_4 四种状态,状态划分标准如表 11.2.3 所示。

各类用地面积状态划分标准　　　　表 11.2.3

居住用地	状态	相对误差界限	公共设施用地	状态	相对误差界限	工业用地	状态	相对误差界限
	E_1	[-4%,-2%]		E'_1	[-12%,-7%]		E''_1	[-10%,-6%]
	E_2	[-2%,0]		E'_2	[-7%,-2%]		E''_2	[-6%,0]
	E_3	[0,4%]		E'_3	[-2%,0]		E''_3	[0,6%]
	E_4	[4%,8%]		E'_4	[0,6%]		E''_4	[6%,10%]

② 状态转移概率矩阵确定

根据状态划分表以及各年对应的状态,可得居住、公共设施、工业用地面积的一步状态转移概率矩阵 $P_R^{(1)}$、$P_C^{(1)}$、$P_M^{(1)}$:

$$P_R^{(1)} = \begin{bmatrix} 0 & 0 & 0 & 1 \\ 0.5 & 0.5 & 0 & 0 \\ 0 & 1 & 0 & 0 \\ 0 & 0 & 1 & 0 \end{bmatrix}, P_C^{(1)} = \begin{bmatrix} 0 & 0 & 0 & 1 \\ 0 & 0 & 1 & 0 \\ 1 & 0 & 0 & 0 \\ 0 & 0.5 & 0 & 0.5 \end{bmatrix}, P_M^{(1)} = \begin{bmatrix} 1 & 0 & 0 & 0 \\ 0 & 0 & 0.5 & 0.5 \\ 1 & 0 & 0 & 0 \\ 0 & 1 & 0 & 0 \end{bmatrix}$$

③ 预测值计算

根据状态转移概率矩阵 $P_R^{(1)}$,可以预测南京轨道交通 1 号线主要吸引范围内居住用地面积的变化趋势。由表 11.2.2、表 11.2.3 可知,2002 年居住用地面积状态处于 E_3,则根据状态转移概率确定方法,考察状态转移概率矩阵 $P_R^{(1)}$ 的第 3 行,有 $\max_j P_{3j} = P_{32}, j=1,2,3,4$。经过 1 年转移,2003 年居住用地面积最有可能处于 E_2 状态。由灰色系统云模型计算出 2003 年的预测值为 2 831.72 hm²,则 2003 年南京轨道交通 1 号线吸引范围内居住用地面积最有可能为:

$$\hat{Y}'(2003) = \frac{1}{2}(\otimes_{1i} + \otimes_{2i}) = \hat{Y}(2003) + \frac{1}{2}[(-2\%) + 0] \cdot \hat{Y}(2003) \approx 2\,803.40 \text{hm}^2$$

同理,可预测 2004—2020 年的居住用地面积以及 2003—2020 年公共设施与工业用地面积变化趋势,如表 11.2.4 所示。

由表 11.2.4 各类用地面积的预测比较可知,灰色系统云和马尔科夫链组合模型的预测误差明显小于单独使用灰色系统云模型的预测误差,具有较高的预测精度。

2003—2020 年南京轨道交通 1 号线主要吸引范围内各类用地面积预测值　表 11.2.4

年份	居住用地面积(hm²)			公共设施用地面积(hm²)			工业用地面积(hm²)		
	实际值	灰色预测值	灰色马尔科夫预测值	实际值	灰色预测值	灰色马尔科夫预测值	实际值	灰色预测值	灰色马尔科夫预测值
2003	2 794.2	2 831.7	2 803.4	1 158.0	1 173.9	1 162.2	1 092.5	1 213.1	1 116.1
2004	3 357.9	3 032.3	3 214.3	1 293.7	1 213.1	1 249.5	945.3	1 111.4	1 022.5
2005	3 500.4	324 701	3 442.0	998.6	1 253.6	1 134.5	901.7	1 018.3	936.8
2006	—	3 477.2	3 546.7	—	1 295.5	1 172.4	—	932.9	858.3
2007	—	3 723.5	3 686.3	—	1 338.7	1 378.9	—	854.7	786.3
2008	—	3 987.3	4 067.0	—	1 383.4	1 424.9	—	783.0	720.4
2009	—	4 269.7	4 355.1	—	1 429.6	1 293.7	—	717.4	660.0
2010	—	4 572.1	4 526.5	—	1 477.3	1 336.9	—	657.2	604.7
2011	—	4 896.1	4 847.2	—	1 526.6	1 572.4	—	602.1	554.0
2012	—	5 243.0	5 190.5	—	1 577.5	1 624.9	—	551.7	507.5
2013	—	5 614.4	5 558.3	—	1 630.2	1 679.1	—	505.4	465.0
2014	—	6 012.1	5 952.0	—	1 684.6	1 753.2	—	463.0	426.0
2015	—	6 438.0	6 373.7	—	1 740.9	1 793.1	—	424.2	390.3
2016	—	6 799.2	6 700.0	—	1 795.3	1 849.7	—	408.1	379.8
2017	—	7 211.6	7 159.3	—	1 840.2	1 891.6	—	395.6	354.7
2018	—	7 589.7	7 512.6	—	1 889.7	1 928.5	—	384.2	344.0
2019	—	7 908.0	7 896.1	—	1 931.9	1 967.1	—	377.4	338.9
2020	—	8 357.2	8 314.5	—	1 964.8	1 989.4	—	369.5	327.0

（3）预测结果分析

由表 11.2.4 中各类用地面积的灰色马尔科夫预测值，可以得到 1997—2020 年南京轨道交通 1 号线主要吸引范围内居住、公共设施、工业用地面积的演化趋势，如图 11.2.2 所示。

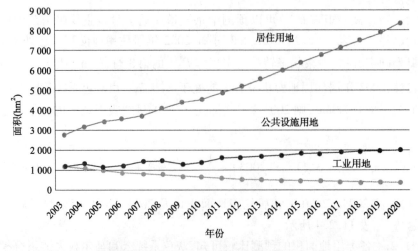

图 11.2.2　1997—2020 年南京轨道交通 1 号线主要吸引范围内各类用地面积演化趋势

对图11.2.2进行分析,可以得出以下结论:

①轨道交通建设提高了沿线土地的开发强度,加剧了城市土地利用性质的空间分异,从而改变沿线地区居住、商业、工业等功能区的分布,并对整个城市范围内土地利用格局的演变产生了深远影响。

②轨道交通建设对不同性质的土地利用,其影响方式与影响强度亦不相同。其中,轨道交通对居住用地具有强烈的吸引作用,居住用地面积的时间演化曲线呈较快上升趋势;轨道交通对公共设施用地吸引作用不太明显,公共设施用地面积的时间演化曲线呈缓慢上升趋势;轨道交通对工业用地则具有明显的排斥作用,工业用地面积的时间演化曲线呈下降趋势。把握不同性质用地面积的演化规律,能够为规划设计轨道交通站点为核心的TOD开发模式提供重要依据和参考。

③由于交通与土地利用互动过程中大量不确定因素的存在,使得轨道交通周边各种性质的土地利用面积变化趋势呈现出非平稳随机过程的特性,各类用地面积的时间演化曲线均表现出一定的随机波动性。

11.3 交通对土地价格影响预测

相关研究表明,在最终的归属状态下,城市轨道交通所带来的利益有70%以上被土地所有者所占有。也就是说,虽然城市轨道交通提供的是交通服务,但是随着时间的推移,沿线范围内土地所有者成了最主要的受益对象,沿线土地增值是轨道交通最大的正外部性。

从交通系统作用于土地利用的机理看,交通系统一般不会直接对土地利用产生影响,它总是通过土地价格间接作用于土地利用,而土地价格的变化无疑会带动土地利用格局的变化。鉴于目前国内许多城市正在积极规划和建设的众多轨道交通项目提供了很多有用的基础数据,因此这里选取轨道交通作为研究对象,分析轨道交通的建设对沿线土地价格的影响。

11.3.1 城市轨道交通对沿线土地价格的影响机理

城市轨道交通由于其大容量、方便快捷、安全舒适、节能环保等特点,能够明显地改善周边地块的可达性和居民出行的便捷性、改变土地利用性质、提高土地开发强度、促进社会经济繁荣与发展,从而促进周边房地产价值的上涨。

11.3.1.1 改善周边区域的可达性

根据区位理论和地租理论,土地相对位置不同会产生不同的地租,而到达不同区位的时间成本和经济成本的不同(即可达性不同)也会产生不同的地租。城市交通和土地使用间联系的本质就在于运输成本与地点租金(或土地价值)间的互补。

以广州市为例,城市轨道交通使广州南北两端、老城区和新城区"一线牵起",紧密地结合成一个整体。半个小时内,搭乘城市轨道交通可以到达广州市区范围内的13个重点地区、21个交通枢纽点、58个客流集散点,而位于广州最南端的南沙开发区在1h之内就能到达。芳村区地铁沿线的商品房随花地大道与珠江隧道的建成,特别是广州地铁1号线的通车运行、鹤洞大桥的通车等交通条件的巨大改善后,土地升值很快,升值约1 000元/m^2。

11.3.1.2 改变土地利用性质

城市轨道交通的建设和营运,会带动城市向郊区扩展,从而使城市原有的规模得到扩大,进而导致城市中心的变迁和原有格局的改变。20世纪60年代,在工业发达国家,随着郊区各种设施与功能进一步完善,产生了郊区城市化,城市中心衰退和停滞现象,城市中心区人口也呈下降趋势。出现这些现象的主要原因是,经济发展的结果出现了大容量快速运输系统,使得职工在1h内在50km半径内从事业务、通勤、通学成为可能。

随着城市轨道交通的建设,为人们提供快速进入市中心的交通工具,从而能使居住区、商业区、工业区在地域上分开,使居住地疏散出市中心。这样,住宅和商业等设施更容易向城市轨道交通沿线影响区域范围内高度聚集,从而导致城市轨道交通周边住宅和商业等设施的用地需求量的增加。因此,城市轨道交通区域土地的使用类型,也将按照市场规律发生变化,不仅可以强化市中心的金融、贸易、服务业等功能,而且也将为城市新城的形成提供有力的交通支持。土地使用性质的这些变化,无不提高其开发利用的价值。

11.3.1.3 提高土地开发强度

城市轨道交通可以促进周边土地的高密度开发与再开发。轨道交通站点200m半径以内的土地呈现出高强度开发态势,200~500m半径以内地块为中高强度开发。

容积率是衡量土地开发强度的主要参数,一般来讲,商业用地最高容积率可达15,住宅用地为10~12。容积率提高,相应带来了土地开发收益的增加。

11.3.1.4 促进社会经济繁荣与发展

随着城市轨道交通的兴建,沿线区域的可达性大大提高,对居民产生巨大的吸引力,促进城市轨道交通沿线居住密度的提高。同时,在线路两侧形成住宅、职业场所以及社会资本的带状分布区域,这种带状区域具有开发机能,它将中心地带和其他地域连接起来,也将人口聚集地区和边缘地区连接起来。与此同时,开发商会对沿线的土地进行开发,大量的设施和居民在线路两侧聚集,而密集的设施又会吸引居民到该地区的出行,包括业务、购物和娱乐等。更多的客流会刺激更多功能设施的聚集,但为了保持交通便利的优势,这种聚集都是尽可能地靠近线路。

在我国,北京地铁建成最早,对地区活力增强作用十分明显。1969年,北京地铁一期工程北京站至苹果园站全程23.6km建成通车,其中一半以上的线路是建在当时还是一片田野的西郊,附近仅有首都钢铁厂、锅炉厂两家大型重工企业。地铁建成后,沿线不断有新建住宅小区、写字楼、体育场、公园和游乐场。石景山地区在地铁1号线建设以前,沿线一片萧条,但在1号线建成后,逐渐发展成集娱乐、商业、工业于一体的现代化城区。现在石景山地区高楼林立,其中有上百家旅馆和饭店。这就形成了北京西城区的发展势头明显优于东城区的局面。可见,城市轨道交通的建设能够促进周边社会经济的繁荣与发展,从而促进房地产价值的提升。

11.3.2 城市轨道交通对沿线土地价格影响预测

11.3.2.1 土地增值原理

城市土地增值真正的表现是地租增值。马克思认为,土地的价格是由土地资源的价格和土地资本的价格组成,而土地资源的价格就是地租。由于土地资本一部分要转化为折旧和利息,另一部分则转化为级差地租(实质是租约期满后利息转化来的),所以土地增值真正的表现是地租增值。

由于城市垄断地租是地租的特殊形式,由于它并不是由特定的量来规定,因此存在着很大的弹性,它在城市的发展中存在着很大的不确定性。所以城市轨道交通对沿线土地增值,主要反映在绝对地租和级差地租两个方面。

(1) 绝对地租方面

绝对地租的增长来源于两个方面：一是产业部门所获得的超额利润和平均利润提高，相应的土地要素所得的超额利润或平均利润也提高，因而地租量也会提高；二是城市经济发展对有限土地需求的不断增加，土地价格增长，导致绝对地租量增加。

轨道交通对绝对地租的影响表现为：一是轨道交通发展到郊区，农业用地变为住宅或商业用地，这时城市范围扩张，有限的农业用地不断被占用，也必然导致农业地租的上涨，进而导致绝对地租量的增长；二是城市内部空间结构的转变，由于不同行业之间存在着剩余产品价值的转化效率和水平差异，整体结构优化必然意味着整体转化效率和水平提高，相应会导致绝对地租水平提高。

(2) 级差地租增值

城市轨道交通促进了城市的发展，必然带来级差地租的提高。这主要表现为三个方面：城市发展引起用地需求不断增大，由于土地的有限性势必引起地价的升高。由于地价的基础是地租，所以级差地租增加是必然的；随着城市土地的投资不断增加，当融于土地的资本所有权经过一系列租约期，就不断转化为土地所有权，土地资本的利息也就转化为级差地租，因而促使级差地租量的增长；城市中心在向多元化和专业化发展时出现新的黄金区位，进而产生新的级差，同时城市不断扩大，远郊区和市中心的级差也会日益增大，级差地租也会提高。

11.3.2.2　城市轨道交通对整个沿线通道土地价格影响

轨道交通的建设产生了"一线带活一片"的效益，使得沿线区域的房地产升值。轨道交通线路走到哪里，房地产开发就会热到哪里，大量住宅小区聚集在轨道交通沿线，形成密集的带状中心，由于这个带状区域内可达性较高，所以房地产的价值高于周边距离轨道交通较远的同类房产的价值；另外，因为城市轨道交通一般会穿越高密度的旧城区，它的建设能调整旧城区的土地利用结构，促进旧城更新，改善旧城区环境，所以使得这些区域土地价值上升；同时通过轨道交通，新区也和中心区有效地连接起来，促进了新区的发展和壮大，活跃了新区的发展环境，从而提高了该区域的土地价值。

11.3.2.3　城市轨道交通对站点周边土地价格影响

轨道交通站点用地可分为车站内部和车站外用地两大类。其中，站内赢利性用地为乘客使用空间，分为付费区和非付费区。其中，付费区包括站台、楼梯和自动扶梯、导向牌等，它是为乘客候车服务的设施，该区的用地性质一般是固定不变的，对土地增值影响微小；非付费区是乘客购票并正式进入车站前的活动区域。它一般应有较宽敞的空间、售检票位置，这里根据需要还可设银行、公用电话、小卖部等商业设施。根据客流的情况，经营状况的不同，该处用地类型的变化对土地价格存在一定的影响，但总体来说影响不是太大。受轨道交通影响较大的还是站点外周边土地，下面着重阐述站点周边土地价格的变化。

不同类型房地产要求不同的地段位置，其选址具有不同要求。从产业布局角度分析，轨道交通对城市居住用地或商业用地开发的吸引最明显，而对工业用地开发的作用不明显。因此工业，特别是重工业会降低临近的住宅、商办用途房地产的价值，所以在住宅和商办楼聚集的区域，轨道交通对工业用地的排斥最明显，并且从长远来看，轨道交通附近的工业用地往往是房地产重新再开发的重点对象。下面以商业用地为例建立模型做详细分析。

以商业用地为例，建立城市轨道交通对沿线土地增值模型，考虑绝对地租和级差地租增值。模型的三个前提条件：

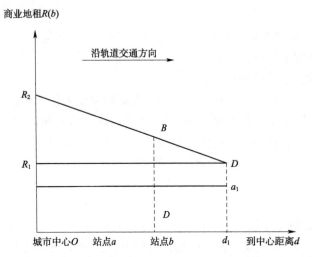

图 11.3.1 城市轨道交通建设前商业地租模型

(1) 城市的发展,包括外部扩张和内部升级,同时对有限的土地产生更大的需求压力,地租量就会因供求紧张而进行弹性调节。

(2) 城市绝对地租以城乡接壤处的农业地租为下限,农业地租会随着城市的扩张而升高。

(3) 级差地租在城乡接壤处最小,一般等于城市绝对地租。

图 11.3.1 表示城市轨道交通建设以前的商业地租模型,城市边缘界限为 d_1 点,其中农业地租额为 a_1,R_1D 为城市绝对地租水平线,绝对地租额为 OR_1,R_2D 为城市级差地租斜线,表示距离市中心越近,级差地租越高。选取距离城市中心为 b 的任一商业用地,Bb 为地租额,表示为级差地租和绝对地租之和。

如图 11.3.2 所示,城市轨道交通建设促进城市边缘界限由 d_1 发展到 d_2,农业地租由于城市扩张而由 a_1 上涨为 a_2,相应的城市绝对地租水平线由 R_1D 变为 R'_1D',绝对地租额变为 OR'_1,地租线由直线 R_2D 变为曲线 R_2D'(曲线是因为投资的边际递减规律造成的)。在轨道交通站点附近,由于大量的客流等原因,使得站点 b 附近的商业地租高于旁边,整个地租曲线呈波浪形。这时,相对应的距离中心为 b 的商业用地,地租额由 Bb 变为 $B'b$。如果直线 R_2D 平行上移距离为 R'_1R_1,如图中虚线所示。可以看出,b 的土地增值分为两部分,一部分为绝对地租增值 BC,一部分为级差地租增值 CB'。

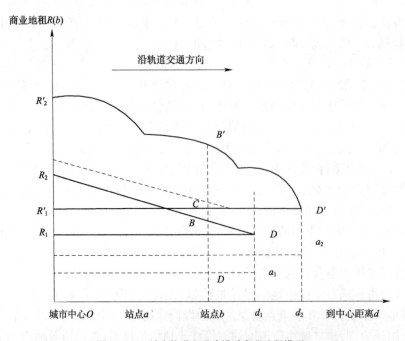

图 11.3.2 城市轨道交通建设后商业地租模型

11.4 交通对土地利用模式影响

城市交通较为复杂,包括城市轨道交通、公共汽车交通(公交车和出租汽车)、私人小汽车交通、自行车交通以及行人交通等。本节内容将以城市轨道交通为例,阐述交通对土地利用形态的影响预测与评价。

11.4.1 城市土地利用模式

11.4.1.1 城市土地利用模式的类型

现代城市规划理论将土地利用模式划分为高密度集中模式和低密度分散模式两大类型。

高密度集中模式是指土地利用综合化、多元化,开发密度高,城市布局集中的城市土地利用模式。以高密度集中土地利用为特征的城市,通常拥有一个集中且繁华的市中心,土地利用集约化程度高,除少数商业中心区、工业区、高级住宅区外,城市土地一般为多用途层叠使用,从而有利于节约土地,缩短出行距离,防止城市无限制蔓延。

低密度分散模式则是指城市土地利用用途单一,开发密度低,城市布局分散的城市土地利用模式。以低密度分散土地利用为特征的城市通常具有多个中心,住址区、工作区、购物区等各自分离,整个城市向郊区蔓延,用地分散,甚至形成跳跃性开发,土地浪费现象严重。

11.4.1.2 不同土地利用模式下的城市交通模式

Pushkarev 和 Zupan(1977)通过研究发现,当居住密度达到60栋住宅/英亩时,一半以上的出行将采用公共交通方式;Cevero(1997)分析美国住房调查数据发现,居住密度比土地混合利用程度更明显地影响通勤小汽车和公交各自的占有率,提高居住密度能有效降低私人机动车拥有率;Frank 和 Pivo(1994)通过研究指出,当就业密度达到75人/英亩时,随着就业密度的进一步增加,私人小汽车方式迅速向公交、步行方式转变。

选择3个具有不同开发密度的代表城市,通过分析其日常通勤交通出行的方式构成(表11.4.1),可得出不同土地利用模式下的城市交通模式特征。

不同开发密度下的城市日常通勤交通方式构成(%) 表11.4.1

城市	所在洲	开发密度	步行与自行车	摩托车	公共交通	私家车	其他
莫里斯	美洲	低	1.4	0.9	3.9	92.2	1.6
伦敦	欧洲	中	11.5	1.9	17.0	70.6	—
香港	亚洲	高	2.9	3.8	84.8	6.3	2.2

可以看出,随着开发密度的增加,公共交通出行比例大幅度增加,私家车比例则大幅下降。例如,低密度开发的莫里斯,公交承担率仅为3.9%,私家车承担率则高达92.2%,其城市交通模式以私人小汽车交通为主;高密度开发的香港,公交承担率高达84.8%,私家车承担率则仅为6.3%,其城市交通模式以公共交通为主。

以高密度集中土地利用为特征的城市土地开发强度大、密度高且城市布局集中,将引发大量集中分布的交通需求,必然要求具有高运载能力的公共交通模式与之相适应。另一方面,集聚带来地价的上升,促使了停车费的高涨,在一定程度上遏制了私人小汽车交通的发展,从而形成支持公共交通发展的良性循环。

以低密度分散土地利用为特征的城市,单位土地面积产生的交通需求量小且分散,公共交通不易组织,适合发展运量小、自由分散的私人小汽车交通。低密度分散式的城市形态容易陷入"分散→公交系统难以维持→进一步分散"的恶性循环,居民出行距离不断增大,出行方式越来越依赖于小汽车,从而导致城市建设成本增加、土地资源浪费、环境污染加剧,不利于城市的可持续发展。

11.4.1.3 高密度集中模式下的城市交通需求特征

鉴于低密度分散发展模式的种种负面效应,国内外研究者及规划部门纷纷提倡相对高密度的土地开发模式。目前,我国珠江三角洲与长江三角洲内圈层区域的人口密度已超过法国大巴黎地区(911 人/km²)以及日本东海岸大城市带的人口密度(1 085 人/km²),部分城市中心区人口密度已高达每平方公里数万人。高密度集中模式是我国及世界多数国家城市的主要发展趋势。高密度集中开发的城市,其交通量、出行距离、出行分布等交通需求因素均表现出一定的特点。

从交通量看,高密度开发城市由于人口密集,交通出行量较为集中。出行的集中使交通设施处于高容量状态,自我调节能力相对较弱,因此外力对交通流的作用效果更为灵敏。这些外力主要包括交通设施的建设与改造、土地利用结构与形态的调整、交通需求管理等。

从出行距离看,高密度开发城市的居民出行距离相对较短。这是由于城市土地开发密度高,各种城市功能在有限的地域范围内集成,人们的工作、文化娱乐、教育学习、探亲访友、购物社交等活动在有限范围内完成,从而使得出行距离相对较短,且采用步行、自行车等非机动车交通方式较多。Cevero(2001)通过研究指出,高密度开发城市的人均机动车里程随人口密度的增加而下降,但当人口密度达到一定程度时,该种变化趋于平缓。

从出行分布看,高密度开发城市的交通出行分布更容易在较小范围内达到均衡。这是因为高密度开发城市由于多种功能用地在空间上相对集中,在一定程度上避免了居住与就业的分离,缓解了卫星城和分散式发展模式中常见的"钟摆式"交通分布状况,从而使交通出行分布能够在较小范围内实现均衡。

11.4.2 城市轨道交通对土地利用形态的影响

轨道交通作为未来城市交通的骨干方式,是构建公交导向型土地开发模式(TOD)的重要支撑体系。国内外实践表明,城市轨道交通能够促进沿线土地开发,重构沿线土地利用格局。把握轨道交通建设影响下的土地利用变化规律,对于优化城市形态、科学制定轨道交通开发利益返还政策、协调城市交通与土地利用之间关系具有极其重要的意义。

城市轨道交通对土地利用的影响,主要体现在两个方面:一方面,通过大幅度提高交通供给,引导周围土地高强度利用,从而对沿线地区乃至整个城市土地利用结构与形态布局产生重要影响;另一方面,通过改善沿线地区可达性,带来土地增值效应,促进房地产市场开发,拉动区域经济发展。

11.4.2.1 轨道交通对城市形态的影响

轨道交通改变了城市的相对可达性,对城市土地利用形态具有强烈的引导作用。轨道交通对城市土地利用形态的影响过程一般分为4个阶段:团状开发、波浪状开发、带状开发、面状开发,即土地开发首先围绕轨道交通站点展开,形成若干团状开发区;团状开发区沿轨道交通站点向外拓展,连绵成一个波浪形区域;波浪形区域继续向外扩展,融合成一条沿轨道交通线的带状发展区域;随着轨道交通的继续建设,带状区域相互融合,逐渐形成波及整个轨道交通线网的面状发展区域,如图11.4.1所示。

11.4.2.2 轨道交通对沿线土地利用形态的影响

从沿线地区来看，轨道交通能大幅度地提高沿线地区的土地开发强度，且土地开发强度遵循廊道效应，即随距轨道交通站点距离的增加而逐渐衰减。例如，1997年南京轨道交通1号线2km吸引范围内居住用地面积仅为1 944.94hm²，随着1号线的建设，到2001年增长到2 641.54hm²；在0~500m、500~1 000m、1 000~1 500m、1 500~2 000m吸引范围内，居住用地面积呈现随距离衰减的规律，如表11.4.2、图11.4.2所示。另一方面，轨道交通对居住、商业、工业等不同性质的用地，具有不同的影响方式和影响强度，因此，轨道交通沿线不同性质用地将按照一定的市场规律发生空间重构，从而形成新的分布形态。

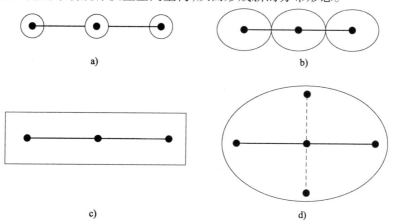

图11.4.1 轨道交通对城市土地利用形态的引导过程

1997年、2001年南京轨道交通1号线不同吸引范围内居住用地面积(hm²) 表11.4.2

时间\吸引范围	0~500m	500~1 000m	1 000~1 500m	1 500~2 000m	合计
1997年	657.73	503.73	402.97	380.51	1 944.94
2001年	811.72	634.82	734.93	460.07	2641.54

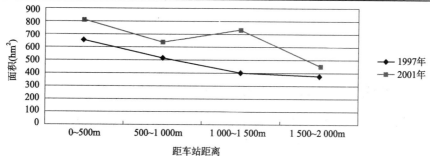

图11.4.2 1997年、2001年南京轨道交通1号线不同吸引范围内居住用地面积变化

11.5 交通对土地利用强度影响

城市土地利用强度决定了交通方式选择，以及影响交通出行距离与分布。同时，交通容量又制约与刺激着土地利用强度，不同的交通模式对应有不同的土地开发强度。中心城—卫星城间交通对卫星城的土地利用强度的影响表现最为明显。本文从中心城—卫星城间交

通衢接站点步行合理区内合理建筑率容积关系出发,建立了两者的量化关系模型。利用所建模型对不同交通模式在卫星城站点步行合理区内合理建筑率容积计算、分析,总结中心城—卫星城间不同交通配置模式与土地利用强度的关系。

11.5.1 建筑容积率的含义

城市建筑容积率是衡量城市土地开发利用强度的一项重要指标。它间接反映了单位土地上所承载的各种人为功能的使用量,即土地的开发强度。人口众多的地区往往建筑容积率较高。容积率越高表示土地的利用率也就越高,但是对周边的城市基础设施的压力也越大,因此不可能无限制地提高容积率,所以许多国家政府对城市的建筑容积率均有管制。

建筑容积率定义的几种表述：

(1)建筑物总建筑面积与所占用地面积的比例称为建筑容积率。例如:在1万m^2的建筑基地上,建有单楼层5 000m^2,共两层楼的建筑,则容积率为100%。

容积率的计算公式为：

$$容积率 = \frac{总建筑面积}{总用地面积}$$

(2)建筑容积率是一定的规划建设用地地块上允许修建的总建筑面积与用地面积之比值。

(3)容积率是指在一定区域范围内,建筑物的总建筑面积与整个占地面积之比。

(4)我国《城市规划基本术语标准》中的定义是:在一定地块上,总建筑面积与地块面积的比值,英文简写FAR。

按其定义,容积率计算的基本公式为：

$$FAR = \frac{S_C}{S_L} = \frac{P \cdot R_p}{S_L} \quad (11.5.1)$$

式中:FAR——容积率;

S_C——总建筑面积,km^2;

P——总人口,人;

R_p——人均拥有建筑面积,km^2/人;

S_L——用地总面积,km^2。

11.5.2 建筑容积率的影响因素

土地资源的稀缺性迫使人们对土地的利用向广度和深度发展,以最大限度地提高建筑物容积率。但一个地块的建筑容积率,是不可以无限提高的,到了一定的临界点,会导致人口密度过大,从而引起交通堵塞、环境质量恶化等问题。容积率的限制因素包括地质因素、环境因素、交通因素等。在城市建设中,容积率的影响因素主要包括：

11.5.2.1 土地利用性质

在城市总体规划中,需要将城市用地划分成不同的区块,为各地块赋予不同的使用功能。在规划的落实过程中,对于土地开发强度,各区块内不同性质的用地,有不同的使用要求和特点,因而开发强度亦不相同。商业、宾馆、办公等地块的容积率往往高于居住、学校、医院、影剧院等地块,而体育用地、工业用地、绿化用地等容积率则更小一些。

11.5.2.2 环境因素

在生态环境方面,人口密度、机动车数量以及绿化面积等,都是直接影响着大气污染程度,而这些因素都是容积率数值的反应。容积率还直接受工作和生产环境的制约,过高的容积率必然会破坏城市规划建筑设计中日照、卫生消防的要求,降低城市现代化的水平。在城市规划法规与技术规范中,对环境容量、建筑间距(日照间距、安全间距等)绿地率等的规定,都是影响容积率的因素。

11.5.2.3 美学因素

在当代城市规划和建设中,越来越注重城市风貌设计,特别是城市文化环境特征。在对历史文化建筑的保护、城市历史文脉的追寻上,其价值是不可计算的,因而表现为非常严厉的限制,所有这些都在影响着建筑容积率。

11.5.2.4 区位及交通因素

区位也是影响容积率大小因素。各建设用地所处区位不同,其交通条件、基础设施条件、环境条件出现差距,从而产生土地级差。如中心区、旧城区、商业区、沿街地块的地价与居住区、工业区的地价相差很大,开发强度也相对较大;中心商务区(CBD)的容积率比远离CBD的地区要高得多。土地区位效益在很大程度上支配着城市各项用地的容积率。对建设用地容积率的高低产生直接影响。交通的便利性也和区位因素联系紧密。便利的交通也将导致某处的可达性提高,人们通过各种交通方式方便到达该区域,致使该区域的人流物流量大、土地的利用率高,建筑容积率也相应比较高。

在地质、环境因素相同的条件下,不同的交通模式对应不同的建筑容积率。这一点在交通站点表现尤为突出。有关研究表明,每个交通站点周围的开发强度与该站的集散量有关,站点周围区域的容积率,可通过对各站点的集中交通量、各种用地性质建筑面积所占比例求得。本书把由交通站点集散量确定的容积率称为交通合理建筑容积率,简称合理容积率,即合理容积率是指与交通站点交通工具的疏解能力相适应的建筑容积率。它既不引起交通拥挤,又可满足交通运营单位的效益需求。

11.5.3 交通与建筑容积率的关系

11.5.3.1 步行合理区

步行合理区是指乘客到公交站点的合理步行时间内所到达的距离范围。在不考虑地形限制的情况下,步行合理区是以站点为圆心的、以合理步行距离为半径的圆。根据步行速度、体力以及我国目前的实际情况,综合考虑住建部提出的小康社会居住小区距离公交车站最远不超过500m的要求,合理区半径可选为0.5km,面积为0.785km²。

11.5.3.2 交通与建筑容积率的关系模型

建筑容积率的计算采用式(11.5.1),通过合理步行区内总人口、人均建筑面积及合理步行区总面积来计算不同的交通模式与建筑容积率的关系。不同的交通模式对应有不同的交通能力,借助中心城—卫星城间不同的交通模式确定在卫星城的衔接站点合理步行区内的合理建筑容积率。

其中,已知合理步行区面积为0.785km²,即用地总面积 S_L 为0.785km²;人均拥有建筑面积取决于当地经济条件、技术条件、文化传统等因素,在一定时期,人均居住建筑面积可以看作常量 a。此时,步行合理区内人口数的确定成为关键。一个站点在一定时段疏解的人数取决于站点交通工具运输能力,一定时段指顾客心理普遍接受的等待时间。地块居住人口数量会随着交通疏解能力的变化而不同。设中心城—卫星城间交通输送能力为 n 万/h，顾客心理普遍接受的等待时间为 $t(\min)$，t 可疏解人数为：

$$N = \frac{n}{60} \times t \tag{11.5.2}$$

卫星城与主城的人口通勤率一般为15%左右，由中心城—卫星城间交通决定的在衔接点的合理步行区居住人口可按下式计算：

$$N_r = \frac{n}{60} \times t(1-c) \div 15\% = \frac{1}{9}(1-c)nt \tag{11.5.3}$$

式中：c——其他目的的出行占总出行量的比例。

如人均居住建筑面积为 a，则住宅建筑总面积：

$$S_r = a \times N_r = \frac{1}{9}a(1-c)nt \quad \text{m}^2 \tag{11.5.4}$$

如住宅面积占总建筑面积的比例为 k，地块上建筑总面积：

$$S_L = k \times N_r = \frac{1}{9}ka(1-c)nt \quad \text{m}^2 \tag{11.5.5}$$

合理容积率：

$$FAR = \frac{S_L}{0.785 \times 10^6} = 1.42 \times 10^{-6} ka(1-c)nt \tag{11.5.6}$$

式中：n 单位为人/h，a 单位为 m^2/人，t 单位为 min，k、c 为比例系数。

11.5.3.3 算例

某中心城市 A 与卫星城市之间由市郊铁路连接，和卫星城衔接站点位于卫星城市中心。线路专用，没有交通干扰，也不存在不同线路的行车干扰。单向通过能力约3万人/h。分析站点步行合理区内建筑容积率。

式(11.5.6)中各参数的取值如下：

输送能力 n 为 30 000 人/h。

设普遍接受等待时间 t 为 10min。

原建设部2005年8月5日公布的城镇房屋概况统计公报显示，按户籍人口统计，2004年底全国城镇人均住宅建筑面积为 24.97m^2。人均居住建筑面积口按 24.97m^2 计算。

2003年底，全国城镇房屋建筑总面积达140.91亿 m^2，其中住宅建筑面积89.11亿 m^2，占房屋建筑面积的比重为63.24%，k 按63.24%计算。

卫星城—中心城的交通流量以通勤流为主，其他出行占总出行量的百分比 c 取20%。

$$\begin{aligned} FAR &= 1.42 \times 10^{-6} ka(1-c)nt \\ &= 1.42 \times 10^{-6} \times 0.63 \times 24.97 \times (1-0.2) \times 30\,000 \times 10 \\ &= 5.36 \end{aligned}$$

即站点合理步行区的建筑容积率为5.36。

住建部推出2020年小康社会21项居住指标，居住小区距离公交车站最远不超过500m，等车时间不超过20min。如果容忍等车时间按20min计算，则合理步行区的建筑容积率为10.72。

主城 A 与卫星城间交通如果为一级公路，双向4车道，单向设计通过能力为1 600veh/h，交通模式为普通公交,站点最大疏解人数按 8 000 人/h 计算,其他参数均不变,容忍等待时间 10min、20min,合理容积率分别为 1.43、2.86,即交通站点合理步行区内土地开发强度仅为轨道交通的 27%。

近年来,在城市规模结构中,中小城市是增长最快的一类。城市规模越小,用地增长幅度越大。从不同规模城市人均用地情况看,小城市的人均用地规模与大中城市有明显的差距,小城市的人均用地规模已超过了国标规定的人均 $120m^2$ 的最高标准。可见,小城市用地粗放,是导致城市人均用地规模增加和影响城市经济效益提高的一个重要原因。美国纽约城市土地 20 世纪 90 年代容积率为 7~18,我国香港特别行政区中心用地高达 21.7,而我国内地城市土地容积率 1996 年只有 0.45,新建设的建筑物土地容积率也只有 4.14,土地利用粗放显而易见。因此,提高小城市的容积率是今后城市化加速发展过程中的必然选择,小城市建筑容积率可以通过与大城市间的交通建设得以有效提高。

12 交通发展经济影响预测与评价

交通一方面是社会经济发展的必要前提,同时也是社会经济发展的必然结果。在现代社会中,一个国家、地区的交通发展水平,代表了该国家、地区的经济发达程度。

因此,研究交通和国民经济发展的内在联系,探讨它和经济发展的关系至关重要。本章通过定性分析,诠释交通对经济发展的作用;通过定量研究,预测和评价交通发展对经济的影响程度。

12.1 交通与经济发展关系的定性分析

12.1.1 交通发展促进自然资源合理开发利用

12.1.1.1 交通运输对自然资源利用的优先度具有重要影响

交通运输对经济的影响首先体现在对自然资源利用优先度的影响方面。自然资源的开发次序和规模主要受交通条件的影响。发达的交通运输使边远地区的可达性提高,致使该地区资源可以得到有效的开发与利用,从而带动地区经济快速发展。

12.1.1.2 交通改变自然资源的分配状况

自然资源在地理上的分布是不均匀的,现代交通系统可以改变传统的经济地理概念,扭转自然力量形成的资源分配状况,使资源得到合理分配。

12.1.1.3 促进资源升值

自然资源所在地区的交通条件一旦改善,其价值就可以得到充分的体现。交通发展对沿线资源有明显的激活作用,对于旅游资源和土地资源,这种激活作用尤为明显。

12.1.2 促进地区产业优化配置

12.1.2.1 降低运输成本和提高市场交易效率

运输条件的改善,可以降低企业的运输成本,提高运输效率,从而引起市场交易成本降低和交易范围扩大,促进产业在地区间的转移和产业链的形成,带动地区经济一体化发展。

12.1.2.2 扩大地区间产业分工和协作

高效的运输体系完成了对大量的原料、中间产品和最终产品的运送工作,加强了直接生产部门内部间的交换合作,使得地区间的分工与协作成为可能。同时,交通运输的发展是扩大市场范围的根本原因,是形成主导产业的关键因素。由主导产业所引发的新的产业间分工在经济体系中的扩散依赖于市场规模的扩大,而市场规模的扩大继续深化产业间分工,形成正反馈机制。二者通过循环累积的演进过程实现报酬递增,促进经济增长。

12.1.3 交通促进区域经济协调发展

12.1.3.1 促进区域经济总量增长

根据经济增长理论,区域经济增长最首要的表现就是区域经济总量规模的扩大,即区域内生产的商品和提供的劳务总量不断增长。

交通运输对区域经济总量增长的影响主要体现在三个层次：第一个层次，是交通建设投资的乘数效应和产业关联效应。交通基础建设本身的投资对区域内交通运输行业及其关联行业产生拉动作用，主要是指投资效果。第二个层次，是交通基础设施建成后对区域经济的直接经济效果，主要包括降低运输成本、节约运输时间、减少拥挤、提高交通安全等方面对区域经济的影响。第三个层次，是交通基础设施建成后对区域经济的间接经济效果，主要包括其对区域产业结构、经济空间布局、城市化和区域经济联系的影响。

12.1.3.2 对区域产业结构的影响

区域产业结构是指特定区域内各经济要素之间的相互联系、相互作用方式。优化产业结构就是要实现各产业间的合理比例关系，并在此基础上寻求各产业向更高层次的演变，即促使产业结构的合理化和高度化。交通运输系统作为支撑区域经济发展的基本要素之一，对产业结构演进有着重要影响。发达的交通运输系统，清除了不同地区之间的天然障碍，加速区域统一市场的形成。而市场竞争所形成的淘汰机制又进一步促进了不同产业之间的调整组合，推进区域经济一体化、产业发展规模化、企业经济集约化，从而提高交通线路影响地区农产品商品化、农业产业化和工业产品结构的高级化程度，促进高新技术产业和第三产业的发展。

12.1.3.3 对区域生产力空间布局的影响

关于交通运输对区域生产力空间布局的影响，经济学家早有研究，并取得了一些重要成果。马歇尔在《经济学原理》一书中论述了交通运输是影响生产力布局的重要因素，认为"一个企业的位置在决定企业利用外部经济的程度上，几乎经常起着重大作用。铁路和通向现有市场的交通工具的开辟而产生某地的位置价值，是工业环境的变动对生产成本所起的最显著的影响。"

韦伯在其工业区位论中认为，运输费用是影响工业布局的重要区位因子。企业为了利润最大化的目的，总是力求寻找使原料、燃料、辅助材料、成品和半成品的运输费用达到最小化的区位点。

D.洛克林的《运输经济学》认为，运价可决定某一地区资源被利用的范围，因为运价决定了其到达有利市场的范围。区域科学的创始人W.艾萨德在其《区位与空间经济》一书中指出："在经济生活的一切创造革新中，运输工具在促进经济活动和改变工业布局方面，具有最普遍的影响力。"

12.1.3.4 交通加强区域经济联系

区域经济联系是提高区域竞争力的基本要求。区域联系网络的基础结构可以分为交通运输、通信、动力设施网络等，在这些传输性基础结构中，实现人与货物流动的交通运输网是最基本的部分，在很大程度上影响着以区际贸易为主包括要素流动在内的区域经济联系的变化。

12.1.3.5 交通发展对城市化的影响

城市交通条件是城市生产和生活赖以进行的重要条件，也是城市和城市运动过程的组成部分。城市交通一直有力地影响着城市化的进程，改变着人们的工作和生活方式。有效的交通系统通过提高城镇间人流、物流、信息流的运转速度和相互作用，加速区域城市化进程。

12.2 交通发展与经济定量研究理论

12.2.1 有无对比模型

全社会公路使用者所获得的效益的计算公式如下：

$$B = \sum_{i=1}^{10} B_i \qquad (12.2.1)$$

公式中的 B_i 表示公路新建或改建(提高公路等级)导致货物运输成本降低的金额；公路新建或改建(提高公路等级)导致旅客运输成本降低的金额；由于公路新建使原有相关公路减少拥挤的货物运输成本降低效益；由于公路新建使原有相关公路减少拥挤的旅客运输成本降低的效益；公路改建缩短里程节省的货物运输成本；公路改建缩短里程节省的旅客运输成本等一系列公路使用者所获得的效益，然而如何量化这些效益指标是难点。

12.2.2 线性函数模型法

线性函数模型包括生产函数模型和成本函数模型。

12.2.2.1 生产函数模型

生产函数是经济增长理论的数量分析方法。经济增长理论认为，经济增长的源泉包括资本、劳动、人力资本、技术进步等。生产函数对各个生产要素对经济增长的贡献进行测定，对认识解析一国的经济增长、制定经济政策有重要的价值。生产函数反映的是在既定的技术条件下，由各种投入要素的给定数量所能生产的最大产出量。研究表明，基础设施的构成或种类不同，对经济增长的影响程度不同。核心基础设施如高速公路比非核心基础设施对经济增长的贡献要大，交通基础设施的产出弹性明显高于电力和电信，而同样的设施对高收入国家的产出弹性远高于低收入国家。

比较典型的生产函数模型，一般采用式(12.2.2)所示的柯布道格拉斯函数的形式：

$$y = f(X, A) \qquad (12.2.2)$$

式中：y——产值或产量；

X——交通建设中劳动力和资本等生产要素的投入，$X = (X_1, X_2, \cdots, X_n)$；

A——各生产要素对 y 的弹性，即当投入生产要素 X_i 增加1%时，产出平均增加 a_i%，各 a_i 值根据国民统计资料测算，$A = (a_1, a_2, \cdots, a_n)$。

12.2.2.2 成本函数模型

成本函数模型可以通过生产函数模型推导得出，一般形式为：

$$y = \sum_{i=1}^{n} P_i X_i \qquad (12.2.3)$$

式中：X_i——交通建设中第 i 种生产要素的数量；

P_i——第 i 种生产要素的价格。

12.2.3 投入产出法

投入产出法是从宏观经济角度出发，把国民经济划分为若干个性质不同，但互有联系的部门或产品群，分析各部门或产品群之间的投入与产出间的数量依存关系。这是适合解决具有结构性经济问题的一种方法，能够模拟和计算经济活动中的连锁反应和波及效应。

投入产出法的作用是追溯所有的"波及影响",所研究的是"增量"变化的波及影响,它的前提条件是假设技术条件保持不变,在生产过程中没有替换性输入。虽然这种方法对数据的要求较高,但因其操作较简单、计量范围较全面的特点,而被广泛应用于定量分析交通运输基础设施的直接效益与间接投入效益。

其主要组成部分是投入产出表和投入产出数学模型。

投入产出表是反映一个经济体系中各部门投入来源和产出去向的相互关系的表格,又称为部门联系表或产业联系表。表中"投入"的含义,是指国民经济各部门在生产、服务时的各种投入,分为最初投入和中间投入。最初投入表现为增加值,包含了固定资产折旧、劳动者报酬、生产税净额和营业盈余四项。中间投入也可以称为中间消耗,它所涉及的内容主要是部门生产运营过程中消耗的原材料、燃料、动力及各种服务的价值等。最初投入和中间投入之和就是总投入。表中"产出"的含义,是指国民经济各部门生产的总产品、服务,以及产出的分配走向,分为中间使用和最终使用。中间使用包括国民经济各部门所生产的产品被用于中间消耗的部分,最终使用则是指被用于最终消费、投资和出口的部分。相应的,中间使用和最终使用之和为总产出。投入产出表的结构,如图12.2.1所示。

投入\产出	中间使用		最终使用		其他	总产出
	部门1 部门2 …… 部门n	中间使用合计	最终消费 资本形成总额 出口	最终使用合计		
中间投入	部门1 部门2 …… 部门n	第Ⅰ象限		第Ⅱ象限		
	中间投入总计					
增加值	劳动者报酬 生产税净额 固定资产折旧 营业盈余	第Ⅲ象限				
	增加值合计					
	总投入					

图12.2.1 投入产出表结构

投入产出数学模型是根据投入产出表行和列两个方向建立起来的且主要是由线性方程组构成的数学模型。

应用投入产出分析法研究经济系统的主要思路是,编制棋盘式的投入产出表以建立相应的线性方程组,形成一个模拟现实经济系统结构和产品在生产过程的经济数学模型,然后通过参数计算用定量的方法研究和分析该经济系统。

12.2.4 计量经济学模型

计量经济学模型主要用于分析交通周转量与GDP的统计关系。数学模型一般为:

$$y = \beta_1 + \beta_2 x_2 + \beta_3 x_3 + \cdots + \beta_i x_i + \mu, \quad i = 1, 2, 3, \cdots, n \tag{12.2.4}$$

式中：y——被解释变量，如经济效益等；

x_i——解释变量，如各类交通运输方式运输周转量等；

β_i 与 μ——待定系数。

12.2.5 社会分工模型

本节内容从"经济发展的实质就是社会分工专业化的发展"这一思想出发，通过研究交通发展对区域社会分工的影响机制及影响程度，揭示交通发展对区域经济的促进作用分工关系，如图12.2.2所示。

12.2.5.1 社会分工演进与经济发展关系

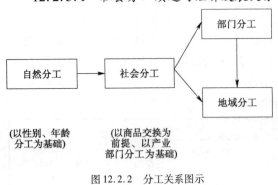

图12.2.2 分工关系图示

各经济学派对分工与经济发展关系的论述不尽相同。古典经济学代表亚当·斯密强调，分工和专业化的发展是经济增长的源泉。认为分工有三大好处：第一，分工实施的结果是劳动者熟练程度的增进，劳动者熟练程度的增进，势必增加他所能完成的工作量。第二，由一种工作转到另一种工作，通常会损失不少时间，有了分工，就可以免除这种损失。因节省这种时间而得到的利益，比我们所想象的大得多。第三，许多简化劳动和节省劳动的机械的发明，也起因于分工，从而使一个人能够做许多人的工作。

以马歇尔、杨格为代表的新古典经济学派分别运用规模经济和报酬递增的概念来解释分工与经济发展的关系。马歇尔用外部规模经济来分析社会分工的经济效果。当规模经济存在于行业内部而不是厂商内部时，就是马歇尔意义上的外部经济。因此，外部经济与规模经济是一致的。他认为，规模经济的产生与三个基本规律的长期作用相关：

（1）动态规模经济，指产品的单位成本是积累产量的减幂函数，随着产量的增加，生产成本沿学习曲线下降。这一点对于新兴产业而言尤其明显。即对于生产函数，大量与高效是正相关的，要保持高效，必须有相应的大量生产要素的配合。

（2）生产函数的变化是有成本的，变化越大，成本越高。

（3）专业化分工与大批量生产效益发挥直接相关。所以分工演化、专业化、大批量与高效益之间是正相关的，也就是说规模经济效益具有长期性、积累性和普遍适用性。

杨格指出，报酬递增并不是由工厂或产业部门的规模产生，而是由专业化和分工产生。杨格用三个概念来描述分工。第一个是每个人的专业化水平，这种专业化水平随每个人活动范围的缩小而提高。第二个是间接生产链条的长度。第三个是此链条每个环节中产品种类数。所有这几个概念当然不同于规模的概念。杨格声称，大规模生产的概念忽视了分工和专业化改进生产力的效果。后人称杨格定理的命题由三部分组成：第一，递增报酬的实现依赖于劳动分工的演进；第二，不但市场的大小决定分工程度，而且市场大小由分工的演进所制约；第三，需求和供给是分工的两个侧面。

以杨小凯为代表的新兴古典经济学抛弃规模经济而改用专业化经济的概念。专业化经济不同于规模经济，它与每个人生产活动范围的大小有关，而不是厂商规模扩大的经济效果。所有人的专业化经济合起来就是分工经济，它同人与人之间依赖程度加大后生产力改进的潜力有关,所以是一种社会网络效果,而不是规模经济那种纯技术概念。

各经济学派对分工与经济发展关系的论述形式虽有差异,但结论均为:分工是经济增长的源泉。

12.2.5.2 劳动地域分工演进的条件

劳动地域分工形成发展的基础是各地区地理条件的差异。地理条件包括自然条件、经济条件和社会条件。劳动地域分工演进的根本动力是社会生产力的发展,其中最为主要的是发明创造与科技创新。能源动力、生产工具和交通工具的变革在推动部门分工演进中起着十分突出的作用。如第一次科技革命以蒸汽机的发明与利用和煤铁的大规模开发为标志,带动了现代纺织工业、煤炭工业、钢铁工业和机械工业部门的形成以及蒸汽火车、轮船等现代交通工具的出现。在第二次科技革命时期,以电力、内燃机为主,从而带动了电力机械和内燃机械等生产工具的出现。在此基础上,才能出现内燃机车、电力机车、汽车、飞机和内燃机船舶等现代交通工具。这样,必然促进石油工业与天然气工业、电力工业、有色金属工业、化学工业、汽车工业、船舶制造业、飞机工业、现代农业(农机工业的带动)和食品加工业等部门的形成和发展。而劳动地域分工是部门分工的空间表现形式,因此可以认为能源动力、生产工具和交通工具的变革在劳动地域分工演进中起着重要的促进作用。

地理条件的变化和社会生产力发展与社会分工关系,见图12.2.3。

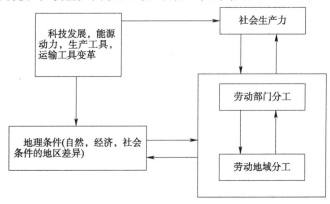

图12.2.3 劳动地域分工形成发展机制

12.2.5.3 交通发展与社会分工关系

区域社会生产力发展及地理条件的改变是推进社会分工深化的直接因素,而交通运输的发展一方面可以改变地域的地理条件,另一方面,运输工具的变革,在一定程度上可促进社会生产力的发展。社会分工水平的提高过程,是经济增长效率变量和交易费用变量同时增加的过程,分工演进能否实现,取决于两边际值之间的大小关系。只有当边际经济增长效率大于边际交易费用时,分工才能演进。随着分工的演进,边际交易成本和边际经济增长效率趋于平衡,此时,社会分工处于停滞状态,只有外生的经济变量降低交易费用,打破这种平衡,分工才能继续演进。交通发展通过运输成本降低而降低交易成本,使分工的好处大于分工产生的交易费用,从而推动分工向前发展。因此,可得出结论:交通运输的发展,能够推进社会分工的深化。

12.2.5.4 交通发展—社会分工关系模型

交通发展是一个很宽泛的概念,为便于论述,对文中的"交通发展"特做如下定义:

定义1:交通发展是指某一经济区域通过增加交通设施总量或提高交通系统质量而引起

服务范围内单位运输成本降低的过程。

社会分工是指超越一个经济单位的社会范围的生产分工,对其做如下定义:

定义2:设$N=\{1,2,\cdots,n\}$是经济系统产品集,$T=\{T_1,T_2,\cdots,T_l\}$是产品集的一个分工方案,这个分工方案让l个经济单位生产原来由1个单位生产的产品集N,$W=\{W_1,W_2,\cdots,W_m\}$是产品集的另一分工方案($m>1$),即由m个经济单位生产原来1个单位生产的产品集N,则从N到T的过程,就是社会分工,从T到W的过程就是社会分工演进。

随着社会分工的演进,边际交易成本和边际经济增长效率趋于平衡,此时,社会分工处于停滞状态,只有外生的经济变量降低交易费用,打破这种平衡,社会分工才能继续演进。交通发展可以降低交易成本,使分工产生的经济效益大于分工产生的交易费用,从而推动社会分工的深化。

杨小凯引入了分工度来表示分工的程度,并设计了对这个定性概念定量测度的方法。现引用如下:

首先定义经济系统中互相独立的"经纪人"之间的两两协作关系为渠道。在简单的分工协作系统中,如果有三个从事专业活动的人,两两之间的协作关系有三个,则这个经济系统有三条协作渠道,如图12.2.4a)所示。若有四个人分工协作且每人都消费其他人的专业产品,则两两协作关系有六条渠道,如图12.2.4b)所示。若有五个人进行这种分工协作的生产,则协作关系有十条渠道,如图12.2.4c)所示。推而广之,若有f个专业"经纪人",则所有专业"经纪人"全部两两协作关系之渠道数是C_f^2。令N为渠道数量,则

$$N = C_f^2 = \frac{f!}{2(f-2)!} = \frac{1}{2}f(f-1) \quad (12.2.5)$$

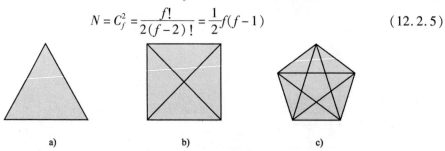

图12.2.4 经纪人之间的协作关系

渠道中实际发生的物资或信息流叫作经济流量。如果每一渠道中有双方的专业产品或信息向对方流动,则有两个方向相反的流量在一条渠道中发生。设流量数为M,并令所有专业经纪人两两之间都有协作渠道,所有渠道中都是两个流量的经济系统为完全协作系统,于是完全协作系统中的流量数可用专业经纪人数f表示,即:

$$M = 2N = f(f-1) \quad (12.2.6)$$

则得到完全协作系统的专业经纪人计算式:

$$f = \frac{1}{2}(1 + \sqrt{1+4M}) \quad (12.2.7)$$

杨小凯把f定义为分工度。

实际经济系统中,每个渠道中不一定有两个流量,有些专业"经纪人"之间甚至根本不存在直接协作渠道。为了反映这种特点,将完全协作系统的分工度定义为系统的最大分工度,用f_m表示,而完全协作系统的协作渠道数为N_m,相应的流量数为M_m。实际经济系统的分工度f往往小于f_m,同样实际协作渠道数N小于N_m,实际流量数M小于M_m。不过,只要调查一个经济系统中所有经纪人之间的流量数M,则可利用式(12.2.7)算出这个系统的分工

度 f。

用单位运输成本描述交通发展程度,用分工度定量测度社会分工程度,则可以通过分工度与单位运输成本之间的数理关系表述交通发展与社会分工的关系。

设经济系统中的市场属于纳什议价均衡,即交易费用仅为外生交易费用(主要包括流通费用等)。设 T 分工方案下,在一定的交通条件时的分工度为 f,经济系统中经济流量数为 M,假设经济系统中每对协作关系的流量均为物资流量,每个物资流量大小为 q,系统中总流量为:

$$Q = qM = qf(f-1) \tag{12.2.8}$$

设系统中实行无歧视定价,且单位运输产品运价(即运价率)与单位运输成本具有简单的线性关系,如单位运输成本为 μ,运价率为 φ,则有:

$$\varphi = k\mu \tag{12.2.9}$$

式中:k——参数,且 $k>1$。

系统中物资流量的平均运距为 l,则系统中总的流通费用为:

$$C^t = \varphi l Q = k\mu l q f(f-1) \tag{12.2.10}$$

在分工度 f 下,系统总生产费用为 f 的减函数:

$$C^p = \alpha f^{-\beta} \tag{12.2.11}$$

式中:α、β——大于 0 的参数。

α 与投入的供求及价格有关,β 表示生产费用对分工度的敏感程度,不同的经济系统,α、β 的取值不同。为简单计 β 取 1,此时,生产费用函数为:

$$C^p = \alpha f^{-1} \tag{12.2.12}$$

只有当提高分工度增加的流通费用小于提高分工度减少的生产费用时,分工才会演进。当提高分工度增加的流通费用等于提高分工度减少的生产费用时,分工度达到最佳经济效果,即:

$$\frac{\partial C^t}{\partial f} = -\frac{\partial C^p}{\partial f} \tag{12.2.13}$$

满足式(12.2.13)的分工度称为最佳分工度,用 f^* 表示,则:

$$2k\mu l q f^* - k\mu l q = \alpha (f^*)^{-2} \tag{12.2.14}$$

即:

$$2k\mu l q f^{*3} - k\mu l q f^{*2} - \alpha = 0 \tag{12.2.15}$$

关系式(12.2.15)为 f^* 的一元三次方程,可解出最佳分工度 f^*:

$$f^* = \frac{1}{6} + \sqrt[3]{\left(\frac{1}{216} + \frac{\alpha}{4k\mu l q}\right) + \sqrt{\left(\frac{1}{216} + \frac{\alpha}{4k\mu l q}\right)^2 - \frac{1}{216^2}}} +$$
$$\sqrt[3]{\left(\frac{1}{216} + \frac{\alpha}{4k\mu l q}\right) - \sqrt{\left(\frac{1}{216} + \frac{\alpha}{4k\mu l q}\right)^2 - \frac{1}{216^2}}} \tag{12.2.16}$$

式(12.2.16)描述了最佳分工度 f^* 和单位运输成本 μ 之间的数理关系,分析可见最佳分工度 f^* 是单位运输成本的减函数,即单位运输成本降低,最佳分工度增大,说明社会分工水平提高引起的边际经济增长效率大于边际交易费用,分工向前演进。

交通发展引起单位运输成本从 μ_1 降为 μ_2,则分工度由 f_1 增长到 f_2,社会分工方案从 T 演进到 W,产生的社会分工效益为:

$$P = (C_T^t - C_W^t) + (C_T^p - C_W^p)$$
$$= \alpha f_1^{-1} - \alpha f_2^{-1} + k\mu_1 lqf_1(f_1 - 1) - k\mu_2 lqf_2(f_2 - 1) \tag{12.2.17}$$

式中：C_T^p、C_W^p——分工状态 T、W 下系统总生产费用；

C_T^t、C_W^t——分工状态 T、W 下系统总流通费用；

其他符号意义同前。

从交通发展与社会分工关系模型可见，社会分工度是单位运输成本的减函数。在经济流质量、平均运距不变的情况下，社会分工度随着单位运输成本的降低而增大。单位运输成本降低意味着交通发展，故交通发展可以促进社会分工，这正是交通发展对经济增长贡献作用的实质所在。只要存在社会劳动和贸易，社会分工的演进就不会停止，因此可以推断交通发展对经济增长的贡献作用是持续的。这一规律在发展中国家的表现更为明显，随着经济的发展，这一作用逐渐趋于弱化，其主要原因是：随着经济的发展，信息作为一种经济资源的地位越来越突出，经济系统中非物质（如信息）流通量增大，经济系统中物资流量减少，交通发展引起的经济效益在经济增长中所占比重减小。

12.2.6 交通对城市地域经济运动作用模型

经济地域是指人类经济活动与具体时空条件紧密结合而形成的相对完整的地理空间。以中心城市为核心，与其有着密切的经济联系并具有特定结构和功能的城市及其职能区域共同组成的一种经济地域称为城市地域。城市地域构成经济地域的基本骨架与核心。按照区域经济学理论，经济地域的形成是经济地域运动和劳动地域分工的结果。集中（聚集）与分散（扩散）是经济地域运动的基本规律。人类的经济活动始终沿着产业的不断集中与不断分散的过程向前发展，使产业不断升级，使区域内容不断复杂化。

集中的地域运动多以不同等级的城市为据点，尤其是以中心城市为核心。经济要素流通过各种载体向城市集聚，从而使城市的经济实力不断增强，地域范围不断扩大，高度集聚的核心城市也称为增长极。在一个比较后进的地区，如果处在地理环境有利和位置、交通信息条件优越的地方，通过政策导向和人们的培育，大力吸引人流、物流、资金流，培育新的经济增长点，也会使其成为区域经济发展的核心和支撑点，称为新的增长极。

扩散的地域运动形式也多种多样。首先是沿着其主导产业与域外建立的主导产业联系方向和主导联系路径进行。其次，扩散沿着各种交通线路进行，其扩散形式有墨渍扩散（即大城市的向外扩张）、等级扩散、跳跃扩散和随机扩散等多种形式。由于经济地域的扩散运动，使一些核心城市及其周围地域形成城市群、城市经济带等。

经济地域的扩散作用必须通过原材料、资金、劳动力、技术等生产要素的流动来实现。其中，原材料、劳动力，甚至包括技术的流动要依靠交通运输完成。交通运输效率的高低，直接决定着生产要素流动成本的大小。交通运输效率越高，生产要素流动成本越低，经济交流越频繁，经济地域间高位城市对周边地域的经济扩散作用就越大。从交通引导城市发展的观点出发，低成本的交通可以诱导大城市的某些功能向周边小城市转移，从而带动周边区域和中心城市经济一体化发展。故通过研究交通发展和大城市对周边区域经济扩散效应之间的定量关系，可以帮助揭示交通引导城市经济发展机理。下面以中心城—卫星城间交通对中心城经济扩散作用影响为例，建立中心城市—卫星城市间交通与城市经济扩散关系模型，来说明交通对城市地域经济发展的影响。

12.2.6.1 中心城市与卫星城市的经济关系

从经济地域的运动规律分析,卫星城市的形成是大城市经济扩散运动的一种表现形式,它与中心城市的经济关系主要体现在以下几方面:

(1)中心城市与卫星城市通过产业和贸易联系形成一种城市地域经济,在这个经济系统中,中心城市承担增长极的功能,对周围地域产生经济辐射作用,形成辐射区,卫星城市位于中心城市的经济辐射区内。

(2)卫星城市承担中心城市的某种经济职能,为中心城市提供某些方面的服务。同时,接受中心城市的创新扩散、信息传播和产业联系效应等经济扩散带动作用,这种扩散作用在促进卫星城市经济发展中占据重要地位。

(3)中心城市是经济区域中首位度最高的城市,根据西方国家对城市化区域的统计分析,在成熟的经济区域中,中心城市 GDP 一般占该经济区域 GDP 总量比重的 1/3,与卫星城之间存在很高的经济梯度。

12.2.6.2 中心城市—卫星城市间交通在中心城经济扩散中的作用

中心城市对卫星城市的扩散作用必须通过原材料、资金、劳动力、技术等生产要素的流动来实现。其中,原材料、劳动力甚至包括技术的流动要依靠中心城市—卫星城市间的交通通道完成。交通通道输送能力及输送效率的高低,直接决定着中心城市—卫星城市间生产要素流动成本的大小。交通通道运输效率越高,生产要素流动成本越低,中心城与卫星城间经济交流越频繁,主城对卫星城的经济扩散作用就越大。从交通引导城市发展的观点出发,低成本的交通可以诱导中心城市的某些功能向卫星城转移,从而带动卫星城和中心城经济一体化发展。故研究中心城市—卫星城市间交通变化和中心城市对卫星城经济扩散效应之间的定量关系,可以帮助揭示中心城市—卫星城市间交通引导卫星城市经济发展机理。

12.2.6.3 中心城市—卫星城市间交通与城市经济扩散关系模型

(1)模型建立思路

对于城市间社会和经济相互作用的分析,基本上基于空间相互作用的引力模型。无论是传统的空间相互作用引力模型还是修正后的此类模型,对城市间社会和经济相互作用解释的逻辑关系是一致的——城市间相互作用和城市的经济实力的某一测度成正比,与城市间距离的某一函数成反比,此模型在解释两个经济实力相当的城市间相互作用上有其成功的一面。但用此类模型分析主城对卫星城市经济扩散效应,存在明显的缺陷:第一,不能解释扩散效应的单方向性;第二,难以解释同等长度的简易公路、高速公路、大容量轨道干线对主城经济扩散作用贡献程度显然不同的情况。

主城在区域经济空间的地位及对卫星城市的经济动力传递形式可以用增长极理论解释,但增长极理论仍处于一种文字描述状态,还没有成熟的数学模型做支撑,故有必要建立考虑交通通道影响的且参数标定在理论和实际应用中都具有较好的可操作性的主城对卫星城市经济扩散模型。

借助物理模型分析经济、社会问题具有成功的先例:引入牛顿万有引力定律诠释空间社会经济相互作用所得出的引力模型(H·C·凯里,1858),成为空间相互作用理论的基础;贝克曼(1970)用光波理论成功地解释了空间扩散的传染病模型;我国学者陆大道(1988)把经济中心吸引区域称之为其经济影响力的"力场",影响大小称之为"场强",也是基于物理学思想的启发。

主城对卫星城市的经济扩散具有以下特征:

①经济扩散作用的实质是产业由高梯度区向低梯度区的梯度转移。通常,主城产业布局的水平高,特别是具有创新能力的、技术和资本密集的产业在这类地区布局的密度高,所以,具有很高的经济发展综合水平,属于高梯度区。卫星城市由于区位条件的制约,产业布局的水平较低,技术程度不高,因而经济发展综合水平落后,和主城间存在产业梯度差异。

②主城对卫星城市的经济扩散作用通过生产要素的流动来实现,而生产要素的主体部分——实物(包括劳动力)的流动必须通过交通通道完成。

③主城对卫星城市经济扩散效应的大小和两城市产业梯度大小及通道介质的性能有密切关系。

上述特征和热传导现象发生的条件及特点异常相似:热传导是通过介质中分子、原子、电子等粒子间的相互作用,将热量从高温区域传向低温区域的传热方式,净热量迁移量和高低温区的温度梯度及传热介质的性能有关。故本文利用描述热传导过程基本关系的一维傅立叶定律来解释主城对卫星城市经济扩散作用,建立主城对卫星城市基于交通通道的经济扩散模型。

(2)模型构建

①一维热传导的傅立叶定律

设温度沿 y 轴逐渐降低,在 $y=y_0$ 处温度为 T,$y_0+\Delta y$ 处温度为 $T+\Delta T(\Delta T<0)$,则 y_0 处温度梯度为:

$$\lim_{\Delta y \to 0} \frac{\Delta T}{\Delta y} = \left(\frac{dT}{dy}\right)_{y_0} \tag{12.2.18}$$

单位时间内通过 y 轴 $y=y_0$ 法平面的热量称为热通量,计算公式为:

$$\frac{\Delta Q}{\Delta t} = -k\left(\frac{dT}{dy}\right)_{y_0} S \tag{12.2.19}$$

式中:S——y_0 处法平面面积;

k——材料的导热系数。

负号表示热量流向温度降低的方向。

如介质是导热性能均匀的材料,在短时间内,T 和 $T+\Delta T$ 可以认为保持恒定,且传热过程稳定,温度梯度可以用平均温度梯度 $\frac{\Delta T}{\Delta y}$ 代替。则通过 y_0 法平面的热通量为:

$$\frac{\Delta Q}{\Delta t} = k\frac{\Delta T}{\Delta y}S \tag{12.2.20}$$

式(12.2.20)可以写为:

$$\frac{\Delta Q}{\Delta t} = -\frac{\Delta T}{\frac{\Delta y}{k \cdot s}} \tag{12.2.21}$$

式中:$\frac{\Delta y}{k \cdot s}$——介质的热阻,热阻是介质阻碍热传导的一种性质,和介质的物理结构有关。

令 $r = \frac{\Delta y}{k \cdot s}$,则:

$$\frac{\Delta Q}{\Delta t} = -\frac{\Delta T}{r} \tag{12.2.22}$$

式(12.2.22)称为热阻公式,表示介质单位时间内传递的热和介质两端温度差成正比,与介质的热阻成反比。

② 主城对卫星城市经济扩散模型

为便于建模假设：

A. 主城和卫星城市间交通线路均为直线，其长度为实际长度。

B. 主城和卫星城市间交通线路在主城的出口处的法平面为 0 平面。

C. 主城与卫星城市间每条交通线路各处的理论通行能力均匀。

经济扩散通量：主城单位时间内通过交通通道（线路）某法平面对卫星城市经济扩散效应的度量，用以表示中心城市通过交通通道带动卫星城市经济发展的力量大小。

交通通道经济扩散传导系数：表示经济扩散速率的大小，是由交通通道自身物理条件和交通流特点决定的一种输运特性。

热传导模型中的变量和主城对卫星城市经济扩散模型（以下简称经济扩散模型）中变量的对应关系，如图 12.2.5 所示。

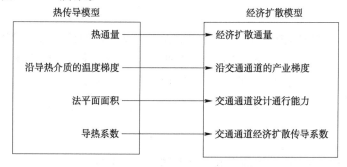

图 12.2.5 热传导模型变量和经济扩散模型变量对应关系图

主城对卫星城市经济扩散作用通过交通线路传播并沿交通线路轴向逐渐变化，第 i 条交通线路 L_{0i} 处的产业梯度记为 $\left(\dfrac{\mathrm{d}E_i}{\mathrm{d}L_i}\right)_{L_{0i}}$，则单位时间内通过第 i 条交通线 L_{0i} 法平面的经济扩散通量为：

$$\frac{\Delta \Phi_i}{\Delta t} = -\gamma_i \left(\frac{\mathrm{d}E_i}{\mathrm{d}L_i}\right)_{L_{0i}} C_i \tag{12.2.23}$$

式中：C_i——第 i 条交通线路的设计通行能力；

γ_i——第 i 条交通线路的经济扩散传导系数。

为便于计算，对模型进行如下修正：

设主城和某卫星城市间第 i 条交通线路长度为 L_i，第 i 条交通线两参考平面分别选 0 法平面及 L_i 法平面，主城和某卫星城市产业梯度为 ΔE，其间沿交通线路的产业梯度为 $\dfrac{\Delta E}{L_i}$，主城通过第 i 条线路对卫星城市的经济扩散通量：

$$\frac{\Delta \Phi}{\Delta t} = \gamma_i \frac{\Delta E}{L_i} C_i \tag{12.2.24}$$

设主城和某卫星城市间有 n 条连接线路，则主城对此卫星城市的经济扩散通量：

$$\frac{\Delta \Phi}{\Delta t} = \sum_{i=1}^{n} -\gamma_i \frac{\Delta E}{L_i} C_i \tag{12.2.25}$$

式中：L_i——主城和卫星城市间第 i 条交通线路长度；

ΔE——主城和卫星城市间产业梯度。

式（12.2.25）可以写成：

$$\frac{\Delta \Phi_i}{\Delta t} = -\frac{\Delta E}{\frac{L_i}{\gamma_i C_i}} \quad (12.2.26)$$

令：

$$R_i = \frac{L_i}{\gamma_i C_i} \quad (12.2.27)$$

则：

$$\frac{\Delta \Phi_i}{\Delta t} = -\frac{\Delta E}{R_i} \quad (12.2.28)$$

式(12.2.26)形式上相似于热传导的热阻公式，类比于热阻的定义，R_i 称为第 i 条交通通道的经济扩散阻率。式(12.2.25)可改写为：

$$\frac{\Delta \Phi}{\Delta t} = \sum_{i=1}^{n} -\frac{\Delta E}{R_i} \quad (12.2.29)$$

模型(式12.2.29)的物理含义：交通通道作为经济能量的传导介质，把中心城市的经济能量传递给卫星城市，传递的经济能量大小和两城市间的产业梯度成正比，与交通通道经济扩散阻率成反比。经济能量的传递方向为主城到卫星城市，说明主城与卫星城市的经济能量扩散具有单方向性。

(3) 模型的标定

① ΔE 的标定

ΔE 取决于两城市产业等级的高低和产业结构的互补性及差异性，主城与卫星城市间产业梯度按下式计算：

$$\Delta E = \left[\sum_{j=1}^{4}(X_{cj} - X_{sj})^2\right]^{\frac{1}{2}} \quad (12.2.30)$$

式中：X_{c1}、X_{s1}——主城和卫星城市固定资产投资总额占国内生产总值的比例；

X_{c2}、X_{s2}——主城和卫星城市在岗职工工资总额占国内生产总值的比例；

X_{c3}、X_{s3}——主城和卫星城市第二产业产值占国内生产总值的比例；

X_{c4}、X_{s4}——主城和卫星城市第三产业产值占国内生产总值的比例。

② γ_i 及 R_i 的标定

γ_i 表示经济扩散效应的传递速率，是类比于物质的导热系数定义的。导热系数大小取决于物质内部分子运动，γ_i 的大小取决于交通通道交通个体的流动特性，是线路条件、管理水平和交通流特点的综合反映。在相同的交通流状况下，线路水平越好、管理水平越高，γ_i 的值越大，恰好和交通通道的交通阻抗相反，因此有理由认为 γ_i 与交通阻抗成反比。γ_i 可表示为：

$$\gamma_i = \frac{\alpha}{f_i^{\beta}} \quad (12.2.31)$$

式中：α、β——待定系数，$\alpha > 0$、$\beta > 0$；

α——交通量和经济量间的转换系数，可以用区域一定时期国内生产总值增长率与客货运量平均增长率之比表示；

β——经济扩散传导系数对交通阻抗的反应敏捷性，为简单计，β 取1；

f_i——第 i 条交通通道的交通阻抗，用行程时间表示。

行程时间 t 的计算公式为：

$$t = \frac{L}{U} \quad (12.2.32)$$

式中：L——交通通道的长度；

U——平均运行速度。对于轨道交通，采取运行图中的标定速度。公路交通平均运行速度按下式计算：

$$U = \frac{\alpha_1 \cdot U_s}{1 + \left(\frac{V}{C}\right)^\beta} \quad (12.2.33)$$

$$\beta = \alpha_2 + \alpha_3 \left(\frac{V}{C}\right)^3 \quad (12.2.34)$$

式中：U_s——各等级公路设计车速；

$\frac{V}{C}$——饱和度。基于交通引导发展的规划理念，饱和度 V/C 可按 1 计算。则式(12.2.33)可改写为：

$$U = \frac{\alpha_1 \cdot U_s}{2} \quad (12.2.35)$$

式中：α_1——回归参数。

$$R_i = \frac{L_i}{\alpha C_i} f_i \quad (12.2.36)$$

式中各字符含义同上。

(4)模型应用

罗源县和永泰县县城均为福州市的卫星城市，罗源县与福州市有 104 国道连接，此路段为平原二级设计标准，双向 2 车道，设计时速 80km/h，福州至罗源段 78km。2002 年，同三高速长罗段通车，设计时速 120km/h，双向 4 车道，福州至罗源段 58km。永泰县与福州市间有一条公路连接，设计标准为重丘二级，双向 2 车道，设计时速 40km/h，福州至永泰段 62km。福州至罗源的 104 国道、同三高速罗源段的设计通行能力分别为 1 150veh/h 和 6 400veh/h。福州至永泰段二级公路设计通行能力 900veh/h。运用上述模型计算福州市对罗源和永泰两卫星城的经济扩散作用。

①确定主城与卫星城市间产业梯度

由于资料来源限制，在产业梯度计算时罗源县城、永泰县城经济指标用县域指标替代，因为是梯度计算中利用的各指标的相对值，这种替代是可行的。福州市、罗源县、永泰县经济指标，如表 12.2.1 所示。

福州市、罗源县、永泰县经济指标(单位：亿元) 表 12.2.1

项目	国内生产总值	固定资产投资总额	第二产业产值	在岗职工工资总额	第三产业产值
福州市	447.48	69.12	209.69	47.05	227.80
罗源县	28.67	1.74	13.87	1.25	5.63
永泰县	21.75	1.52	4.30	0.94	7.82

用式(12.2.30)计算得福州市与罗源县、永泰县的产业梯度值分别为 0.33、0.29。

②计算经济扩散通量

α 用福州市 1999 年相对于 1998 年的国内生产总值增长率和客货运量平均增长率之比

表示,计算结果为1.45。由于这几条公路实际交通量基本接近饱和,饱和度均按1计算,福州至罗源的104国道、同三高速罗源段及福州至永泰段交通阻抗分别为2.05、1.04、2.21,具体计算方法参见相关文献;经济扩散阻率分别为0.095 9、0.006 5、0.105 0;福州对罗源县、福州对永泰县的经济扩散通量分别为54.21和2.76。

③计算结果分析

结果表明福州对罗源县的经济扩散效应远远大于福州对永泰县的经济扩散效应,但在福州至罗源县的高速公路未开通之前福州对罗源县的经济扩散效应仅为3.44,和福州对永泰县的经济扩散效应相差无几,由于同三高速公路开通后经济扩散效应增加了50.77。可见,交通发展对提高大城市经济扩散效应的意义非常重大。从近几年的实际情况看,罗源县与福州的经济联系及自身发展速度均明显高于永泰县,和模型分析结果一致。

13 交通发展环境影响预测与评估

城市是经济活动的中心区域,随着社会经济的迅猛发展,我国城市化的进程越来越快,城市交通作为衔接工农业发展、城市建设、经济繁荣及社会生活的重要支柱环节,在社会发展过程中发挥着越来越重要的作用,其可持续发展程度和潜力已经成为衡量我国综合国力的重要因素之一。但同时应该看到,城市交通给人们的生活环境也带来一些负面影响,如交通拥堵、交通噪声及空气污染等方面,目前的城市交通规划多以满足交通需求为规划的主要目标,缺乏对资源占用及环境保护等因素的考虑。

在《中华人民共和国环境保护法》中,环境是指影响人类生存和发展的各种自然的和经过人工改造的自然因素的总体。而城市环境,泛指影响城市人类活动的各种外部条件,是人类创造的高度人工化的生存环境,是与城市总体互相关联的人文条件和自然条件的总和。它包括城市自然环境和城市社会环境。城市自然环境是城市环境的基础,包括城市的大气环境、水环境、生物环境、土壤环境和地理环境等。城市社会环境是人类在利用和改造自然环境中创造出来的人工环境和人类在生产活动中所形成的人与人之间的关系的总体。它包括经济、政治、文化和人类建造的各种建筑物等要素。本章内容主要阐述交通对城市环境的影响。

13.1 交通噪声预测模型与评价

交通噪声影响评价是交通建设项目环境影响评价的重要组成部分,根据交通噪声评价预测提供的基础数据,从环保角度确定交通建设项目在选线和布局方面的合理性,加强交通项目建成使用后的声环境管理,制定消除或缓解不利影响的措施和建议,使交通系统建设真正达到经济效益、社会效益和环保效益的有机统一。

随着我国城市化进程的加快以及小汽车大量进入家庭,城市道路交通噪声对居民影响越来越突出,研究城市道路交通噪声预测和评价方法,是寻求科学减噪、降噪方法的重要基础。本节内容主要介绍道路噪声预测模型以及常用噪声评价指标,以便能够精确预测和评价交通噪声影响,为采取相应的防噪、降噪等控制对策提供依据。

13.1.1 交通噪声预测模型

13.1.1.1 统计模型

统计模型是以观测时段内的交通流整体作为研究对象,在大量实测数据的基础上,应用统计分析方法建立的噪声评价指标与宏观交通流参数之间关系的一种模型。模型选取 50 位统计声级作为噪声评价指标,反映其随观测时段内交通流量变化的规律。该模型适用于车速为 56~72km/h,测点与行车道距离大于 6m 的情况。

$$L_{50} = 57.5 + 8.5\lg Q - 20\lg D \tag{13.1.1}$$

式中:Q——交通量;

D——测点与行车道的距离。

1988 年,英国颁布的 Calculation of Road Traffic Noise 模型选取 10 位统计声级作为噪声

评价指标,较为全面地反映观测时段内交通流量、流速、货车比例与噪声评价指标之间的量化关系,此外模型还考虑了路面坡度的影响。模型表达式为:

$$L_{10} = 10\lg Q + 33\lg(V + 40 + 500/V) + 10\lg(1 + 5P_h/V) + 0.3G - 27.6 \quad (13.1.2)$$

随着噪声研究领域的扩展,陆续出现大量可用于路段交通噪声的统计模型。很多学者利用统计模型预测信号交叉口、无信号交叉口等道路设施周边的交通噪声。

13.1.1.2 经验模型

半经验模型以交通流中的单个车辆作为研究对象,将单个车辆匀速通过测点时的噪声作为基准噪声,假设同类型车辆均以此方式通过测点,则根据观测时段内实际通过车辆数对基准声级进行叠加,从而求解观测时段内噪声评价指标。

经典的半经验模型当属1978年美国联邦公路局发布的公路交通噪声预测模型。该模型考虑单个点声源,根据声学特征不同将车辆划分为小客车(Auto)、中型车(MT)和重型车(HT)3类,其模型表达式为:

$$L_{eq}(h)_i = (L_0)_{Ei} + 10\lg\left[\frac{N_i \pi D_0}{S_i T}\right] + 10\lg\left[\frac{D_0}{D}\right]^{1+\alpha} + 10\lg\left[\frac{\psi(\phi_1,\phi_2)}{\pi}\right] + \Delta s \quad (13.1.3)$$

式中: $L_{eq}(h)_i$ ——第 i 种车型的小时等效声级;

$(L_0)_{Ei}$ ——第 i 种车型的参考能量平均辐射声级;

N_i ——给定时段(如1h)内第 i 种车型的数量;

D ——观测点与车道中线之间的垂直距离;

D_0 ——观测辐射声级时采用的参考距离;

S_i ——第 i 种车型的平均车速;

T ——观测时段;

α ——地面类型的参数,硬质地面取0,软质地面取1;

$\Psi(\phi_1,\phi_2)$ ——有限线声源修正函数;

Δs ——障碍物衰减量。

将不同车型的等效声级叠加求和,即得到交通噪声总和:

$$L_{eqTotal} = 10\lg(10^{L_{eqAuto}/10} + 10^{L_{eqMT}/10} + 10^{L_{eqHT}/10}) \quad (13.1.4)$$

式中: $L_{eqTotal}$ ——交通噪声总和;

L_{eqAuto}、L_{eqMT}、L_{eqHT} ——小客车、中型车和重型车的等效声级。

Menge等将该模型命名为STAMINA(Standard Method In Noise Analysis)。1998年,美国联邦公路局发布最新计算机模型,命名为TNM(Federal Highway Administration Traffic Noise Model)。上述模型均沿用同一模型框架,即在实测参考能量平均辐射声级(Reference Energy Mean Emission Levels,REMELs)基础上,通过对交通流量、流速、测距、有限长路段和障碍物等因素进行修正,从而得到测点处的A计权小时等效声级。

经验模型的形式较之统计模型略为复杂,式中变量间关系的物理意义明确,模型的适用性较强。然而,由于经验模型多基于匀速车流假设下对公路连续流条件下的噪声预测,而对于信号交叉口、无信号交叉口和环岛等间断流交通,适用性较差。此外,模型仍然存在噪声评价指标单一、无法实现实时预测等问题。

13.1.1.3 理论模型

理论模型以交通流中的单个车辆作为研究对象,根据车流车头时距分布和声强分布规律,确定任意时刻所有车辆在测点处的噪声级,最后依据观测时段内各时刻噪声级计算噪声评价指标。理论模型通常采用概率分布的形式,对影响噪声水平的车流速度、流量和源强等变量进行描述,并且采用 MonteCarlo 仿真方法求解该隐性函数模型。

1968 年,Johnson 等假设车辆为声功率相同的单个点声源,车辆在平直单车道上同速行驶,车头间距相同(服从等间距分布),且互不干扰。据此,推导车流噪声计算模型,并给出解析解。该模型由于未考虑不同车型功率级差异和实际车头间距分布规律,造成统计声级计算结果服从非高斯分布,与实测相悖。

1997 年,Kokowski 等将车辆通过信号交叉口的过程简化为匀速—减速停止—加速—匀速 5 个阶段,并假设:

(1)所有静止车辆的车型、停泊位置、运行模式相同。

(2)车流加减速过程的辐射声级用声能密度表示,且与车辆位置呈线性关系。据此建立车辆不同阶段噪声的数学模型,给出模型参数标定方法。

1999 年,Makarewicz 等将车辆通过停车线过程简化为匀速—静止—匀速 3 个阶段,假设:

(1)所有车辆均为轻型车。

(2)双方向车流均沿直线行驶。

(3)车流运行简化为匀速和静止两种状态。据此建立时间平均声级与匀速通过车流量、静止车流量、测距、加速长度、有效观测长度等参数之间的数学模型。

与统计模型和经验模型相比,理论模型物理意义明确,具有较高的普适性和可移植性。理论模型适用范围更广,可用于多种交通状态(连续流和间断流)下的噪声预测。此外,通过计算机辅助技术对模型求解,可实现多指标预测和实时噪声预测。然而,理论模型运算量较大,对车流状态数据的要求较高。

13.1.1.4 宏观评价模型

宏观评价模型指基于灰色系统理论和人工神经网络理论建立的交通噪声预测模型。

基于灰色系统理论的宏观评价模型通常将交通环境系统视为本征性灰色系统。由于系统中交通噪声污染程度与经济发展、总体规划布局、人口增长、机动车数量、车流量大小、交通管理水平等因素的作用机制、结构状况皆无物理原型,且信息不完全,故此认为城市道路交通噪声污染具有明显的灰色性。

据此,根据灰色系统理论将交通噪声声级数列视为系统的灰色量,经生成处理使灰色量白化,并运用连续的灰色微分模型对系统的发展变化进行分析预测。采用一阶单变量微分方程对生成数列进行拟合,得到灰色动态模型。

设有原始时间数列 $X^{(0)}$:

$$X^{(0)}_{(k)} = \{X^{(0)}_{(1)}, X^{(0)}_{(2)}, \cdots, X^{(0)}_{(n)}\}, \quad k = 1, 2, \cdots, n \tag{13.1.5}$$

做累加生成(1-AGO)后:

$$X^{(1)}_{(k)} = \sum_{i=1}^{k} X^{(0)}_{(i)}, \quad k = 1, 2, \cdots, n \tag{13.1.6}$$

采用一阶单变量微分方程进行拟合,得到白化形式灰色动态模型为:

$$\frac{dx^{(1)}}{dt} + ax^{(1)} = u \tag{13.1.7}$$

式中:a, u——待辨识参数。

记方程的参数向量 $\hat{a} = [a, u]^T$,用最小二乘法求解,得:

$$\hat{a} = (B^T \cdot B)^{-1} \cdot B^T \cdot Y_N \tag{13.1.8}$$

式中：B——累加生成矩阵；

Y_N——向量。

两者构造：

$$B = \begin{bmatrix} -\frac{1}{2}(X^{(1)}_{(2)}+X^{(1)}_{(1)}), 1 \\ -\frac{1}{2}(X^{(1)}_{(3)}+X^{(1)}_{(2)}), 1 \\ \vdots \\ -\frac{1}{2}(X^{(1)}_{(n)}+X^{1}_{(n-1)}), 1 \end{bmatrix} \tag{13.1.9}$$

$$Y_N = [X^{(0)}_{(2)}, X^{(0)}_{(3)}, \cdots, X^{(0)}_{(n)}]^T \tag{13.1.10}$$

则白化形式微分方程的解：

$$X^{(1)}_{(k+1)} = \left[X^{(0)}_{(1)} - \frac{u}{a}\right]e^{-ak} + \frac{u}{a} \tag{13.1.11}$$

还原后预测序列为：

$$X^{(0)}_{(k+1)} = \hat{X}^{1}_{(k+1)} - \hat{X}^{(1)}_{(k)} \tag{13.1.12}$$

基于人工神经网络理论的宏观评价模型主要利用道路各车型流量、车速和测距等影响因素建立输入节点，利用测点处等效连续声指标作为输出层，从而搭建多层神经网络。通过网络训练学习和检验便可实现对道路交通噪声的预测。人工神经网络模型通常包括学习训练过程和应用过程2个部分。从训练数据集中取一个训练对，将输入向量代入神经网络；计算神经网络的输出向量；计算目标输出向量和实际输出向量之间的误差；采用梯度下降法，反向调整权重，减小误差；重复步骤运算，直至整个训练集的总误差达到满意程度为止。

宏观评价模型具有较高的隐含性、模糊性和容错性，数据充分时，可实现多个评价指标的预测。但模型对数据的全面性和代表性要求很高。此外，模型难以描述各变量之间的物理意义。

13.1.2 常用道路交通噪声评价指标

道路交通噪声在一天24h内，完全是无规则随机变化的。交通噪声对人们的影响程度不仅与声级、频谱有关，而且与它的持续时间、起伏变化幅度有关。采用一个声级数值可以评价机器的稳态噪声，如果用其评价交通噪声，就会产生很大的困难。但是人们仍然希望用几个数值来表示一条街道的噪声大小，这样就要用统计和计权的方法。所谓统计方法就是从一段时间测量的大量变化的数据中，按统计学方法，求出几个统计参数来表示这段时间的噪声。计权的方法是指对几个统计参数，按照它们和人们主观烦恼度的关系，适当组合后来描述这段时间的噪声大小。下面介绍几种经常采用的评价量。

13.1.2.1 等效连续声级（L_{eq}）

当评价噪声对人体的影响时，不但要考虑噪声的强度，而且要考虑它的作用时间。交通噪声的强度是随时间变化的，于是用噪声能量按时间平均的方法来评价噪声对人体的影响，即等效连续声级，用公式为：

$$L_{eq} = 10\lg\left[\frac{1}{T}\int_0^T 10^{0.1L_A} dt\right] \tag{13.1.13}$$

式中：T——总时间；

L_A——随时间 t 变化的 A 声级。

13.1.2.2 累积百分声级（L_x）

交通噪声是属于非稳态的，可用等效连续声级 L_{eq} 表达其大小。对噪声随机的起伏程度却可以用概率统计的方法来表达。为了测量一段时间内起伏变化的噪声，可每隔一定时间测量一次噪声，把得到的噪声数据按大小顺序排列，找出 10% 的所测数据超过的声级，这个声级就称为 L_{10}、50% 所测数据超过的声级为 L_{50}、90% 的所测数据超过的声级为 L_{90}。

试验证明，对于车辆流量较大的街道，L_{50} 数值和人们的主观吵闹感觉程度有较好的相关性，有些国家直接采用 L_{50} 来评价交通噪声。但是也应该指出，当车辆流量较少时，噪声随时间起伏变化较大，噪声起伏变化幅度越大，人们的主观烦恼度也越高。因此，在评价这种类型街道的噪声时，除了考虑 L_{50} 之外，也要兼顾 L_{10} 和 L_{90} 之间的差值。

13.1.2.3 噪声污染级（L_{NP}）

噪声污染级是在能量平均声级（也称等效声级）的基础上，再考虑噪声起伏变化的因素，其表达式为：

$$L_{NP} = L_{eq} + 2.56\sigma \tag{13.1.14}$$

$$\sigma = \sqrt{\frac{1}{n-1}\sum_{i=1}^{n}(L_i - \bar{L})^2} \tag{13.1.15}$$

式中：等式右边第 1 项是等效连续声级的量度；

第 2 项是由于声级的起伏而增加的烦扰；

σ——统计标准偏差；

L_i——第 i 个声级值；

$\bar{L}$——所测 n 个声级的算术平均值；

n——取样总数。

13.1.2.4 昼夜等效噪声级（L_{DN}）

考虑到噪声在夜间比昼间对人的影响更加明显，在研究昼夜 24h 环境噪声水平时，引入昼夜等效声级评价量。美国环境保护局引用昼夜等效声级（L_{DN}）来评价交通噪声。为了考虑噪声出现在夜间对人们烦恼的增加，规定夜间测得的值加上 10dB 作为修正值。L_{DN} 主要用于预计人们昼夜长时间暴露在环境噪声中所受的影响，可表达为：

$$L_{DN} = 10\lg\left[\frac{15}{24}\times 10^{0.1L_d} + \frac{9}{24}\times 10^{0.1(L_n+10)}\right] \tag{13.1.16}$$

式中：L_d——从早 7:00 到晚 10:00 的等效声级；

L_n——从晚 10:00 到次日早 7:00 的等效声级。

13.2 城市交通对环境振动影响预测与评价

环境振动是破坏环境稳定、安静的物理型污染。环境振动对人体的危害通过固体介质作用于人体。振动的固体介质通过人体的支撑部位将振动传递到整个人体，多属全身暴露振动，环境振动还对周边建筑、精密仪器、设备产生巨大影响。

交通是引起城市环境振动的最主要原因之一，据有关国家统计，除工厂、企业和建筑施工之外，交通系统引起的环境振动问题是公众反映中最强烈的，约占交通系统所引起的投诉率的14%,尤其轨道交通对城市环境振动影响巨大,引起了国内外专家学者的广泛关注。

13.2.1 交通引起的环境振动主要预测方法

目前,研究交通引起的环境振动的方法主要有四类:解析方法、场地实测、经验预估模型及计算机仿真模拟。下面对这几种方法逐一进行简单介绍。

13.2.1.1 解析方法

通过解析方法,可以应用理论模型来描述产生、传播及接收三个区域。由于需要模型的简化和细分,目前还没有能直接解决实际问题的解析解。但理想情况下得出的解析解可以帮助我们更加深刻地理解问题,并可作为数值分析及经验预估模型的理论基础。国外学者Lamb做了弹性波传播的先驱工作,他进行了振源及振动在土中的传播路径的研究。其中包括:在无限半空间表面或者无边界的全空间内作用点(线)脉冲荷载下,而引起的地面扰动。这些分析是针对在弹性介质中的响应,并由此扩展为荷载在平面上匀速移动而产生的地面扰动问题,获得了稳态解。事实上,已有很多学者将其作为经验预估模型的基础。

13.2.1.2 场地实测

场地实测是最直观也是最可靠的方法。理论上只要进行足够多的场地实测,并对采集所得的数据进行统计分析,就能建立一个系统的数据库。依据这些数据就可以对类似情况作出振动预测。但是对于参数不同的各种工况,统计意义上需要大量的测试数据,才能分析其中的规律。另外,对场地及建筑物的成功实测需要精密的测试仪器,在关键点布置足够多的高灵敏度加速度传感器、数据采集及处理系统以及足够长的传输线等。所以场地实测是四种方法中耗时最长和花费最高的。

13.2.1.3 经验预估模型

由于人们对交通引起的环境振动产生的力学机理还没有深入理解,以及准确确定场地土体参数存在难度,对整个系统建立完整的模型非常困难。因此,常基于理论及经验结果建立简单合理的模型来预测地面振动,模型一般将那些对振动产生影响的参数公式化。经验预估模型的方法常可在无条件进行场地实测的情况下对振动进行初步估计。

13.2.1.4 计算机数值模拟

20世纪70年代中期,随着高性能计算机的迅速发展,作为解决此类问题的一种有效方法,出现了许多数值方法,包括有限元、边界元及其派生方法。但是用现有的数值工具来预测软土地上由于列车产生的低频振动有许多不足之处,并且用数值工具模拟振动的传播及建筑物响应规律难度也较大。现有的数值工具都是针对确定性对象的,对于列车引起的随机振动本质,土体条件的本质变化及同种类型建筑物的动力特性等信息较难进行归纳总结。现阶段,数值模型可以增加对以上机理的理解,并指导经验模型的发展。

13.2.2 轨道交通引起的环境振动预测

普通道路交通的环境振动影响较轨道交通来说要小得多,且预测较为简单,多采用场地实测、类比预测或结合经验模型的方法进行预测,因此本书主要介绍轨道交通引起的环境振动的预测方法。

城市轨道交通的线路选择是根据客流预测进行的,势必会经过人口稠密区域及重要的单位、旅游景点等。有些地方,线路距离居民区、医院、科研院所、古迹区域很近,且有些情况列车可能穿行建筑物。列车通过时,对这些建筑物及建筑物内人的影响,越来越多受到人们的关注。城市轨道交通列车相比于道路交通,行车密度高、速度及载重大、持续时间长,引起的周围地面和建筑物的振动也更加强烈,且城市轨道交通引发的争议和抱怨往往围绕振动和噪声展开。

轨道交通对环境和周围建筑物的影响主要是由运行车辆对轨道的冲击作用引起的,通过结构(路基、桥梁墩台及其基础、隧道基础和衬砌等)传递到周围的地层,并经过地层向四周传播,激励附近地下结构或地面建筑物产生振动并进一步诱发室内结构和家具的二次振动和噪声,从而对建筑物的结构安全以及建筑物内人们的工作和生活产生影响。

13.2.2.1 轨道交通引起振动的主要影响因素

对于地面铁路,主要影响因素有:车辆类型、载重、行车速度、铁路轨道的不平顺、车轮的不平顺、钢轨接头、轨道的结构特性、路基的弹性特性等。轨道养护状态对振动的影响也很大,一般振动大的轨道,经过养护其振动可降低 5~10dB。

对于地下铁道,主要影响因素有列车速度、车辆重量、隧道的埋置深度、隧道基础和衬砌结构类型、轨道类型、是否采用了隔振措施等,此外列车与轨道的相互作用也会加大振动作用。

13.2.2.2 振动强度预测

由于能量的扩散和土层对振动能量的吸收,车辆引起的振动强度在其传播过程中将有所衰减。不同类型的振源、不同的振动方向、不同的传播方向以及不同的土介质,对振动的衰减是有区别的。

就地面振动随距离的衰减而言,距轨道越近,同一列车引起的地面振动就越大,反之则越小。一些文献认为,列车运行所产生的地面振动随至线路距离增加而有较大的衰减是一般规律。

对于轨道交通系统,振动通过桥墩向地层传播可看作点振源,而通过道床直接传播则看作线振源。理论分析结果表明:环境振动的强度随至振源的距离而衰减。在已知振源附近基点的振幅情况下,对于点振源,可表示成:

$$U_r = U_0 r^{-n} e^{-2\pi f \xi r/V} \quad (13.2.1)$$

式中:U_r——到振源距离为 r 的地点的振幅;

U_0——振源附近基点的振幅;

ξ——土层介质的阻尼比;

f——振动的频率;

V——传播速度;

n——系数,对表面波取 $n=0.5$,对无限半空间的实体波取 $n=2$。

而对于线振源,可表示成:

$$A_{rz} = \frac{1}{2} K_0 r^{-K_z} e^{-\alpha_z r} v^{3/4} \quad (13.2.2)$$

式中:A_{rz}——距轨道中心 $r(m)$ 处的振幅;

v——列车运行速度,km/h;

K_0——不同土类的振幅系数;

K_z——振动在传播过程中的综合衰减系数,对垂直振动 $K_z = 0.75$,对水平振动 $K_z = 0.3$;

α_z——土层对振动能量的吸收系数。

振动强度的变化还与地层土的密度有密切关系,一般土的黏弹性系数越大,衰减越快;

密度越高,振动的衰减就越慢。根据很多城市的调查,不少结果符合这些规律。但也有研究得出了不同的结果,比如:在比利时,G. Degrande 等对布鲁塞尔至巴黎之间的高速铁路进行了环境振动测试,在列车速度为 256~314km/h 的情况下,在某一段距离范围内出现了振动加速度随距离增大而增大的现象,其振动加速度反弹增大区在距线路 20~40m 的范围。

有研究认为,这种现象是由 S 波在基岩(坚硬层)与地表之间的(软)土层中重复反射而形成的,反弹增大区的位置与波速、基岩深度以及土层性质有关,而式(13.2.1)和(13.2.2)未能反映出这一规律。

许多学者在轨道交通引起的环境振动预测方面做了许多详细的研究,考虑了更多的影响因素和更多的轨道线路类型,并建立了复杂的预测模型,但在不知道振源附近基点振动强度的情况下很难进行准确预测。

相关国家标准手册上也会给出相应的振动预测公式,例如《环境影响评价技术导则—城市轨道交通》中,关于地铁列车引起环境振动的预测公式:

$$VL_z = \frac{1}{n}\sum_{i=1}^{n} VL_{Z0,i} \pm (C_V + C_W + C_L + C_R + C_H + C_D + C_B) \tag{13.2.3}$$

式中:$VL_{Z0,i}$——列车振动源强,列车通过时段的参考点 Z 计权振动级,dB;

n——列车通过列数,$v \geq 5$;

C_V——速度修正,dB;

C_W——轴重修正,dB;

C_L——轨道结构修正,dB;

C_R——轮轨条件修正,dB;

C_H——隧道结构修正,dB;

C_D——距离修正,dB;

C_B——建筑物类型修正,dB。

对于未建成线路,一般采用与其线路条件相似的建成线路的振动预测经验公式,根据它们线路条件的区别对预测公式进行相关参数的修正,例如:车速、车节、地质条件等,然后进行预测,这种方法称为类比预测法,所得结果一般较为准确。

13.2.3 交通引起的环境振动评价

从劳动保护和环境保护的角度出发,各国的研究人员大多采用振动加速度的有效值作为评价振动强度的指标。因为振动对人体的影响实际是振动能量转换的结果,而振动加速度的有效值可以较好地反映这一情况。

对于能够进行场地实测的环境振动评价,多采用《城市区域环境振动标准》(GB 10070—1988)和《城市区域环境振动测量方法》(GB 10071—1988),即采用拾振器测得铅垂向 Z 的加速度,将其按照规定的公式换算为振动加速度级,或者直接从仪器上读得铅垂向 Z 振级,以振级值作为环境振动评价的指标。评价环境振动的物理量是加速度振级,其振级由加速度值直接换算得,换算关系为:

$$VAL = 20\lg\left(\frac{a_r}{a_0}\right) \tag{13.2.4}$$

式中:VAL——振动加速度振级,dB;

a_r——振动加速度有效值;

a_0——基准加速度值,取 $10^{-6} m/s^2$(日本标准为 $10^{-5} m/s^2$)。

而对于交通线路未建成项目,即不能够进行场地实测的情况下,环境振动评价的关键问题是首先预测线路附近地面和建筑物的振动水平,可以通过对类似线路周围环境振动进行调查,然后应用修正的振动预测模型进行计算,得到一系列有关各因素的预测值及修正值,进行叠加得到最终的预测结果。

将线路周围所有敏感区域都进行预测,考察结果与受振点处振动容许值的关系,决定是否需要详细评估和采取减隔振措施。具体步骤如下:

第一步:确定区域振动敏感属性。根据不同区域所设精密仪器的类型,确定振动容许值的大小,从而确定区域振动敏感属性。

第二步:振动影响预测。采取上文介绍的或其他预测方法,对敏感受振点的振动水平进行预测,制成表格;对比预测结果与第一步中所得振动容许值的关系,确定振动预测结果是否超标。

第三步:编制周围所有敏感受振点的评估结果手册。将所有敏感区域的评价结果编制成册,形成整个区域的评估结果。

第四步:详细评估及振动影响的消除。对振动超标的受振点进行详细评估,采取相应的减隔振措施。

13.3 城市交通空气污染预测

本节主要是从城市机动车数量的增加而引起城市交通空气污染入手,来阐述城市交通和大气污染之间的相互关系,并且从机动车排放尾气造成城市环境污染入手,建立城市交通网络污染物排放总量预测模型、路段交通污染物排放量模型、交叉口交通污染物排放量预测模型,并计算城市交通污染物排放量占总排放量的分担率,最后对城市道路网进行分等级污染评价。

13.3.1 城市交通和大气环境的相互关系

当前,我国城市交通所造成的环境污染主要是机动车辆排放的一氧化碳、碳氢化合物、氧化氮和氧化硫以及铅与烟微粒物质进入大气而造成的大气污染。汽车尾气污染主要由4种物质组成:一氧化碳、碳氢化合物、氧化氮和氧化硫以及铅,它们是造成城市大气污染的主要污染物。

据统计,美国各种汽车每年排入大气的污染物占各行业排入大气污染物总量的60%,西欧也普遍在50%左右。在我国以上海市为例,2010年上海市环境监测中心的检测报告显示,上海市主干道中87.3%的CO、85.9%的NO、37.2%的HTC均来自汽车尾气。汽车排放的尾气一般集中在离地面1m左右,处于人们的呼吸带附近,因此对人体健康产生了很大的危害。CO是机动车排放的尾气浓度最大的成分,它能够经呼吸系统进入人体与血液中的血红蛋白结合成稳定的碳氧血红蛋白,此过程会阻碍氧和血红蛋白的形成,且由于碳氧血红蛋白的存在还会降低已有的氧合血红蛋白正常的脱氧,所以最终会导致脑组织的缺氧,引起头疼,头晕等不适,大量地吸入还会使心脏过度疲劳而导致死亡。高浓度的NO能引起中枢神经的闭塞。铅化物作为汽车尾气的一大组成部分,主要通过呼吸道、消化道和皮肤进入肌体,对胃、肾、心都有很大危害。因此,通过交通流控制减少城市污染成为众多城市减少污染的重要举措之一。

另外,国内外研究表明,车速是影响汽车污染物排放的重要因素,当车速为 10~20km/h,HC 的排放量是车速为 30~40km/h 时的 1.55 倍,CO 的排放量是 1.9 倍,怠速时汽车污染物排放量更高。因此提高汽车行驶速度,避免频繁的加减速,减少汽车交叉口的排队时间,缩小怠速时间比例可以大幅度地降低汽车污染物排放。此外,在城市路网的规划、布局上不尽合理。地区多中心组团间没有形成合理的路网系统,使交通流量分布不均,表现为主次干道、支路的长度比例失调以及路网空间布局的失衡(如缺少片区之间的环形快速干道和主干道、集散路网系统等),从而引起中心区主干道车流密度逐年增大、交叉路口车流量增大。带来的后果就是中心区道路交通的拥挤和堵塞,特别是高峰期更加严重,伴随的就是机动车排放污染物的增大。调查结果表明,城市中心区机动车排放污染物显著高于城市周边地区,上下班高峰期机动车排放污染物显著高于其他时间段。其主要原因就是车流密度的增大、车速的缓慢。

13.3.2 城市交通对空气污染的预测模型

13.3.2.1 城市交通网络污染物排放总量预测模型

城市交通网络总体负荷条件下的交通污染物总排放量为网络的路段交通排放量与交叉口处的怠速排放量之和。

$$Q_T^P = Q_L^P + Q_{IN}^P \tag{13.3.1}$$

式中:Q_{IN}^P——道路网交叉口机动车怠速排放产生的 P 类污染物(典型的持久性环境污染物)的排放量,t/h;

Q_T^P——城市交通网络总体负荷条件下的 P 类交通污染物总排放量,t/h。

13.3.2.2 路段交通污染物排放量模型

(1) 交通量

交通量,一般按路段分车型计算。

$$V_i = \sum_{j=1}^{k} V_{ij} \tag{13.3.2}$$

式中:V_i——路段 i 机动车混合交通量,veh/h;

V_{ij}——路段 i 和 j 型车交通量,veh/h;

k——车型分类总数。

则路段分车型交通量计算公式为:

$$V_{ij} = b_{ij} \times V_i$$

式中:b_{ij}——路段 i 上 j 型车占路段 i 机动车混合交通量的比例(%),对于现状,通过调查得到;对于规划年,要通过交通需求预测得到。

在交通规划软件中,进行交通模拟分析时,一般用当量小汽车为机动车单位,当量小汽车的计算公式为:

$$V_i^{PCU} = \sum_{j=1}^{k} V_{ij} \times \alpha_j = \sum_{j=1}^{k} V_i \times b_{ij} \times \alpha_j = V_i \sum_{j=1}^{k} b_{ij} \times \alpha_j \tag{13.3.3}$$

式中:V_i^{PCU}——路段 i 的当量小汽车交通量,PCU/h;

α_j——j 型车转换成当量小汽车的车型换算系数,《城市道路交通规划设计规范》规定了当量小汽车的车型换算系数,如表 13.3.1 所示。

当量小汽车换算系数 表13.3.1

车 型	换算系数	车 型	换算系数
二轮摩托	0.4	大客车或小于9t的货车	2.0
三轮摩托或微型汽车	0.6	9~15t的货车	3.0
小客车或小于3t的货车	1.0	铰接客车或大平板拖挂货车	4.0
旅行车	1.2		

则路段分车型交通量计算模型为：

$$V_{ij} = \frac{V_i^{PCU} \times b_{ij}}{\sum_{j=1}^{k} b_{ij} \times \alpha_j} \tag{13.3.4}$$

(2) 污染物排放量预测模型

路段交通污染物排放量计算公式如下：

$$Q_{Li}^P = ml_i \sum_{j=1}^{k} V_{ij} \times E_{ij}^P = V_i \times ml_i \sum_{j=1}^{k} b_{ij} \times E_{ij}^P$$

$$= \frac{V_i^{PCU}}{\sum_{j=1}^{k} b_{ij} \times \alpha_j} \times ml_i \sum_{j=1}^{k} b_{ij} \times E_{ij}^P \tag{13.3.5}$$

式中：Q_{Li}^P——路段 i 机动车 P 类污染物排放量，g/h；

ml_i——路段 i 的里程，km；

E_{ij}^P——路段 i 运行工况下 j 型车 P 类污染物排放因子；g/veh·km；在交通规划软件分析过程中，通过交通分配以后，可以确定交通网络中各路段的运行状态（如平均运行车速）。

根据式(13.3.6)可以得到当量小汽车综合排放因子：

$$E_{PCUi}^P = \frac{\sum_{j=1}^{k} b_{ij} \times E_{ij}^P}{\sum_{j=1}^{k} b_{ij} \times \alpha_j} \tag{13.3.6}$$

则道路网中路段交通污染物排放量：

$$Q_L^P = \left(\sum_{i=1}^{n_1} Q_{Li}^P\right) \times 10^{-6} \tag{13.3.7}$$

式中：Q_L^P——道路网中路段交通 P 类排放污染物量，t/h；

n_1——道路网中路段数。

13.3.2.3 交叉口交通污染物排放量模型

交叉口污染物排放量主要计算机动车怠速排放量。交叉口进口车辆的平均怠速时间为进口车辆的平均停车延误时间。

$$Q_{IN}^P = \left(\frac{1}{3\,600} \sum_{i=1}^{n_2} \sum_{l=1}^{m} \sum_{j=1}^{k} EI_{ilj}^P \times N_{ilj} \times D_{il}\right) \times 10^{-6} \tag{13.3.8}$$

式中：Q_{IN}^P——道路网交叉口机动车怠速排放产生的 P 类污染物的排放量，t/h；

n_2——到路网交叉口总数；

m——i 交叉口的进口路段数；

k——车型数；

EI_{ilj}^P——i 交叉口的 l 进口的 j 型车 P 类污染物的怠速排放因子，g/(veh·h)；

215

N_{ilj}——i 交叉口的 l 进口的 j 型车排队量,veh·h;

D_{il}——i 交叉口的 l 进口的平均停车延误,s。

交叉口进口的排队车辆数和停车延误可以通过交通规划软件分析得到。例如,运用 TranStar 交通网络系统分析软件,通过模拟,可以给出交叉口总的排队车辆数和总延误。

交叉口当量小汽车交通量 N_{ijl} 可以通过下式求得:

$$N_{ijl} = \frac{N_{il}^{PCU} \times b_{ij}}{\sum_{j=1}^{k} b_{ij} \times \alpha_j} \qquad (13.3.9)$$

式中:N_{il}^{PCU}——i 交叉口的 l 进口排队的当量小汽车交通量,PCU/h;

b_{ij}——i 交叉口 j 型车站交叉口机动车混合交通量的比例;

α_j——j 型车的标准小汽车换算系数。

13.3.2.4 城市交通污染物排放量分担率计算

定义城市交通污染物排放量分担率 η_P 为所评价城市交通排放的 P 类污染物量 Q_T^P 与城市 P 类污染物总排放量 Q_P 之比。总排放量包括城市流动源、工业、民用以及其他天然排放源在内的所有污染源的排放。计算公式为:

$$\eta_P = \frac{Q_T^P}{Q^P} \times 100\% \qquad (13.3.10)$$

式中:η_P——机动车 P 类污染物的分担率,%;

Q_T^P——城市交通排放的 P 类污染物总量,t/h;

Q^P——城市 P 类污染物平均小时排放量,t/h。

排放分担率反映了城市交通对城市大气环境污染的贡献程度。表 13.3.2 是近几年我国几座城市交通污染排放量分担率。从表中可以看出,交通污染已成为我国大城市大气污染的重要来源。

城市交通污染物排放量分担率(%) 表 13.3.2

项 目	CO	HC	NO$_x$	类 别
全国	85		40	城市
北京	90	60~74		市区
上海	69	37		区域
沈阳	27~38		45~53	区域
济南	28		46	区域
杭州	24~70			道路
乌鲁木齐	12~50			道路
广州	70		43	道路

13.3.3 城市道路网分等级污染评价

按道路在城市中的地位、作用、交通性质、交通速度及交通流量等指标,可将城市道路分为快速路、主干路、次干路和支路四类。快速干道与主干道属交通性道路;次干道兼有交通性和生活性两重功能并以交通功能为主;支路一般为生活性道路,在居住区、商业区、工业区内起着广泛联系的作用。

不同等级的城市道路由于交通量、交通状况等条件的差异,对城市污染的贡献程度也不同。下面分道路等级来分析交通污染物排放。

不同等级道路交通污染物排放量的计算公式如下：

$$Q_{Tl}^P = \sum_{i=1}^{n}\sum_{j=1}^{k} V_{lij} E_{lij}^P L_{li} \tag{13.3.11}$$

式中：Q_{Tl}^P——l 型道路 P 类污染物交通排放量，t/h，$l=1$，快速路；$l=2$，主干路；$l=3$，次干路；

$l=3$，次干路；$l=4$，支路；

V_{lij}——l 型 i 道路 j 型交通量，veh/h，$V_{lij}=V_{li}^{PCU} \times b_{lij}/\sum_{j=1}^{k} b_{lij} \times \alpha_j$；

b_{lij}——l 型 i 道路 j 型车比例，%；

V_{li}^{PCU}——l 型 i 道路当量小汽车交通量，PCU/h；

α_j——j 型车当量小汽车换算系数；

E_{lij}^P——l 型 i 道路交通状况下 j 型车 P 类污染物排放因子，g/(veh·km)；

L_{li}——l 型 i 道路里程，km；

n——l 型道路条数；

k——车型分类数。

等级道路分担率 η_l^P 为快速路、主干路、次干路和支路机动车污染物排放量分别占路段机动车污染物排放总量的百分比。

$$\eta_l^P = \frac{Q_{Tl}^P}{Q_L^P} \times 100\% \tag{13.3.12}$$

等级道路车辆里程比例（$\overline{\omega}_l$），为城市中快速路、主干路、次干路和支路的车里程分别占城市道路总车里程的比例。

等级道路污染级比 δ_{lP}，不同等级道路污染物排放量所占比例与不同等级道路车里程所占比例之比。为一无量纲综合评价指标，综合反映道路等级、道路里程、交通量、交通状况等条件下的污染程度，其值越大，表明污染相对程度越严重。其计算公式见式(13.3.13)。

$$\delta_{lP} = \frac{\eta_l^P}{\omega_l} \tag{13.3.13}$$

根据对路段和交叉口空气质量的评价结果，确定各路段和交叉口空气质量等级，然后，计算不同空气质量等级的路段或交叉口占交通网络总路段或交叉口的比例结构，得出城市交通网络大气污染水平路段或交叉口分布，可以对交通网络方案进一步调整和优化。

$$Q_l = \frac{S_1}{n} \times 100\% \tag{13.3.14}$$

式中：Q_l——l 级空气质量的路段或交叉口所占的比例；

l——空气质量等级：优(A)、良(B)、一般(C)、差(D)；

S_1——l 级空气质量的路段或交叉口数；

n——交通网络路段或交叉口总数。

13.4 交通对城市环境影响综合评价

城市环境泛指影响城市人类活动的各种外部条件，是人类创造的高度人工化的生存环境，它包括城市自然环境和城市社会环境。一方面，快速发达的交通运输系统为城市居民的物质和文明生活创造了条件；另一方面，随着城市化和机动化进程的加快，运输需求越来越大，交通给城市环境带来的压力到了不可忽视的地步。交通运输的环境影响涉及多个方面，既包括大量的能源消耗、土地利用、水土流失、自然景观破坏，也包括交通拥堵、空气和噪声污染等。本节内容主要探讨不同交通方式对城市环境影响综合评价方法。

13.4.1 城市交通环境影响评价概述

城市环境是与城市总体互相关联的人文条件和自然条件的总和。它包括城市自然环境和城市社会环境。城市自然环境是城市环境的基础,它为城市这一物质实体提供了一定的地域空间,包括城市的大气环境、水环境、生物环境、土壤环境和地理环境等。因此,城市环境的形成在许多方面都必然受到城市自然环境的影响和作用。城市自然环境中的各个要素,如地形、地貌、气候、水文等,决定城市用地形态、城市用地布局、城市建筑结构、城市基础设施配置和工程造价等各个方面;同时,城市环境的建立也改变了自然环境的性质和状况。城市社会环境狭义的解释是在城市自然环境基础上建立起来的人类的生活环境条件,它由实现城市各种功能所必需的物质基础设施单元组成,包括房屋建筑、管道设施、交通设施、供电、供热、供气和垃圾清运等服务设施、通信广播电视和文化体育等娱乐设施、园林绿化设施等人工形成的物质产品,即人工环境。广义的社会环境是人类在利用和改造自然环境中创造出来的人工环境和人类在生产活动中所形成的人与人之间的关系的总体。它包括经济、政治、文化和人类建造的各种建筑物等要素。

城市交通环境影响评价的主要内容。

(1)分析线网建设规划对资源的需求,如能源、土地、空间资源、环境资源等,根据资源对规划实施过程中的实际支撑能力提出相应措施。

(2)按可持续发展的原则分析线网建设规划布局和规模的合理性,以及支撑整个城市或片区的社会经济发展。

(3)识别和评价线网建设规划布局和规模的合理性,以及各项规划在环境方面的协调性及相互作用。

(4)预测和评价线网建设规划中设定的几种备选方案可能产生的重大环境影响,并建议预防和减缓措施。

(5)社会经济影响,主要在于城市交通规划对城市空间结构发展的优化引导问题。

(6)促进政务公开和公众参与,协调政府、企业、公众的环境权益,推进政府决策的民主化与科学化。

13.4.2 环境影响指标体系的建立

13.4.2.1 评价指标选定原则

(1)综合性与系统性原则

城市环境是一个广泛的综合的范畴,涉及城市自然环境、社会环境等多种因素,同时又是一个复杂的系统的有机体,系统各因素之间形成有机、有序的联系。建立的指标体系必须体现这种综合性与系统性,才能科学地分析评价交通系统对城市综合环境的影响。

(2)以人为本原则

坚持以人为本,是科学发展观的本质和核心。城市是以人为主体的,城市环境的改善或恶化直接表现在人的生活质量上,所以评价交通对环境的影响指标,应体现以人为本的思想。

(3)可持续发展原则

人类社会发展是一个持续不断的过程,城市发展也是一个持续不断的过程。只有可持续发展的城市才是有活力的城市。城市的可持续发展包括经济的可持续发展、社会的可持续发展和生态环境的可持续发展。人与自然的协调和谐是可持续发展的核心。在评价交通与城市环境的指标选择上,处理好交通与自然的协调关系,重视生态系统的承载能力,并能反映可持续发展的内涵和目标的实现程度,亦即能辨识每一种交通模式是否偏离或趋向城市的可持续发展。

(4)简明实用、可操作性原则

指标的本质在于给具体的事物以明确的规定性。设置指标体系的基本目的,就是要把复杂的环境现象变为可以量度、计算、比较的数字、数据,以便为制定城市交通规划提供定量化的依据。由于城市环境是诸多要素高度综合的系统,从理论上讲,应该综合一切有关要素进行分析评价,但这样做无论在理论上还是实际操作中都是非常困难的。因此,在建立交通对环境影响评价指标体系时,应遵循"兼顾一般、突出重点"的原则,判断、筛选主要的、有代表性的影响因素作为评价指标,使指标体系简洁而完备。同时,各指标要便于收集和分析,具有可操作性,而且对城市发展研究、战略规划研究具有实用价值。

13.4.2.2 评价范围

交通建设项目的性质、规模决定项目对环境的影响强度,交通所在区域的环境状态决定交通对环境的影响因素。因此,在交通建设项目具体规模和等级确定的情况下,在确定影响评价范围时,根据社会环境和自然环境的特点,尽可能把对环境有较大影响的社会功能区和敏感区包括在内。

13.4.2.3 评价指标体系

根据交通与城市环境关系分析及相关研究成果,综合考虑系统性原则、可持续发展原则以及可操作性原则,交通对城市环境影响评价指标体系,如图13.4.1所示。

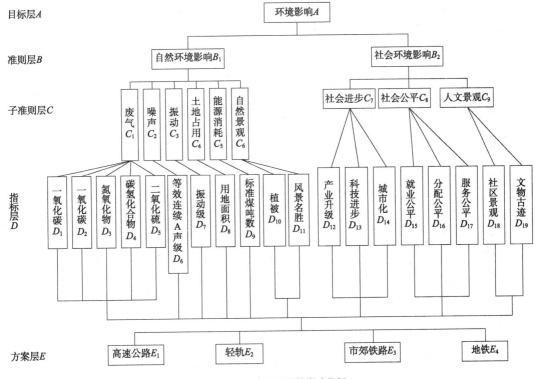

图13.4.1 交通对环境影响指标

13.4.3 评价方法

13.4.3.1 评价方法选择

交通对社会环境的影响涉及因素众多,而且许多因素很难定量表示,所以应选择可以较好地处理定性因素的评价方法。同时评价方法的选择,既要注重科学性,又要兼顾实际应用中的可操作性。层次分析法(Analytic Hierarchy Process,AHP)是一种可以很好地处理定性因素的决策方法,它提供了一种表示决策因素(尤其是社会经济因素)测度的基本方法。这种方法采用相对标度的形式,并充分利用了人的经验和判断能力,使得在实际应用中具有良好的可操作性。在递阶层次结构中,它根据所规定的相对标度——比例标度,依靠决策者的判断对同一层次有关因素的相对重要性进行两两比较,并按层次从上到下合成方案对于决策目标的测度。这个测度的最终结果是以方案的相对重要性的权重表示的。这种测度统一了有形与无形、可定量与不可定量的众多因素。它不仅可以作为决策的依据,而且也是解决许多社会经济系统问题的重要手段。

(1) AHP 的特点

随着 AHP 应用范围的扩大,它的理论也得到了发展并逐步完备,相对其他决策方法,AHP 方法具有以下显著特点。

① 简单,易于理解

用 AHP 决策,输入信息主要是决策者的选择与判断,决策过程充分反映决策者对问题的认识。此外,AHP 步骤简单、决策过程清晰明了、容易掌握,这使以往的决策者和决策分析者难以沟通的状况得到改善。在大多数情况下,决策者直接使用 AHP 进行决策,这大大增加了决策的有效性。

② 实用性和灵活性

AHP 不仅能进行定量分析,也可进行定性分析。AHP 充分利用人的经验和判断,采用相对标度对有形与无形、可定量与不可定量的因素进行统一测度,能把决策过程中定性与定量因素有机结合。此外,AHP 也是一种最优化技术,但其改变了最优化技术,只能处理定量问题的传统观念,并被广泛应用在资源分配、冲突分析、方案评比、计划和某些预测、系统分析、规划问题之中。

③ 系统性

决策大体有三种方式。一种是因果推断方式,在相当多的简单决策中,因果方式是基本的方式,形成了人们日常生活中判断与选择的思维基础。而当决策问题包含不确定因素,则产生概率方式,此时决策过程实际上是一种随机过程,人们根据各种影响决策因素出现的概率,结合因果推断方式进行决策。还有一种方式,其特点是把问题看作一个系统,在研究系统各组成部分相互关系及系统所处环境的基础上进行决策,对于复杂问题,系统方式是一种有效的决策思维方式。相当广泛的一类系统具有递阶层次形式,而 AHP 恰恰反映了这类系统的决策特点,并且可进行扩展以研究更为复杂的系统。

故本篇选择 AHP 方法进行交通对城市环境影响评价过程。

(2) AHP 的步骤

运用 AHP,大体上可按下面四个步骤进行。

步骤1,分析系统中各因素间的关系,建立系统的递阶层次结构。

步骤2,对同一层次各元素关于上一层次中某一准则的重要性进行两两比较,构造两两比较的判断矩阵。

步骤3,由判断矩阵计算被比较元素对于该准则的相对权重,并进行判断矩阵的一致性检验。

步骤4,计算各层次对于系统的总排序权重,并进行排序。最后,得到各方案对于总目标的总排序。

13.4.3.2 基于AHP的交通对环境影响评价过程

(1)建立系统的递阶层次结构

应用AHP分析决策问题时,首先要把问题条理化、层次化,构造出一个有层次的结构模型。在这个模型下,复杂问题被分解为元素的组成部分,这些元素又按其属性及关系形成若干层次,上一层次的元素作为准则对下一层次的有关元素起支配作用。这些层次可以分为三类:

① 最高层(目标层),只有一个元素,一般是分析问题的预定目标或理想结果。

② 中间层(准则层、指标层),包括了为实现目标所涉及的中间环节,它可以由若干个层次组成,包括所需要考虑的准则、子准则、指标层,指标层是由可直接度量的因素组成。

③ 最底层(方案层),包括了为实现目标可供选择的各种措施、决策方案等。

(2)构造两两比较的判断矩阵

在建立递阶层次结构以后,上下层元素间的隶属关系就被确定了。下一步是要确定各层次元素的权重。对于大多数社会经济问题,特别是比较复杂的问题,元素的权重不容易直接获得,这时就需要通过适当的方法导出它们的权重,AHP利用决策者给出判断矩阵的方法导出权重。

对同一层次的各元素关于上一层次中某一准则的重要性进行两两比较,构造两两比较判断矩阵。

记准则层元素 C 所支配的下一层次的元素为 $U_1, U_2, \cdots, U_n$。针对准则 C,决策者比较两个元素 U_i 和 U_j 哪一个更重要、重要程度如何,并按表13.4.1中定义的比例标度对重要性程度赋值,形成判断矩阵 $A = (a_{ij})_{n \times n}$。其中,$a_{ij}$ 就是元素 U_i 和 U_j 相对于准则 C 的重要性比例标度。

判断矩阵 A 有如下性质:

① $a_{ij} > 0$。

② $a_{ij} = 1/a_{ji}$。

③ $a_{ij} = 1$ 时,称为正互反判断矩阵。

根据判断矩阵的互反性,对于一个由几个元素构成的判断矩阵只需给出其上(或下)三角的 $n(n-1)/2$ 个判断即可。在层次分析法中,为使决策判断定量化,形成上述数值判断矩阵,引用表13.4.1所示的1~9标度方法。

1~9标度的含义 表13.4.1

1	表示两个元素相比,具有同样重要性
3	表示两个元素相比,一个元素比另一个元素稍微重要
5	表示两个元素相比,一个元素比另一个元素明显重要
7	表示两个元素相比,一个元素比另一个元素强烈重要
9	表示两个元素相比,一个元素比另一个元素极端重要

(3)计算元素的相对权重,并进行一致性检验

参考各种交通模式技术参数并应用 1～9 级的判断尺度得出判断矩阵后,先求出判断矩阵的最大特征根及其对应的特征向量,然后经过归一化处理,即可得出两级元素之间的权重大小。设某级判断矩阵的特征向量为 W,它的分量为 W_i。对 $W = (W_1, W_2, \cdots, W_n)^T$ 进行归一化处理,即:

$$W_A = \sum_{i=1}^{n} W_i \tag{13.4.1}$$

归一化的结果就是 U_i 关于 A 的权重为 $\omega_i = \dfrac{W_i}{W_A}$。

在层次分析法中,为了形成判断矩阵,引入了 1～9 标度方法,是为了使决策者判断思维数学化,这种方法大大简化了问题的分析,使非常复杂的社会、经济以及科学管理领域中的问题定量分析成为可能。此外,这种数学化方法还有助于决策者检查并保持判断思维的一致性。

在对系统各要素的重要性进行两两比较和判断时,不可能完全精确地判断出它们之间的量化关系,只能进行大致的估计,如果在估计存在误差,必然会导致判断矩阵特征值也有误差。为检验判断矩阵的一致性,需要计算它的一致性指标,根据如下公式对判断矩阵进行一致性检验:

$$C.I = \frac{\lambda_{\max} - n}{n - 1} \tag{13.4.2}$$

式中:$\lambda_{\max}$——判断矩阵的最大特征根;
　　　n——判断矩阵的阶数。

C.I 越大,说明判断矩阵的一致性越差,当判断矩阵完全一致时,C.I = 0。由于客观事物的复杂性和人们认识的多样性以及认识可能产生的片面性和问题的因素多少、规模大小有关,仅依靠 C.I 值作为 A 是否具有满意一致性是不够的。为此,引入了平均随机一致性指标 R.I,对于 $n = 1\sim 11$,平均随机一致性指标 R.I 的取值,见表 13.4.2。

将 C.I 与平均随机一致性指标 R.I 进行比较,用平均随机一致性指标、R.I 修正后的一致性指标为:

$$C.R = \frac{C.I}{R.I} \tag{13.4.3}$$

当 C.R < 0.1 时,矩阵具有满意的一致性,C.R 越小越满意;反之 C.R > 0.1 时,就要调整判断矩阵,直到满足 C.R < 0.1 为止。

平均随机一致性指标　　　　　表 13.4.2

N	1	2	3	4	5	6	7	8	9	10	11
R.I	0.00	0.00	0.58	0.90	1.12	1.24	1.32	1.41	1.45	1.49	1.51

(4)计算元素对系统目标的合成权重

采用上述过程,对各层次的判断矩阵求出相对权值后,要用该层次排序结果计算同一层次所有因素对于最高层(总目标)相对重要性的合成权重,又称为层次总排序,这一过程是由高层次到低层次逐层进行的。最底层(方案层)得到的层次总排序,就是 n 个被评价方案的总排序。

各层元素对系统目标的合成权重的计算方法如下:

假定已经算出第 $k-1$ 层上 n_{k-1} 个元素相对于总目标的排序权重向量 $w^{(k-1)} =$

$(w_1^{(k-1)}, w_2^{(k-1)}, \cdots, w_{nk-1}^{(k-1)})^T$ 第 k 层上 n_k 个元素对第 $k-1$ 层上第 j 个元素为准则的排序权重向量设为 $p_j^k = (p_{1j}^{(k)}, p_{2j}^{(k)}, \cdots, p_{n_kj}^{(k)})^T$，其中不受 j 支配的元素的权重为零。令 $P^{(k)} = (P_1^{(k)}, P_2^{(k)}, \cdots, P_{n_{k-1}}^{(k)})^T$，这是 $n_k \times n_{k-1}$ 的矩阵，表示 k 层上元素对 $k-1$ 层上各元素的排序，那么第 k 层上元素对总目标的合成排序向量 $w^{(k)}$ 由下式给出：

$$w^{(k)} = (w_1^{(k)}, w_2^{(k)}, \cdots, w_{n_k}^{(k)}) = P^{(k)} w^{(k-1)} = P^{(k)} P^{(k-1)} w^{(2)} \quad (13.4.4)$$

式中：$w^{(2)}$——第二层上元素对总目标的排序向量，实际上它就是单准则下的排序向量。

合成权重的一致性检验和相对权重的一致性检验相类似，检验指标含义也与之相同，如果 k 层上某些因素对于 $k-1$ 层上第 j 个元素的一致性指标为 $C.I_j$，相应的平均随机一致性指标为 $R.I_j$，则 k 层次的总排序一致性比例为：

$$C.R = \frac{\sum_{j=1}^{n} w_j C.I_j}{\sum_{j=1}^{n} w_j R.I_j} \quad (13.4.5)$$

方案层元素相对于总目标的排序权向量就是不同交通模式对城市环境影响大小的排序。

13.4.4 案例分析

本节以西安至高陵卫星城间交通建设项目为例，分析高速公路、轻轨、市郊铁路、地铁四种交通模式对城市环境的影响程度。评价区域主要包括中心城、卫星城以及交通沿线区域，评价范围为运营期交通对中心城和卫星城环境影响。

各种交通模式技术参数，如表 13.4.3 所示。

各种交通模式技术参数 表 13.4.3

参数 模式	宽度 (m)	单向通行能力 (万人/h)	一氧化碳排放 [g/(人·km)]	二氧化碳排放相对值	氮氧化物排放 [g/(人·km)]	碳氢化合物排放 [g/(人·km)]	二氧化硫排放	等效连续A声级 [dB(A)]	振动级相对值	用地面积相对值
高速公路	28	1	1.260	111	0.25	0.1	0.03	0.7	1.3	3.5
轻轨	8	2	0.002	40	0.14	0.0014	0.014	0.8	1	1
市郊铁路	11	6	0.018	168	0.6	0.006	0.06	6	5	1.1
地铁	15	5	0.010	100	0.35	0.0035	0.035	0.5	2	1.1

参数 模式	能源消耗	植被	风景名胜	产业升级	科技进步	城市化	就业公平	分配公平	服务公平	社区景观	文物古迹
高速公路	3.5	极严重	很严重	好	较好	好	很好	好	差	较大	小
轻轨	1.6	严重	严重	较好	好	较好	较好	较好	较好	小	较小
市郊铁路	6	严重	严重	很好	很好	很好	好	好	好	大	大
地铁	4	轻微	轻微	好	很好	好	好	好	好	极小	很大

表 13.4.3 中量化的数根据相关文献汇总整理，定性判断值通过专家咨询方法得到，各定性参数的确定考虑以下相关因素：

（1）对植被和风景名胜的影响主要考虑不同交通模式线路宽度以及对纵坡、最小曲线半径的不同要求。

(2)对产业升级的影响重点考虑该交通系统吸纳的就业人员及带动的相关产业链中第二、三产业的从业人员数量。

(3)对科技进步的影响着重考虑交通系统本身设施、运营、管理所蕴涵的科技含量以及对卫星城及沿途地区科学技术的传播与推广作用。

(4)对城市化的影响主要考虑了卫星城农村人口转入中心城从业的可能性大小以及中心城经济对卫星城发展的影响大小。

(5)对就业公平的影响一方面考虑农村和城市人口在选择职业上的公平性,一方面考虑中心城与卫星城两个地域人口在从业上的公平性。

(6)对分配公平的影响通过分析不同产业从业人员之间以及中心城与卫星城之间的从业人员的分配公平判断。

(7)对医疗等服务设施享用的公平性主要考虑卫星城到中心城的可达性;对交通设施享用的公平性根据各种交通模式对小汽车进入家庭的影响以及票价高低判断。

(8)对社区景观的影响一方面取决于交通设施包括线路、场站建筑本身的美感,一方面考虑对社区结构景观的影响。

(9)对文物古迹的影响程度考虑不同交通模式对地下文物资源以及城市风貌的影响来判定。

综合评价结果表明,从环境的角度出发,西安—高陵间交通模式应首选轻轨,市郊和地铁次之,高速公路模式最不适宜。一条双向四车道的高速公路占用土地面积最大,而单向通行能力最小,对大气的污染及对能源的消耗都很高,而且对植被影响最为严重。另外,高速公路模式可以诱发大量小汽车交通,对社会公平产生不利影响。轻轨模式虽然输送能力相对市郊铁路和地铁较小,但其他各项指标均优于市郊铁路和地铁,综合评价得分最高。地铁许多指标良好,但西安特有的古城风貌和地下丰富的文物古迹,使得地铁方案综合得分排在第二位。

参 考 文 献

[1] 王国平.灰色系统理论在城市交通噪声预测和绝对关联度分析中的应用[J].中国环境科学,1996.2.
[2] 李旭宏.道路交通规划[M].南京:东南大学出版社,1997.
[3] 毛保华.交通规划模型及应用[M].北京:中国铁道出版社,1999.
[4] 王炜,过秀成.交通工程学[M].南京:东南大学出版社,2000.
[5] 李铁柱,王炜,李文权.城市道路交通环境污染控制系统[J].交通与计算机,2001.3.
[6] 刘灿齐.现代交通规划学[M].北京:人民交通出版社,2001.
[7] 过秀成.道路交通安全学[M].南京:东南大学出版社,2001.
[8] 毛保华,姜帆,刘迁.城市轨道交通[M].北京:科学出版社,2001.
[9] 邵春福.交通规划原理[M].北京:中国铁道出版社,2004.
[10] 王建军,严宝杰.交通调查与分析[M]. 北京:人民交通出版社,2004.
[11] 韩善灵,朱平,林忠钦.道路交通噪声评价及预测新方法[J].交通运输工程学报,2005.9.
[12] 周伟,王花兰.基于马尔科夫链的交通发展与社会分工关系模型[J].长安大学学报(社会科学版),2006.03.
[13] 王花兰,周伟,王元庆.中心城—卫星城间交通发展对城市空间扩展影响模型[J].经济地理.2006.04.
[14] 周伟,王花兰,王元庆.基于中心城市经济扩散效应的卫星城市规划[J].长安大学学报(自然科学版),2006.05.
[15] 王花兰,周伟,王元庆.主城对卫星城市基于交通通道的经济扩散模型[J].交通运输系统工程与信息,2006.05.
[16] 陆化普. 交通规划理论与方法[M].北京:清华大学出版社,2006.12.
[17] 王炜,陈学武,等.交通规划[M].北京:人民交通出版社,2007.
[18] 王花兰,周伟,王元庆.交通发展对中心城市空间扩展的影响[J].长安大学学报(自然科学版),2007.04.
[19] 陆化普,黄海军.交通规划理论研究前沿[M]. 北京:清华大学出版社,2007.
[20] 王花兰,刘建勋,周伟,等.中心城—卫星城间交通对城市环境影响评价[J].公路交通科技(应用技术版),2007.10.
[21] 朱顺应,王红,向红艳. 交通流参数及交通事件动态预测方法[M]. 南京:东南大学出版社,2008.
[22] 严凌,范海雁. 交通规划案例分析[M]. 北京:中国铁道出版社,2008.
[23] 严宝杰,张生瑞. 道路交通安全管理规划[M]. 北京:中国铁道出版社,2008.
[24] 王花兰.中心城市—卫星城市间交通模式研究[M]. 北京:中国铁道出版社,2009.
[25] 谢海红. 交通项目评估与管理[M].北京:人民交通出版社,2009.
[26] 刘小明,李超,荣建.道路交通噪声预测模型研究[J].北京工业大学学报,2009.7.
[27] 魏鹏勃.城市轨道交通引起的环境振动预测与评估[D].北京交通大学,2009.
[28] 邵春福,熊志华,姚智胜.道路网短时交通需求预测理论、方法及应用[M]. 北京:清华大学出版社,2011.
[29] 黄凌鹤.基于投入产出模型的中国铁路运输产业关联度测算研究[D].北京交通大学,2012.
[30] 马昌喜,马超群.交通影响评价[M]. 北京:机械工业出版社,2014.